文春文庫

ソ連が満洲に侵攻した夏

半藤一利

文藝春秋

ソ連が満洲に侵攻した夏＊目次

第一章　攻撃命令　9
七月十六日、米国は原爆実験に成功した。それが序曲だった。スターリンはワシレフスキーに言った。「前進し給え」と。

第二章　八月九日　35
深夜午前一時、侵攻の火蓋は切られた。大本営陸軍部参謀次長河辺虎四郎中将は自らの手帖に認める。「予の判断は外れたり」

第三章　宿敵と条約と　103
満洲とは日本、ソ連にとって何であったのか？　宿敵の日ソは中立条約を結ぶが、両者の思惑には天と地の隔たりが……。

第四章　独裁者の野望　155
スターリンは昭和十七年に対日参戦を決意していた！　列強の権謀が渦巻く中、この男の野望が徐々に浮かび上ってくる。

第五章　天皇放送まで　223
「五族協和」の理念は崩れ去った。関東軍は〝撃破〟を放棄し、上層部は退避する列車に乗り込む。こうして悲劇が始まった。

第六章　降伏と停戦協定　263
「天皇の軍隊」は国民を守らず、降伏の仕方さえ知らなかった！　国際法を無視したソ連軍によって、五十万人がシベリアへ……。

ソ連が満洲に侵攻した夏

第一章　攻撃命令

●「戦争はこれで終りだ」

一九四五（昭和二十）年七月十六日、午前五時三十分（現地時間）、それは秒読みの三、二、一、ゼロとともに起った。巨大な火球が爆発し、きのこ雲となって十キロ以上の高さに沸騰し、途中にあった雲は消えてしまった。五トンの爆弾《ファット・マン》をのせた三十四メートルの鋼鉄の鉄塔は完全に蒸発した。

火の雲が消えたとき、前線観測所より特別装備の戦車が動きだす。その一台には物理学者フェルミ博士がのっている。かれらが実験場でみたものは死の谷、アメリカの〝ヒロシマ〟である。爆弾の破壊力はTNT火薬二万トンに相当すると観測された。爆発点より十キロの前線観測所で実験の指揮をとったファーレル准将と物理学者のオッペンハイマー博士が、急ぎ戦車で司令所に戻ってきた。

ファーレルはおごそかな顔をしていった。

「戦争はこれで終りだ」

マンハッタン計画（原爆製造計画）の総指揮官グローブス少将はあっさりと答えた。
「イエス、われわれが、日本に二発の原爆を落としたらな……」

この、米本土ニューメキシコ州アラモゴードで行われた史上第一回目の原爆実験成功の報は、壮大な計画のそこかしこの部署にもぐりこませていた情報員によって、その直後にはモスクワの知るところとなる。これまでにもほとんど筒抜けといってよいほどさまざまな情報が、米政府が想像する以上に、クレムリンに送られていたのである。

たとえば、ドイツからイギリスに帰化した物理学者クラウス・フックスをとおし、ソ連は、アメリカの原爆製造開始の直後から十分の情報をえている。このソ連に忠誠を誓う科学者は、ニューメキシコ州ロス・アラモス（原爆製造工場）のイギリス科学者チームの一員である。かればかりではない。ロス・アラモスの若い米軍技術者グリーングラスも有能なスパイであったことが、今日では明らかになっている。日本の知らないところで戦われている熾烈《しれつ》な情報戦が、やがて日本になにものかをもたらすことになる。

アラモゴードの実験秒読みの午前五時半は、モスクワでは同日の午後二時半である。このとき、ソ連の〝独裁者〟スターリン首相はポツダム行きの特別列車の車中にあった。〝鋼鉄の男〟といわれるスターリンは飛行機がこわくて、容易にのろうとはしない。そこで米英首脳との会談のため、ベルリン西郊のポツダムへおもむくソ連代表団一行は、時間をたっぷりかけて十一輛編成の列車で出かけたのである。しかもうち四輛は博物館からひっぱりだしてきた豪華絢爛たる、かつての帝政時代のロシア皇帝の御召列車である。スターリンはその一輛にあって心地よい震動に身をまかせている。アメリカからの貴重な、驚愕すべき原爆実験の報をうけて素早く反応しようにも、いまは手の打ちようがなかった。

ポツダムに到着し、宿舎に入ったスターリンは、ただちにその夜、ソ満国境に近いチタ市南西二十五キロにあった極東ソ連軍総司令部に電話をかけた。チタでは午前二時をまわっていたが委細かまわない。まず、総司令官ワシレフスキー元帥をよびだすと、きびしい要求をつきつけた。

「作戦準備のその後の状況はどうなっているか。ついては、日本への攻撃開始を十日間くりあげられないか」

いきなり浴びせられて、ワシレフスキーは戸惑った。すぐに返答のできるような問題ではない。作戦計画はもはや動かしようもないほどに綿密周到にねられ、完璧なものとして策定されていたからである。

ソ連側の公式記録によると、ソ連軍最高司令部が満洲侵攻の作戦計画の検討をはじめたのは、一九四五年の早春、二月初旬の、米英ソ首脳によるヤルタ会談がひらかれた前後のことである。

ソ連軍部は、日本軍と戦ったノモンハン事件（一九三九年夏）での戦訓を生かし、日本軍をこう観察していた。

事件当時の総指揮官ジューコフ元帥の見解どおり、日本軍の下士官兵は狂信的に頑強であり勇敢であるとの認識に立っている。その上に、日本の兵士たちは服従心が極端に強く、命令完遂の観念は強烈この上ない。かれらは天皇のために戦場に斃《たお》れることを名誉と考えている。かつ、ソ連軍にたいする敵愾心《てきがいしん》は非常に旺盛である。

戦術面でいえば攻撃を最高に重視しているが、不利な防禦戦となっても頑強堅忍そのもの。夜戦の白兵攻撃を得意とし、小部隊による急襲に長じている。

しかし、上層部は近代戦の要諦を学ぼうとはせず、支那事変の戦訓を極度に自負し、いぜんとして〝皇軍不敗〟という根拠なき確信を抱いている。軍隊指揮能力は脆弱《ぜいじゃく》であり、創意ならびに自主性が欠如している。これまた、ジューコフのいうように「無能」であるとみる。

戦車やロケット砲など高性能の近代兵器にたいし、将兵ともに恐怖心を強くもっている。それはみずからの兵器や装備がかなり遅れているためである。師団そのものの編制も人馬数が多いばかりで、火力装備に欠け、機動力は相当に劣っている。

そうした欠点をもつとはいえ、強靭《きょうじん》そのものといえる日本兵を相手に「攻撃」をかけるとなれば、攻撃側は防禦側の二倍という戦理の原則以上の兵力を集中しなければならない、という結論になる。極東ソ連軍総司令部はその覚悟を固めた。望むらくは対日本軍三倍の兵力の配備である。そのためには百万人以上をヨーロッパ戦線から東へ移動させるのが前提となる。

スターリンは、ヤルタ会談を終えてモスクワへ帰りこの報告をうけると、ただちに参謀本部にたいして、戦力のアジアへの移動計画のさらなる促進を命じている。強い命令が下っては、参謀本部は日に夜をついで計画を完成させねばならない。その結果は、勝利を確実にする十分な戦力をソ満国境全域に集結させるためには、ドイツ降伏後四カ月の期間はどうしても必要とする、という結論になった。

スターリンは不満である。

「長すぎる。進攻兵力をなんとしてもドイツ降伏後三カ月以内に集結させる。万難を排して実行せよ」

●「攻撃開始は八月十一日」

ソ連軍最高司令部は、この絶対命令のもとに躍起となって史上最大の輸送作戦を開始するほかはなかった。いまだヨーロッパでドイツ軍との熾烈な戦闘を展開しているさなか、基本となる満洲侵攻作戦構想をまとめるだけでも精一杯であるが、愚痴や不満をのべたてる暇はない。理非を超えて、二月下旬から兵力の東送がはじめられる。計画では全兵力百五十七万余、戦車および自動走行砲五千余、重砲から迫撃砲におよぶ砲力二万余、さらには資材や補給物資、これらを可及的速やかに東送し、整備して、八千キロ以上にのびた長大なソ満国境正面に展開させねばならないのである。

ソ連の公刊戦史によれば、五カ月余の対日戦準備期間中に、これら戦備を満載した貨車約十三万六千輛が、シベリア横断鉄道を突っ走ったという。実に距離九千ないし一万二千キロの距離の短時間踏破である。とくに兵員の大輸送が実施されたのは、五月上旬のドイツ降伏直後から六月、そして七月初旬にかけてのことである。

こうして、スケジュールを無視するような、仮借なき大輸送作戦がようやくに功を奏し、対日侵攻作戦策定の目鼻がどうやらつきかかったとき、はじめてソ連参謀本部はその日程を概定した。六月中旬のことである。この当初にきめられた基本計画によれば、八月五日までに集中を完了し、八月二十二日から二十五日のあいだに全兵力が国境を突破し日本軍への攻撃を開始するというものである。これ以前では戦理に反する無理や粗雑をいたるところで犯さざるをえない。日本兵の頑強さを考えた場合危険であり、攻撃は失敗する可能性ありと判定された。

しかし、スターリンは条理にもとづいた説明をうけていながら、不満を表明し「速やかなる参戦」になおも固執する。そのために、六月二十八日になって、急に計画が変更される。杜撰《ずさん》きわまりない弥縫《びほう》策、といった面がかなり多くみられるが、スターリンの意思は最大限に尊重された。すなわち七月二十五日までに諸準備ならびに展開をとにもかくにも完了させる。「攻撃開始は八月十一日とす」。この正式命令がモスクワよりとどけられたとき、極東ソ連軍総司令部は一瞬声を失ったという。

たしかに連日のように列車で兵力が送りこまれている。その兵たちはヨーロッパでの戦闘で疲れはてている。それ以上に、戦いに倦《あ》いていた。もっと憂慮すべきことは予定されている戦場があまりに広大すぎることである。作戦行動区域は南北千五百キロ、東西千二百キロ。満洲だけでもその面積はドイツ、イタリア、日本本土を全部ひっくるめた広さになる。

西から進攻するザバイカル方面軍の作戦縦深は、山岳を越え、水のない半砂漠地帯を押しきって約八百キロである。東の第一極東方面軍のそれは、沼沢・密林・山岳と機動力を駆使できない自然の要害を四百五十キロも突破せねばならない。それにこの方面の国境線には日本軍の巨砲をもつ強力な要塞群がある。北からの第二極東方面軍はさらにきびしい自然条件を踏破して五百キロ以上突進することが期待されている。

しかし、スターリン大元帥の命令はすべてを超越する。ソ連軍最高司令部の各将星や参謀たちは命令書にサインはしたものの、不安は消せないでいた。

前線の総司令官ワシレフスキーもまた然りである。八月十一日でも進攻は無理ではないかと憂慮をいだきつつ、その日のために準備に万全を期している。

策定された作戦計画によれば、現在もぞくぞくと西から送られてきている厖大な兵力を、万難排して七月下旬には長大な国境線への展開を完整する。そして麾下《きか》の東、西、北の三方面軍は七月二十六日までに作戦計画案を策定し、これをうけてモスクワの最高統帥部は二十七日に進攻作戦計画を正式に決定しなければならない。Xデイは十一日である。

この日程のもとで準備が着々とすすめられているのである。そういう緊迫したときに、どういう気まぐれか、大元帥はXデイを十日間もくりあげよという。ワシレフスキーが送話器に思わずうめき声をなげこんだとしても、これは当然のことであったであろう。

●「アメリカに追いつけ」

ワシレフスキーは面《おもて》をおかすように声を強めて、作戦変更の無理なことをくわしく説明した。「部隊の集結と、兵器および必要物資の輸送のための必要期間は、これ以上はけずれません。けずれば作戦そのものの遂行ができなくなります」

スターリンは受話器の向うでちょっと考えた風であったが、さすがにこれまでの経緯を知らないわけではない。それ以上に計画の変更を求めようとはしなかった。こういうときのスターリンは妙にやさしかった。チャーチル英首相の評言がある。

「スターリンはその気さえあれば、大変に人の心をとらえる特質をもっている。とにかく愛想がよかった」と。

その愛想のよさが発揮されて、電話はあっさりと切られた。こうして予定どおり「八月十一日」侵攻が再確認された。

ワシレフスキーの戦後に書かれた『回想録』には面白い観測がある。スターリンが、なぜポツダム会談がこれからはじまろうとしているときに対日参戦日をくりあげようとしたのか、については「私には現在もわからない」としつつ、こう書いている。

「わかっているのは、ポツダム会談の開催前にアメリカが最初の原爆実験を行い、その一週間後の七月二十四日に、米大統領トルーマンが、米戦略空軍司令官に八月初めに広島、小倉、新潟、長崎のうちどれか一つの市に、原爆を投下するよう命令したことである」

つまり「八月初め」が問題なのである。そうはっきりと極秘情報をスターリンがえていることを明らかにしながら、ワシレフスキーは、

「スターリンにはもちろん、七月十六日の私との電話での会話のときには、その数時間前にアラモゴードで〝でぶ〟(原爆のこと)が爆発したことを知ることはできなかったのである。その時点でスターリンが作戦開始時期のくりあげに関心を示したということは、かれが事実に基づいてではなく、全般的な軍事・政治的判断によるものだと考えなければならないであろう」

と微妙な感想を残している。

いつの場合であろうと、手のうちをあかしてはならぬ情報戦にたいする配慮がある。原爆スパイがアメリカ本土にいることは秘さねばならない。それよりもなによりも、一九四三年二月、ドイツ軍を包囲し降伏させたスターリングラードの勝利いらい、スターリンは軍事的天才となり、いかなる批判をも許さない存在となっているのである。

こうして、この〝無謬《むびゅう》の天才〟は、総司令官の意見具申に一応は納得して電話を切ったものの、なお完全にあきらめたわけではない。開戦日を一日でも早めるために、ふたたび宿舎の電話をとった。そしてソ連軍の東方輸送を指揮するために、担当する司令官たちに電話をかけまくった。電話は真夜中すぎにまで及んだ。おかげでモスクワの参謀本部の参謀たちと、ソ満国境線に滞陣している将軍たちはその夜一睡もできなかった。

大元帥スターリンの命のもとで、改めてその日から、ソ連軍将兵はソ満国境へと遮二無二急行させられた。一日二十二から三十本を数える列車が、西方からバイカル以東の鉄道駅に向かった。目的地付近までくると、つぎつぎに到着する列車をさばき切れず、途中で貨車からおろされる部隊がどんどんふえていく。猛暑のなか、これら悪いくじを引いた部隊は、足を引きずるようにして国境線へ徒歩行軍していかねばならなかった。そして貨車は押し倒され、線路の外へどけられた。

八月五日、スターリンはポツダムからモスクワへ帰還した。それからわずか数時間後の、日本時間の六日、午前八時十五分、Ｂ29「エノラ・ゲイ」号から投下された原子爆弾が炸裂した。広島市のほぼ中央、地上から五百七十メートルが爆発点である。爆心には直径百五十メートルの巨大な火の玉ができた。青白い閃光として人びとに感知されている。それは爆心地から半径五百メートル以内を三〇〇〇～四〇〇〇度の高熱で焼きつくした。この一発の爆弾が、広島市にいた三十七万の人間にもたらしたのは、〈死〉の一語につきる。[*1] このとき、モスクワ時間は六日午前二時、疲労の重なりもあって、夜ふかしが常のスターリンも深い眠りに入っていた。

戦史研究家の井上要氏の研究によると、シテメンコ著『戦時の参謀本部』には、スターリンのモスクワ着のすぐあと、どういう目論見があってか、ワシレフスキーのほうから電話を入れ、

「攻撃開始時期を八月九日から十日にする。それより遅らせないほうがよいと思います」

と意見具申したという。しかもこの著では、スターリンのモスクワ帰還は八月三日になっているらしい。これを採用すると、米国の原爆投下と関係なく、それよりずっと以前に、最前線の総司令官のほうが過早の攻撃を督促したかのようにとれる。しかし、ワシレフスキーの『回想録』はこの電話のことは一行もふれていない。

ちなみに日本の参謀本部は、ソ連軍が満洲に侵入してきたその当日、まだ軍用列車が集団東行している情報をつかんでいる。国境線への全軍の展開はかならずしも十分ではなかったことは明らかである。それだけに、極東ソ連軍が全兵力の集中をまつことなしに、原爆投下にせかされ「バスに乗り遅れまいとして」対日作戦を開始したものと判断している。

そして、ソ連のあらゆる記録が一致して記している事実は、八月七日午後四時三十分(日本時間七日午後十時三十分)、モスクワのソ連軍最高司令部が突如として、各正面の諸軍は「八月九日朝に満洲との国境を越え攻撃を開始すべし」の極秘命令を発した、とい

うことである。[*2] 八月十一日予定は、結局のところ当否をいう余裕もなく、強引に二日くりあげられている。

原爆が投下された日、八月六日、スターリンはクレムリンに、クルチャートフ以下の指導的な原子物理学者五人をよんでいった。

「費用はいくらかかってもかまわない。こうなれば、できるだけ早くアメリカに追いつかなくてはならない。諸君、全力をあげてやり給え」

そして秘密警察長官ベリアが、原爆製造のための研究所の総指揮官に、ひそかに任命されている。

このようなモスクワの極秘の動きをすべて照らし合わせれば、アメリカの広島への原爆投下をみて強引に侵攻計画を変更した、との正式記録はないものの、原爆投下と早められた侵攻とがまったく無関係とはとても考えられない。日本政府が原爆の被害に恐怖し、あっさり降伏するのではないかと、それを惧《おそ》れて、スターリンは明らかに焦っていた。

（1）いうまでもなく原爆投下の最終命令を下したのは、トルーマン米大統領である。その決定の責任をかならずしも回避しようとはせず、かれはきわめて冷静な判断をしている。回顧録にはこう記されている。

「いつどこで原子爆弾を使用するかの最終決定は私がくだすべきことであった。この点に間違いがあってはならない。私は原子爆弾を軍事兵器とみなし、これを使用すべきであることに一度もなんらの疑念もいだかなかった。大統領付きの最高軍事顧問たちはその使用を勧告し、また私がチャーチル（英首相）と話し合った時、彼はためらうことなく私に向かって、戦争終結のため役立つかもしれないなら、原子爆弾の使用に賛成すると語った」

およそ軍事的決断とはそのように非情なものなのである。ドイツの、有名なヒンデンブルグ元帥は語っている。「戦争は、それが苛酷であればあるほど、事実上人道的なものとなる。終結が一段と早められるからである」と。今日の世界の戦術家たちの分析もこれに同意している。最も残酷な行為、身の毛もよだつ手段が、結局のところ、速やかに戦闘の終結をもたらし、結果的に人間や物資の損害を少なくするとかれらは結論する。戦争とはかくも無残なものというほかはない。

(2)ワシレフスキー元帥あての、八月七日にスターリンより発せられた命令はつぎのとおりである。

「1．すべての前線の航空機による戦闘は、第一にハルビンならびに長春への爆撃を目標に、八月九日朝に開始すべし。

ザバイカル方面軍および第一極東方面軍の地上部隊は、八月九日の朝に満洲との国境を越え攻撃を開始すべし。

第二極東方面軍は、ワシレフスキー総司令官の指令によるものとする。

2．略（海軍にたいするもの）

3．時間はザバイカル時間による。

4．命令の受領と、その実施状況を逐次報告すべし」

少しもあいまいなところのない、厳然とした攻撃命令である。

●「ソ連軍侵攻は先のこと」

こうして、作戦開始直前までに、後方部隊もふくめてソ連軍将兵百五十七万七千二百二十五名、大砲および迫撃砲二万六千百三十七門、戦車・装甲車・自走砲五千五百五十六輛、戦闘機および爆撃機三千四百四十六機がどうやら国境線に勢ぞろいする。これに海軍の飛行機千二百機が掩護《えんご》の役をになった。

日本軍はこのときこれをどう判断していたか。従来の向地偵察（国境線からする常時の観察）とクーリエ（モスクワへの特使便）[*3]の視察によってほぼ正確に推定している。国境線にある総兵力約百五十万、飛行機六千五百機、戦車四千五百輛というのがそれである。

総指揮をとるワシレフスキー元帥は一八九五年生まれ、五十歳。ノモンハン事件やベルリン攻略戦の立役者ジューコフ元帥とならぶ、ソ連軍の新しい代表的将師である。ジューコフとともにスターリングラード防衛戦に成功し、さらにヨーロッパ戦線の功によりソ連英雄の称号をもっている。ハバロフスクに総司令部をおいた。

かれの麾下にある各方面軍の司令官にも、歴戦の将星がえりすぐられて着任した。西からのザバイカル方面軍（在司令部タマスク）はマリノフスキー元帥が指揮をとる。一八九八年生まれ。ドイツ降伏後に第二ウクライナ方面軍司令官から、幕僚をひきつれて転じてきた、ソ連英雄。東からの第一極東方面軍（在司令部ジャリコーヴォ）はメレツコフ元帥が方面軍司令官である。一八九七年生まれ。森林戦・山岳戦・陣地攻撃の豊富な経験をもつ。極東方面に早くからやってきている。かれもまたソ連英雄。第二極東方面軍（在司令部ラザレヴォ）はプルカーエフ大将が指揮する。一九〇〇年生まれ。北から松花江《しょうかこう》沿いにハルビン市めざして真一文字に進撃する重要な任務を与えられた。

　各部隊はその展開を日本軍に気どられぬように入念な注意がはらわれる。国境付近の動きにはなんの異常もみせぬよう、市民は後方へ退かず、各守備隊の勤務ぶりも不変、平常どおりの生活ぶりをみせつける。無線による余計な交信はいっさい禁止され、新しく到着した部隊は受信だけにかぎられた。部隊の移動は夜間だけとされた。徹夜につぐ徹夜である。それでも予定が早められてかなりの混乱をきたしており、予定の時間に進攻開始地点に各部隊が集結する目途は容易にはたたなかった。

　このため全軍は極度の緊張感のなかにおかれた。とくに、第一極東方面軍の、第三十五軍に配備された第二六四、第三六三狙撃師団の緊張は異常にはりつめたものとなった。沼沢や森林という自然条件の困難さがある以上に、ウスリー河を渡河して進撃するかれらの前面には、日本軍の堅牢《けんろう》無比な虎頭《ことう》地区の要塞と大部隊が待ちかまえている、と予想されているからである。

　しかもこの虎頭要塞を中心として攻撃正面には沼沢をともなった湿地帯がひろがっている。機甲部隊の行動は完全に封じられる。湿地帯の前進には粗朶《そだ》のマットを敷くなり、砂利道を建設するなど、工兵部隊の掩護協力がなくてはならない。さらに虎頭要塞攻撃には強力な砲兵部隊の増強が必要不可欠である。その工兵やかんじんの砲兵の到着が遅れに遅れている。二つの狙撃師団の将兵の焦燥は、日一日と熱と強度をもちはじめた。

ここで日時を少しさかのぼるが、思いもかけない事件が、そうしたソ連軍の不安と焦りによって直前にひき起されたことにふれておく。八月六日、虎頭要塞の南方約四十キロの于《ウ》匪《コ》屯《トン》にある日本軍の新橋監視哨を、川向うからソ連軍将校ら二十名がしきりに偵察しているのに、日本軍は気づいた。そのこと自体がやや異常である。ところがその夜は、ソ連兵約百名がスンガチャ河を渡河してくると、射撃を加えながら監視哨の前方五百メートルまで接近してきたのである。監視哨は関東軍総司令部より通達されている厳命もあって、応戦することなく隠忍自重し、事件は拡大することなく、夜明けとともにソ連軍の避退で終結した。[*4]

命令書の誤読によるほとんど無意味なソ連軍の国境侵犯の発砲事件であり、大胆不敵な挑発であった。ソ連軍側は侵攻計画がこれによって察知されたのでは、と憂慮を深めたが、それが逆になった。日本軍側にはこれが二つの点で悪い影響をのちにもたらすことになったのである。報告をうけた関東軍総司令部は、はじめはソ連軍侵攻の前兆ではないかと事態を重大視し、緊急に備えようとしたが、やがて何事もなく収束したとなって、かえって安心してしまった。総司令官山田乙三大将の戦後の述懐がある。

「于匪屯事件の際、初めは相当緊張し、いよいよソ連軍が出て来るかとの感を深くした。しかし大事に至らず終った後はホッと一安心して、ソ連軍の侵攻はまだまだ先のことであろうとの気持であった」

東部国境防衛を任務としていた日本の第一方面軍第五軍司令部（司令官清水規矩中将）にあっても、同じような受けとり方をした。作戦主任参謀の柏田秋治大佐の現地視察報告は「今までしばしばあったように、今回も単なるいやがらせであって、こちらが相手にならなければ大事に至るまい」と楽観視したものである。ソ連軍の侵攻はまだ先のことである、との判断が将兵のうちに強まった。

しかし、やはり油断はならないとして、第五軍司令部は麾下の国境守備の各師団長に参謀長や主要参謀、さらには主要な軍直轄部隊長を、国境から百二十キロ後方の軍司令部所在地の掖河《えきが》によびよせ、ソ連軍侵攻を想定しての高等司令部演習を行うこととした。会議による作戦の再検討再確認であったが、その招集が八月八日のことなのである。書くまでもなく、日本軍にとってそれはありがたくない結果をもたらした。とくに虎頭要塞を防備する第十五国境守備隊には不運なこととなる。軍直轄の部隊長である西脇武大佐が参集を命ぜられ、任地の虎頭を留守にした。マルス（軍神）は皮肉なことをするというほかはない。その日の真夜中を回ったとき、ソ連軍の総攻撃がはじまっていた。

（3）クーリエ（日本語では外交伝書使）とは、日本からモスクワの日本大使館へ向かう外務省の使いである。満鉄で西北端の満洲里駅まで行き、国境を越えソ連の鉄道に乗り換える。そしてチタまで運ばれる。ここでウラジオストックからくる国際列車に乗り換えて、一週間以上もシベリア鉄道の旅をつづけ、モスクワに着く。帰りはその逆のコースで、往復に予定されている期間は一カ月である。その旅の間にできるだけ多くのものを見聞し、閉ざされた国ソ連の実情を少しでも明らかにするのが、クーリエの任務であった。

（4）ソ連軍の陽動作戦、というよりも広く展開した大部隊ゆえの命令徹底化の不首尾による誤った攻撃が、どうやら九日以前に各所においてみられたようなのである。軍隊としてはあってはならない杜撰《ずさん》さであったが、それが不手際な結果をもたらさなかったのは、ソ連軍にとっては僥倖《ぎようこう》なことであった。裏返せば日本軍の錯誤と楽観とを示すことになるのであるが。

具体例として、八戸市の松館光城さんの手紙をそのまま引用する。

「……虎林は虎頭要塞の兵站《へいたん》基地となっており、兵器廠の近くに三十戸ほどの軍官舎が散在し、私はそこの住人でした。忘れもしません、昭和二十年八月六日午前十時過ぎ、私が外で洗濯物を干していると、爆音すさまじい超低空の一機の飛行機が突然現れた、と思う間もあらばこそ、何やら地面にバシッ〳〵と叩きつけるような音がしたのです。機銃掃射でした。幸いに当りませんでしたが、国籍も分らないように真黒く塗りつぶした飛行機で、明らかにソ連機と思われました。……それから一時間後、私たち官舎に住む婦女子、虎林の町の日本人に避難命令がだされ、文字通り着のみ着のまま避難列車に乗ったのでした」

早くも避難列車が仕立てられたあたりは、ちょっと首を傾げざるをえないが、八月六日のことという記憶には間違いはないことであろう。

●「最後の握手となろう」

それは、日本の第五軍の将星たちが兵棋演習を終え軍人会館のベッドに手足をのばしたとき、といっていいかもしれない。攻撃開始をあと一時間余後にひかえて、掖河の北東数百キロのハバロフスクにいるワシレフスキーは、首相にしてソ連軍最高指揮官のスターリンに電話をいれた。東、西、北の方面軍各部隊は敵に察知されることもなく、すでに攻撃前進の態勢をととのえた。戦車のエンジンは熱くなり、飛行機のプロペラは回りだしている。歩兵は自動小銃に弾丸を装塡《そうてん》した。ワシレフスキーはこの喜ぶべき状況を首相に報告しようと思ったのである。しかし、電話の向うでスターリンの補佐官がいった。

「同志ワシレフスキー。同志スターリンはいま映画を観ています。二、三十分後に、映画は終りますから……」

ワシレフスキーは映画好きの大元帥が映画鑑賞中と聞かされて、電話をかけ直すことにした。

ワシレフスキーは『回想録』に、スターリンの映画好きについて書いている。

「戦争ものに限らず、どんな映画でも、かれの関心をひくのであった。かれは戦史上の最大のテーマを扱う映画では、シナリオに意見をいった。私の知るかぎりでは、演劇にも関心を示し、しばしば見物にいった」

A・コルネイチューク脚本の「戦線」は傑作といわれた作品であるが、実はこの芝居はスターリンが示唆を与えて書かせたものであったという。

「かれはこの劇を三度も観て、私にも観にいくよう勧めたものである」

それゆえに、ワシレフスキーは麾下の全部隊がいよいよ満洲進攻を開始しようというぎりぎりの時間でも、映画が終るのを待つことにして、一度は電話を切ったのである。

一九四五年八月八日午後十一時すぎ（日本時間）は、モスクワ時間午後五時すぎである。

この時刻モスクワでは、駐ソ大使佐藤尚武がソ連外相モロトフと面談している。ソ連外相がポツダムより帰国したときいらい執拗に面会を申しこみ、やっとこの日に約束をとりつけることができた。それも午後八時がはじめの予定であったのであるが五時に早められ、その時間きっかりに佐藤はクレムリンを訪ねていた。

この年の春ごろより、日本政府がソ連政府へ辞を低くして申し入れている、対米英戦争の和平仲介の依頼にかんする、待ちに待った回答が手渡されるものと大使は信じている。しかし、渡されたものは皮肉にも、そしてまた驚くべきことに、対日宣戦布告状であった。

モロトフは改まった語調で文書をひろげ朗読し、終えるとそれを日本大使に手交した。

佐藤はゆっくりと読過する。最初に感じたのは失望というより怒りである。布告状は、日本がポツダム宣言を拒否したゆえにソ連に和平の仲介を依頼する基礎はまったく失われた、という。しかし、日本が和平のためにソ連に仲介を依頼したのは、ポツダム宣言が発表されるはるか前のことではないか。ポツダム会談の前にあれほど重ねて頭を下げたのに、なにかと理由を申したてて返事をのばしておきながら、いまさらポツダム宣言をもちだし和平仲介を断わるとは、不誠意そのものである。

文書はさらにいう。ソ連政府は、連合軍諸国の要望するところにしたがい、「ドイツ国民が無条件降伏を拒絶したのちに味わったような危険と破壊から、日本国民を回避させる」ため、ただちに日本と戦争状態に入ることを宣言する、と。[*5] しかも攻撃開始の期日は、日本時間の明日、すなわち八月九日である。

佐藤は「万事休す」の暗い想いに沈んだ。それでもあくまで紳士的であろうとした。ソ連政府の通告を東京へ打電する外交特権を、佐藤はモロトフに求めた。

「もちろん差支えない。あなたは平文でも暗号でもそうする自由をもっている。もっともこの宣戦布告は、マリク駐日大使からも日本政府へ伝達せしめる」

と外相は確約した。佐藤は手をさしのべていった。

「三年間の厚遇を謝して、握手してお別れしたい。おそらくは、最後の握手となろう」

モロトフが、佐藤の手をにぎって答える。

「では、さよならをいいたい。戦争は早急に終るであろうが……」

佐藤は「戦争は、早く終らせるにしくはない」と受け流すように答えながら、モロトフの言葉が、消耗しつくした日本軍の防御などものともせず、ソ連軍が津波のような圧倒的な勢いをもって侵攻し、勝利は容易であると豪語しているかのように聞いた。

北欧の夏の一日は長く、クレムリン城はまだ明るい斜陽のなかにある。城を辞した佐藤は日本大使館へ自動車を急がせる。もちろん憂色にうち沈んだ佐藤には、クレムリンのどこかの一室でスターリンが戦争映画にうち興じていると想像することなどできなかった。その上に、大使がたどり着くよりさきに、日本大使館の電話線が切られ、無線機が秘密警察の手で没収されてしまっていようとは……。佐藤はやむなく通常の国際電報によって、ソ連参戦を日本外務省に伝えるほかはなかった。

電報はゆっくりと通常の通信システムにしたがって送られていった。その夜のうちに日本政府や軍部が知ることはできなかった。

日本大使佐藤が大使館への道を急いでいたころ――ワシレフスキーは、三十分たって電話をふたたびクレムリンへかける。上機嫌なスターリンがすぐ電話口にでた。

「いやあ、実に面白い戦争映画だったよ」

ワシレフスキーはいった。

「同志スターリン、いよいよ攻撃開始です。わが軍は圧倒的に優勢であり、完全な奇襲に成功する自信があります。日本軍は満洲から駆逐されるでありましょう。勝利に疑いはありません」

「そうか、同志ワシレフスキー。オーチン・ハラショー。前進し給え。君の勝利の戦いもぜひ映画にして観たいものだね」

大元帥の声はあくまでも明るかった。

「同志スターリン、心から感謝申しあげます」

ワシレフスキーも力をこめて答える。

それから十数分後——ワシレフスキー元帥は全軍に「前進」の命令を下した。

時計の針は八月九日午前零時（日本時間）をわずかにまわっている。まず極東第一方面軍第三十五軍の先遣支隊と国境守備隊が、闇と折からの雷雨を利用して、静かな前進を開始する。砲兵は照準を永久築城の虎頭要塞正面に合わせる。極東第一方面軍は最強力の砲兵部隊を有している。しかし第三十五軍司令官クリロフ大将は事前の砲爆撃をいっさい中止することにしていた。日本軍陣地の詳細正確な位置にかんする情報が不足しているゆえもあり、また奇襲を成功させるためには、そのほうが得策であると判断した。ただし虎頭要塞だけはこの中止命令からはずした。シベリア鉄道のイマン鉄橋破壊を最大任務としているこの永久要塞の威力を、全力をもって一分一秒も早く叩きつぶしておくことは、今後の作戦遂行のために緊要この上なかった。日本軍の砲撃で鉄橋が落とされることは唯一の補給路が断たれることになる。

クリロフは命じた。

「砲撃を開始せよ。目標は日本軍の虎頭要塞である」

（５）ソ連が日本に発した宣戦布告文の全文を、参考のために載せておく。

「ヒットラー独逸の壊滅及び降伏後においては、日本のみが引続き戦争を継続しつつある唯一の大国となれり。日本軍隊の無条件降伏に関する本年七月二十六日付の亜米利加合衆国、英国及び支那三国の要求は日本により拒否せられたり。これがため極東戦争に関して日本政府よりソ連邦に対してなされたる調停方の提案は、総ての根拠を喪失するにいたれり。日本が降伏を拒否せるに鑑《かんが》み、連合国はソ連政府にたいし戦争の終了を促進し、犠牲者の数を縮減し、且つ全世界における速やかなる平和の確立に貢献するため、日本侵略者にたいする戦争に参加するよう申し出でたり。

連合国にたいする総ての義務に忠実なるソ連政府は連合国の提案を受理し、本年七月二十六日付の連合国宣言に参加せり。斯の如きソ連政府の政策は平和の到来を早からしめ、これ以上の犠牲及び苦難より諸国民を解放し、且つ独逸が無条件降伏拒否の後に体験せるが如き危険と破壊より日本国民をして免かれ得せしむる唯一の方法なりとソ連政府は思考するものなり。

右の次第なるをもってソ連政府は明日、即ち八月九日よりソ連邦は日本と戦争状態にあるものと思考することを宣言す。」

『北方領土問題資料集』に拠るものである。駐日ソ連大使マリクが東郷外相に手交したものの訳文である。これと佐藤大使が東京へ送った訳文とは、当然のことながら若干の訳し方の違いがある。とくに「総ての義務に忠実なるソ連政府は……」のところは、佐藤大使打電のものでは「ソ連政府はその連合国に対する義務に遵《したが》い……」とあっさりとなっていて、微妙な意味の違いがあるが。

いずれにしてもこの苦しい言い方の裏には、のちに書くヤルタでの密約のことがある。はっきりといえないゆえに漠とした文言となっているのである。

第二章　八月九日

大本営陸軍部職員表（昭和20年8月15日現在）

- 参謀総長　大将　梅津美治郎
  - 参謀次長　中将　河辺虎四郎
  - 総務課　大佐　榊原主計
  - 第一部（作戦）　中将　宮崎周一
    - 第一課（教育）　大佐　中島義雄
    - 第二課（作戦）　少将　天野正一
  - 第二部（情報）　中将　有末精三
    - 第五課（ソ連）　大佐　白木末成
    - 第六課（欧米）　大佐　山本　新
    - 第七課（中国）　大佐　晴気慶胤
  - 第三部（運輸・通信）　中将　磯矢伍郎
    - 第十課（船舶・鉄道）　大佐　二神　力
    - 第十一課（通信）　大佐　仲野好雄
  - 第四部（軍務）　中将　吉積正雄
    - 第三課（編制）　大佐　荒尾興功
    - 第十二課（戦争指導）　大佐　吉本重章
  - 兵站総監部　中将　柴山兼四郎
  - 大本営陸軍副官部　少将　柴田芳三（兼）
  - 大本営陸軍管理部　同　右
  - 大本営陸軍報道部　少将　松村秀逸（兼）

「三百発が弾薬庫に」

その夜は、宵の口から満洲のあちらこちらで稲妻が走った。底鳴りするように雷鳴が轟《とどろ》いた。東部国境では、間もなく豪雨が沛然《はいぜん》とふりはじめた。そして、すべてが一寸先もみえない暗闇に沈む。

前日が「八日」の大詔奉戴日《たいしょうほうたいび》ということもあって、ウスリー河にのぞむ日本軍の虎頭要塞でも、終日将兵には休養が与えられた。夜になって、各中隊の官舎にそれぞれの中隊幹部が集まり、ささやかな祝宴がひらかれた。兵たちにも、大盤振舞いで少量の酒と煙草と菓子がくばられる。将兵は豪雨と黒洞々たる窓外の様子を見やりながら、明日もまた何事もなく迎えられるものと確信して、消灯時間にはいつものように眠りについた。ときどき対岸ソ連領のイマン市周辺で照明弾がうちあげられていたが、このところ連夜のことなので、だれも気にするものはいなかった。

山腹をくりぬいてコンクリートで固めた巨大な地下要塞のこの陣地には、第十五国境守備隊の歩兵中隊四、歩兵砲中隊一、速射砲中隊一、砲兵中隊二、それに工兵隊を加えた約千四百人が配備されている。ただし、うち約六百人は七月末の「根こそぎ動員」で満洲各地から補充されてきたばかりの新兵である。

この要塞が概成したのは昭和十三年のことである。新編制された第四国境守備隊が着陣した。このとき、実に一万二千名の兵員を擁して難攻不落を豪語したのである。しかし、対米英戦争の戦況の不利にともない、大部隊の温存は許されなくなる。その主力は第百二十二師団の要員として移動させられた。そして第十五国境守備隊が新たに編制されたのが昭和二十年四月。千四百人の将兵による編制の完了、そして着陣は実に七月二十日、ソ連軍侵攻の二十日前のことである。

しかも虎頭街には在留邦人五百人（一説に三百人）がいる。いざというときにはいずれも陣地内に入り、守備隊長の指揮をうけることとなっている。

ソ連軍がこの要塞を最重要攻撃目標としたのは、兵数の如何《いかん》とは関係がなかった。というより、正確な情報をつかんでいなかった。それよりも陣地の強靭さだけが情報として十分に伝えられていたからである。

マリノフスキー元帥の戦後に書かれた手記『関東軍壊滅す』には、日本軍の国境線の各所に築城された要塞群を少しく過大に描いている。

「それらは、鉄筋コンクリート製の火砲および機関銃の永久トーチカ、装甲掩蓋《えんがい》、装甲観測所、木材と土で固めた簡易トーチカ、狙撃兵塹壕、対戦車壕、鉄条網からできていた。兵員収容所、兵器、弾薬庫、食糧倉庫、発電所、水道網、通風施設その他は地下深く隠され、また各抵抗中枢の全施設を結ぶ地下連絡網も完備していた」

　虎頭要塞の場合は、それはかならずしも大袈裟《おおげさ》な表現とはいえない。まさしくマリノフスキーが書いた強力無比の永久要塞としてそれは国境線に立ちはだかっていた。それも要塞は一つではない。東、西、中の各猛虎山、それに虎東山、虎嘯《こしょう》山といった高地にそれぞれ要塞を設け、交通壕を掘って互いに連絡している。しかもこれらの要塞がウスリー河をはさんで、シベリア鉄道にもっとも近接している高地に建造されているのである。

　シベリア鉄道が満洲領から望見できるのは、ハバロフスク・ウラジオストック間八百キロのあいだに、ただこの虎頭の地点のみなのである。イマン市、イマン鉄橋などもウスリー河の国境線から二、三キロ以内にあり、要塞から一望のうちに鳥瞰《ちょうかん》される。

　日本軍は完工と同時にこの要塞に、三十センチ榴弾砲二門、二十四センチ榴弾砲二門、十五センチ加農《カノン》砲六門と強力な大口径の長距離砲を備えつけた。ほかにも野砲八、山砲十七、歩兵砲十六、高射砲十八などが運びこまれる。ソ連軍はそれと知ると、三十センチ榴弾砲の射程外に鉄道の迂回線を設け、鉄道橋も新設する。新鉄橋は虎頭台地から十五キロ離隔していた。

　そうと知った関東軍総司令部は、大本営と諮《はか》って、東京湾の富津要塞にあった四十センチ榴弾砲を運びこむことにした。この巨砲は陸軍の有する砲のうち最大の威力をもち射程二十キロ。それだけではなく、弾丸威力も著大（弾量は三十榴が約四百キロにたいしこれは約一トン）。軍の大きな期待を集めているものである。

さっそく砲は分解輸送されて昭和十六年十二月ハルビンに到着、そこで必要な組み立てをすましたのち、夜間輸送によって虎頭に送られた。配備完了は十七年一月、その掩体構築は十八年六月ごろ終了した。すべて隠密裡にことが運ばれた。

当時、砲兵隊第一中隊（特殊砲中隊）でこの巨砲にかんする諸作業に従事した元准尉箕田寅次郎の回想がある。弾薬整備の項を引用する。

「十八年の六月ごろだったか、掩体構築も終了したので、今度は弾丸の整備が始った。……ぼつぼつ一発位ずつ完達《かんたつ》駅に到着し始め、次第にその数も増加してきた。これを中猛虎陣地に収納する作業が実に慎重に行なわれた。ただ一台の貨車を借りて、歩くような速度で一発一発と運搬したものである。一メートル以上の高所から落とした弾丸は、信管に誤差ができて使用できないというので、今考えても実に慎重を極めた。貨車からトラックへの積み替え作業は全く原始的な方法で実施された。現在のような機械は全くなく、てこで動かすので随分時間もかかった。三百発の弾丸が陣地の地下弾薬庫に収納されたのは、十八年も終りに近い厳寒の雪の下であった。

弾丸の整備が終ると、次は装薬の準備である。これは一発分がなんと醤油樽四箇ほどの容量になるので、アンペラ倉庫が幾つも建てられた。装薬温度が射距離に影響するので、これが管理には非常に苦労した」

長すぎる引用となったが、当時㊀（マルイチ）と通称されていたたった一門しかない巨砲。これがまさしく虎頭の虎の子兵器であったことがよくわかる。

それともう一門、フランスから購入した二十四センチ列車砲も、それと前後して配備された。尖鋭弾による最大射程は五十キロに達し、最大射程四十キロの戦艦大和の四十六センチ巨砲を上回っている。ただ遠距離射撃における命中精度は落ちることから、鉄道や鉄橋破壊というより、敵陣攪乱《かくらん》あるいは前進の交通路破壊を主任務とすることになる。

くり返すがソ連軍が、これら超極秘の日本軍の戦力整備の情報を、どこまでつかんでいたかは不明である。ただし虎頭要塞および虎林地区の陣地攻略に向けられた第三十五軍の兵力をみると、日本軍要塞の攻撃力にたいして極度に恐怖と警戒をいだいていたことだけは、確かといっていいようである。狙撃師団三、国境守備隊三の六万人におよぶ主力に、火砲九百五十門と戦車・自走砲百六十六という強力さなのである。

●「虎頭方面砲撃を受く」

八月九日午前一時前、ソ連軍の侵攻の火蓋は切って落とされる。虎頭要塞を守る第十五国境守備隊の『戦闘状況報告書』が山西栄氏の手もとに残されている。〔　〕内に補注をいれる。

「〇一〇五〜〇五〇〇〔午前一時五分より午前五時まで〕イマン付近所在のソ連重砲隊は2H〔20センチ榴弾砲〕級約一六門を以て我虎頭陣地に突如砲撃を開始、〇五〇〇迄擾《じょう》乱《らん》射撃を続行す」

日本軍の将兵は寝入りばなの不意を襲われたが、猛射撃の間断を利用し、訓練どおりの応急配備についた。要塞にたいする直接の被害はまだ僅少であるが、主要道路、通信網、鉄道は数カ所におよんで破壊、切断されて、前衛の第一線警戒部隊と猛虎山の本隊とのあいだの連絡は、早くも容易ではなくなっている。

「〇二〇〇　樺樹林子《かじゅりんし》監視隊はソ連軍警戒部隊約一ケ中隊の包囲を受け、隊長以下全滅」

砲撃の轟音と豪雨の下で、強行渡河してきたソ連軍によって、奇襲をうけた東正面の国境監視哨の日本軍は、つぎつぎに何の連絡もなく消息をたつところが多かった。

「〇五〇〇　ソ連砲兵一時射撃中止。友軍は応急配備を完了し防禦施設の強化に努め、此間虎頭街住民等一般人の避難を実施。猛虎山には、一般住民約三百名、虎嘯山に同百名収容す」

すでに書いたように、守備隊長西脇武大佐は前日に掖河の第五軍司令部に出張してしまっている。少しのちのことになる。ソ連軍侵攻の報になんとか西脇は帰任しようとしたが、帰るすべなどあろうはずもなかった。隊長不在の守備隊は、砲兵隊長大木正大尉が隊長代理として全般の指揮をとることになる。

実は、この大木大尉が、砲兵部隊の指揮官であり、その日を期しての四十センチ榴弾砲の猛撃を、最大の任務としている。それならばソ連軍の猛砲撃にたいしていまこそ、と大いに期待したいところであったが、そうはならなかった。敵の猛攻に守備隊長代理として処置すべきことが余りに多かったのである。居留邦人の収容もその一つ。それに、ソ連軍の攻撃が全面的侵攻作戦によるものかどうかの決定的な判断もなしに、備砲の全力をあげて反撃するわけにはいかない。関東軍総司令部よりの命令である「国境静謐《せいひつ》そして確保」の一語が若き大尉の双肩に重くのしかかっている。ましてやみくもに虎の子の巨砲を射つわけにはいかない。ひとたび発射すれば敵にその存在を暴露し、集中攻撃を浴びることを覚悟しなければならない。砲撃は最高の機会をとらえての一撃あるのみ。それだけにいっそう慎重になるほかはない。

大木大尉は、しかし、代理隊長としてよく最善をつくした。掖河の第五軍司令部に即座に敵の砲撃報告を打電している。これをうけた第五軍参謀前田忠雄中佐は、新京の関東軍総司令部の情報参謀鈴木恭少佐へ、「虎頭方面砲撃を受けつつあり……」の報告を送った。これが関東軍がうけた「ソ連侵攻」の最初の報であったのである。


つづいて牡丹江《ぼたんこう》の第一方面軍司令部（司令官喜多誠一大将）から、

「東寧《とうねい》、綏芬河《すいふんが》正面の敵は攻撃を開始せり」

の電信を総司令部はうける。また、

「牡丹江市街は、敵の空襲を受けつつあり」

という電話報告もとびこんでくる。

さらには午前一時半すぎには、新京上空にもソ連機が侵入し郊外に投弾した。関東軍総司令部には、鈴木参謀からの電話をうけ、参謀たちがつぎつぎと字義どおりおっとり刀で、緊急参集した。市街は真っ暗闇につつまれ、空襲警報が鳴っている。このときには、さすがにだれもが全面的にソ連軍が攻勢をかけてきたものと判断している。

登庁してきた参謀吉田農夫《のぶお》少佐が官舎の鉄道電話で知らされた情報を伝える。それによれば、綏芬河の日本人居留民はぞくぞく集団自決中である、という。ついで、満鉄がシベリア鉄道につながる国境の町・満洲里の情報が入ってくる。

「午前零時すぎ、対岸のマチェフスカヤから集中砲撃をうけ、国境警備隊員二十名、参事官金尾猛以下百名が戦死、婦女子約百五十名は自決せり」

七月一日付で関東軍に着任したばかりの、作戦参謀瀬島龍三中佐の手記にはこうある。

「『ついに、来るものが来た』と思った。直ちに参謀副長（作戦担当）松村知勝少将、作戦班長の草地貞吾大佐、作戦班の高杉恭自参謀らと協議し、大本営に報告する一方、第一線各軍に対し、かねて指示してあった『満鮮方面対ソ作戦計画要領』の実行を命令した」

それは応急的なもので、趣旨は、

「東正面のソ連軍は攻撃を開始せり。各方面軍、各軍ならびに関東軍直轄部隊は、進入する敵の攻撃を排除しつつ速やかに全面開戦を準備すべし」

というものである。すでに示達されている大本営からの厳命、ソ連にたいしては「静謐確保」が、関東軍総司令部には徹底されている。ソ連軍の攻撃が本格的な全面的開戦に間違いないとは思えるものの、あるいは万が一にも局部、かつ一時的なものではないか。疑問がなおいくらか残っている。そこで全面開戦を「準備すべし」であり、いまだ「発動す」ではなかったのである。

それに総司令官山田乙三大将が、すでに引用したように「ソ連軍の侵攻はまだまだ先のことであろうとの気持で」大連に出張中で不在である。総参謀長秦彦三郎中将が少なからず慎重を期した面もある。この「準備すべし」命令の発令は午前三時ごろである。この時刻には、さきにふれたように、国境守備隊などすでにいくつかの部隊が玉砕している。悠長にすぎると評するのは酷になるであろうか。

そして関東軍総司令部が、その後の各方面からの報告により、ソ連軍が全面攻撃を開始したことを確認したのは、夜も明けてからなのである。このへんのところは、実にまどろこしい。驚愕と無力な怒りに数時間ゆさぶられつづけていたのであろう。より有効な臨機応変の対応がはたして浮かばなかったのであろうか。

午前六時、秦総参謀長は大本営からの正式命令を待つことなく、準備してあった作戦命令をはじめて全軍に下達した。

「各方面軍および各軍は、それぞれ関東軍作戦計画にもとづき、侵入し来る当面の敵を撃破すべし」

同時に、これまでの対ソ静謐を旨とする「満ソ国境警備要綱」を廃棄し、その束縛から全軍を解放する。やっと戦闘命令が下ったのである。

このことは初動において約六時間も第一線野戦軍司令部が存在しなかったにひとしい。とりも直さず全陸軍が見通しをまったく誤り、それゆえに優柔不断であったことをそのままに物語っている。いや、対ソ有事を考えたくなかった、考えようともしなかった全陸軍の肚《はら》の決まりのなさが、ここに見事に反映している。

しかしながら、関東軍総司令部の指示のままに、朝のラジオだけはしきりに勇ましくもがなりたてていた。「関東軍の歌」もときにまじえ、同じことを何回もくり返した。

「今朝、ソ連は卑怯《ひきょう》にも突如として満洲国を攻撃してまいりました。ソ連は日ソ中立条約を一方的に蹂躙《じゅうりん》し、不法にも全国境から侵入を開始しました。しかし、われに関東軍の精鋭百万あり、全軍の志気はきわめて旺盛、目下前線では激戦を展開、ソ連軍を撃退中であります。国民はわが関東軍を信頼して、すべてを軍へ、前線へ……」

●「冬季作戦は困難だ」

少しく過去にさかのぼるが、いかに関東軍総司令部がソ連軍の動きに甘い考えをもっていたかを物語るよきエピソードを書いておきたい。

その年の四月のことである。比島の戦場から人事異動で東京へもどったばかりの参謀本部作戦課の朝枝繁春中佐は、対ソ主任参謀として作戦構想の確認のための視察で、満洲の最前線をまわり、東京に帰ったとき、こう結論を下した。折からソ連政府は日ソ不可侵条約を延長せずと通告してきた、その直後のことである。

「日本が対米戦で戦力を失い、まさに抵抗不能の熟柿の段階でソ連はかならずや参戦してくるであろう。前門の虎ではなく、後門の狼によってわが国の息の根をとめられる。南方と同じだけの兵力をいま満洲へ向けないかぎり、日本は戦うすべを失うほかはない」

しかも、〝狼〟がいつでてくるかについては、確定できるような情報はまだかなりとぼしく、ソ連軍戦力の東方への増強から判断して、漠然と「八月下旬までに」としかいえなかった。その上にまた、朝枝は躍起になって警報を鳴らし戦力増強を説いても、結局は詮ないことを知っている。比島戦の悲惨をみるまでもない。日本陸海軍の戦力は消耗しつくしている。もはや〝泣く子も黙る関東軍〟はその面影すらとどめていないのは、だれの目にも明らかなのである。いまや関東軍は張り子の虎であり、満洲の防衛は不可能と結論するほかはない。

南方や太平洋の島々での戦勢の悪化にともない、大本営は関東軍の精鋭兵団をぞくぞくとひきぬいて第一線へと転用した。のちにくわしくふれるが、とくにさかんに実行されたのは昭和十九年である。なんと十二個師団（二十五万人）が満洲からひきぬかれて比島、台湾、沖縄、中部太平洋の島々へと運ばれている。

満洲には、いまや広大な原野と長い国境線を守りぬけるだけの戦力がなくなっている。はっきりいえば空っぽである。にもかかわらず満洲は、日ソ中立条約によりかかり、いぜんとして「王道楽土」の逸楽をむさぼっていると、朝枝参謀の目には映った。中国大陸からのB29の空襲が前後数回あったからと、重要機関や軍需工場をソ連に近い北方へ移そうとしていた。また手狭くなったからと関東軍総司令部を新京郊外に増築中であった。軍の幹部や、満鉄や満洲国の要人たちは、家族を絨緞《じゅうたん》爆撃の下の日本本土においておくのは危険であるからと、わざわざ満洲へ呼びよせたりしている。

今後の作戦打ち合せで関東軍総司令部を訪れた朝枝を招いて、山田総司令官と総参謀長秦彦三郎中将以下が綺羅星《きらぼし》とならんで、慰労の宴が総司令官の官邸でひらかれる。酒宴での山田夫人や娘たちが総出の和服姿、山海の珍味、それは空襲下の日本本土の悲惨どこ吹く風かの豪華さなのである。

酔いの力も手伝って朝枝は「無礼をお許し下さい」と断わって、大声でいった。

「閣下、この立派な官邸にはあと何カ月かのちには赤旗が立ち、なんとかスキー元帥が住むことになるかもしれませんぞ」

しかし、いならぶ関東軍の参謀たちは笑ってだれも取り合おうともしなかった。

朝枝はさらに切言した。山下奉文《ともゆき》大将麾下の参謀として、比島防禦のレイテ、ルソン決戦を戦ったときのつらい自分の体験にもとづいて、在留邦人を極秘裡に、ソ連軍の監視をごまかしつつ後方へ引き下げるべきことを語ったのである。その貴重な戦訓は比島だけのものではなく、同じことがすでにサイパン戦でも展開され、現にその時点で戦われている沖縄攻防戦でも悲劇はくり返されている。

「開拓民や居留民をかかえていて、自由な作戦行動はできません」

朝枝はそういいつつ、では在満百万を超える一般民衆を後方へ動かすとなると、いまの輸送力からいえば、優に一年はかかるであろうことに思いいたった。絶望の文字が脳裏をかすめる。それだけの長い時間をソ連軍が待っていてくれるはずはない。この明白な事実を前に、朝枝の酔いはいっぺんにさめた。

こうした現地観察にもとづいて、参謀本部作戦課が遅ればせながらも、それまでの対ソ作戦計画を変更し、関東軍にも戦闘序列を下命、対ソ作戦準備を命じたのは五月三十日である。ただし、ソ連軍を刺戟することなく「静謐確保」の方針を堅持しつつ、という条件つきで、いざというときの作戦準備をせよと命じた。この腰のまだ引けている東京からの命令をうけて、七月五日にようやくに関東軍も作戦計画を策定した。太平洋の島々や比島、沖縄で玉砕戦闘がつづけられているとき、満洲は別天地であり、戦争と無縁の太平楽をきめこんでいたことを示している。

その計画とは、一言でいうと、ソ連軍が侵攻してきたときには、満洲の広大な原野を利用して後退持久戦にもちこむ、という戦術である。それゆえに関東軍総司令部も新京を捨てて南満の通化に移る。そして主力は戦いつつ後退し、全満の四分の三を放棄し、最後の抗戦を通化を中心とした複廓陣地で行う。そうすることで朝鮮半島を防衛し、ひいては日本本土を防衛する、というものである。

それにしても、その策定が七月五日というのはあまりにも後手ではなかったか。それに、この計画では、そうした後退持久の作戦のための準備完了の目途を九月末としているのである。とりも直さずソ連侵攻はそれ以後のこととみている。関東軍総司令部の認識が楽観にすぎていたことを証明するようである。作戦計画とは通常一年前にとりかからねば万全を期しがたい。兵は容易に動かすことができるが、物は動かない。事実、総司令部が移る通化には、全軍が逐次戦いつつ後退し、最後に集結して徹底抗戦の中心となるべき陣地など、その日までまったく造られてはいなかった。

にもかかわらず、八月二日、関東軍報道部長の長谷川宇一大佐は、新京放送局のマイクを通して豪語している。

「関東軍は磐石の安きにある。邦人、とくに国境開拓団の諸君は安んじて、生業に励むがよろしい……」

すでに作戦放棄されている地域の人びとがこれを聞かされ信じこまされたのである。

さらに消すことのできない大事な挿話を、公刊戦史『関東軍〈2〉』は載せている。第四軍司令部（在チチハル）が八月初旬のソ連侵攻を予想、いや確信していたという事実である。軍司令官上村幹男中将は情報参謀のこの対ソ分析を重視し、かれに命じて八月三日に新京の総司令部へ直通電話をかけさせ、その情報をくわしく伝えた。しかし、総司令部の参謀の返事は、

「その兆候はない。少なくとも九月すぎまで侵攻はない」

という無責任きわまるものであった。

上村はそれでも諦めず、ハイラルへ出張する秦総参謀長にチチハル飛行場への中途着陸を求め、直接に会って意見具申した。秦は顔をほころばしたまま答えた。

「関東軍としては、情勢がそれほど切迫しているとは考えていない。ただし、第四軍がみずからの判断にもとづいて、対応措置を講ぜられることにはまったく異存はない」

それならばということで、上村は翌日に参謀長をハイラル正面へ、作戦主任参謀を孫呉正面にそれぞれ急派して、起ると予想される事態にたいする作戦命令と行動の指針を伝達させている。あとのことになるが、この両正面を防備した各部隊が、なかんずくハイラル防衛の部隊がソ連軍の侵攻を邀撃《ようげき》して、大軍を相手に実によく健闘したことは、戦史に残されているとおりである。


さらに事実をさぐれば、関東軍を責めるだけではすまなくなる。東京の陸軍中央もまた、国境最前線へのソ連軍増強の事実を知りながら、楽観的な、ソ連軽視の考え方を捨てきれないでいた。もちろん、ソ連がいずれ侵攻してくることは疑わない。問題はその時期がいつなのか、なのである。

二十年の八、九月頃が危険であるとの声は一部に高かった。しかし、ソ連軍はドイツとの戦いで多大の損害をうけている。その傷を癒さぬままに武力発動に踏み切るという公算は小さいとみられる。また、不可侵条約の効力は来年四月までである。九月に侵攻を開始すれば、二カ月で冬を迎えねばならず、冬季作戦は非常なる困難をともなう。それらをあわせて考えれば、年を越して春になってから侵攻とするほうが、戦理に合致しているのではないか。

陸軍中央の参謀や課員たちすべてが、そう考えていたとはいわない。しかし、大半がそう楽観視していたのである。もっと正確にいえば、ソ連がでてきたら日本陸軍の太平洋戦争における今後の全作戦構想は潰滅《かいめつ》する。であるから、ソ連にはでてきてほしくはない。こうした強烈なる「来らざるを恃《たの》む」願望が、でてこないのではないかという期待可能性に通じ、さらにそれが「ソ連軍は当分でてこない」、起ってほしくないことは起らないという根拠のない確信になっていたのである。

考えてみると、人は完全な無力と無策状態に追いこまれると、自分を軽蔑しはじめる。役立たず、無能、お前は何もできないのか。しかし、いつまでもこの状況にはいられなくなる。逃れるために、いや現実は逃れることなどできないゆえに、自己欺瞞にしがみつく。ソ連軍はでてこないという思いこみである。来るはずはないという確信である。

もはやどうにも手の打ちようもない、という絶望的状況に陥ったとき、人はいつでも根拠のない、幻想でしかないことに、確信とか信念とかいうものをみつけるもののようである。

（6）アメリカ空軍による昭和十九年に行われた鞍山《あんざん》周辺への爆撃は、戦史叢書『関東軍〈2〉』によればつぎのとおりである。
七月二十九日、B29約二十機。目標・鞍山。戦死百四十名、戦傷二百三十名。戦果なし。

九月八日、B29約百機。目標・鞍山、本渓湖《ほんけいこ》。死傷約三百名。家屋六百損傷。戦果なし。

九月二十六日、B29約九十機。目標・鞍山、大連、本渓湖。損害軽微。戦果なし。

●「予の判断は外れたり」

話を戻す。九日の朝の東京では――。

午前四時、ソ連のモスクワ放送が、モロトフ外相が佐藤尚武大使を招致して対日宣戦を通告したとの内報を全世界に流した。日本では、外務省ラジオ室と同盟通信とがこれをキャッチした。さらにタス通信が同じ内容を伝えてくる。

夜が明けるとともに、ソ連参戦の第一報が政府筋、軍部首脳を震駭《しんがい》させた。参謀本部や陸軍省の若い課員たちも驚きを隠さなかった。否定しつつもひそかに予期していたことゆえ、それが現実になったとき、驚愕と困惑と動揺はより大きいのかもしれない。一般民衆には知れることなく、混乱した東京の中心部の動きはあわただしくなる。

この日まで、日本の指導層には、降伏を求めた連合国のポツダム宣言の受諾をめぐって、和平推進派と徹底抗戦派とのきびしい対立が各方面でつづけられてきた。首相鈴木貫太郎が率いる日本政府は、和平工作の仲介をソビエト政府に依頼しているから、その返答をうけとるまではと、じっと待ちつづけた。しかし、六日の広島への原爆投下で、逃れるべくもない土壇場に追いこまれる。そこへ待ちに待ったソ連政府からの回答がきた。それは、ソ満国境を越えて射ちこまれてきた無数の砲弾であり、そして戦車を主力とする大機械化部隊の侵攻であったのである。あらゆる犠牲をはらっても、ソ連の好意をえようとした懸命な日本政府の外交努力は水泡に帰した。

午前五時、私邸にかけつけてきた外相東郷茂徳の顔をみて、落胆しながらも、

「この戦《いくさ》は、この内閣で終末をつけることにしましょう」

と鈴木首相はきっぱりといった。

ソ連の参戦は、陸海軍部の主張した〝ソ連を仲介に〟降伏条件の緩和による終戦の企図が、白日夢にひとしかったことを教えている。さらにそれは内閣がすすめてきた政策の完全な失敗を示している。鈴木内閣はこのさい辞職するのが政治常識というものであろう。しかし、ソ連が満洲・朝鮮半島と侵略の範囲をひろげて発言権をましてくれば、国体（天皇制）の存続が危うくなることは明瞭である。それゆえに、鈴木は辞職することなく、あえて火中の栗をひろう決意を固め、何があろうと一刻も早い終戦へとなだれ込もうと決意するのである。

いっぽう逸《いち》早く関東軍よりの報告を受け、徹底抗戦を標榜《ひょうぼう》しつつ戦争遂行の全指揮をとる参謀本部作戦課は、この悲報をどう受けとめたか。

作戦部長宮崎周一中将のこの直前の日記には「ソ連は八、九月対日開戦の公算大であるが、決定的にはなお余裕あり」と記されている。それだけに衝撃は大きかった。

さらに、参謀次長河辺虎四郎中将の手記がある。その冒頭の、

「蘇は遂に起《た》ちたり！　予の判断は外れたり」

の言葉は悲痛をとおり越してその〝お人好し〟は滑稽にすら思われてくる。軍上層部はそれほどに情報収集能力、国際感覚が欠如していたのである。

しかし一部では、きびしく国際政治の動きに注視し、そこから正確な読みをしているものもいたことを、資料は示している。参謀本部第十二課（戦争指導）が研究しその直前に作成した文書がそのひとつである。ソ連参戦は不可避であるとし、米英などの意向とは無関係に、早急に、突然に最後通牒《つうちょう》をつきつけて〝自主的に〟参戦してくるであろう、とその文書は正確な判断をまとめあげた。しかも興味深いことは、この研究素案「対ソ戦争指導」の、要領の〔二〕には、

「対日参戦してきたソ連に対しては宣戦布告をしないものとする」

と、実に微妙にして大事な先見が記されている。

ただし〝素案〟であり、しかもまとめられたのは八月七日のことである。局（部）長以上の決裁はうけていない。

現実には、宣戦布告して攻めこんできたソ連に、日本政府はついに宣戦布告をしていない。ひたすら自衛の防御戦闘だけを行い、いっぽう的に蹂躙された。

この「宣戦布告せず」の問題にかんしては、さきの作戦課参謀の朝枝元中佐の重要な証言もある。九日の朝、作戦課の電話が鳴り、朝枝が受話器をとると、相手のせきこんだ声が「外務省のなにがしだ」と名乗った。電話はほうぼうたらい回しされたのちに、やっと朝枝参謀にたどりついたものらしかった。それだけに「なにがし」の声は苛々と、異常に昂ぶっていた。

「いいですか。日ソ不可侵条約の不延長通告はたしかにありました。が、まだあと一年間は条約は有効のはずです。したがって、ソ連の対日宣戦布告は明らかに国際法に違反するものなんです。そんな理不尽な国を相手に、わが国は対ソ宣戦布告をするべきなんでしょうか。統帥部の見解をお聞きしておきたい」

ずっと作戦課の室内ベッドで、満洲の地図を枕にして寝るほど、対ソ作戦に打ちこんできた参謀は、打てば響くように答えた。

「作戦課の一参謀が答えるべきことではありません。この問題は国家として決断すべきことと考えます。ただ私見をいえというのであれば申し上げます。統帥部としては対ソ宣戦布告には不同意であります。ここは、あえて韓信の股くぐりでいくべきでありましょう。いかに癪《しゃく》にさわっても我慢しましょう。そして、国際法侵犯のソ連の非を国際世論に訴えて、いずれ大いに叩こうじゃありませんか」

電話の相手は、

「よくわかりました。実は、私もそう考えておりましたので……」

と答えると、そのまま切ってしまった。
元参謀は回想していうのである。
「その外務省の人は、ソ連という国や、国際情勢をよくわかっていたと思います。その人がだれであるか。名乗ったことは名乗ったのですが、ああした混乱がつづく有事のさいです、忘れてしまったのか、それとも耳に入らなかったのか……。ソ連が条約など破るのになんとも思わぬ国であるとわかっていたから、あそこで宣戦をしていたなら泥棒にも五分《ママ》の理を与えることになる。そうなれば、ソ連軍は米英や中国との作戦協定を無視して、正々堂々と北海道へ侵攻してこられた。これはいかん、と即座にそう判断した。宣戦布告をしなかったことで、戦後の国家分断を防ぐことができた。私はそう思っています」（朝枝繁春『追憶』より）
対米英戦争の開始直後から、なにやら国際法無視の気運の強かった日本が、最後の段階に及んでその遵守を強調する。歴史の皮肉としかいいようがない面もあるが、それはまさしく正しい判断であったのである。

●「国内ニ戒厳ヲ施行ス」

しかし、その朝のあわてふためき、殺気だち、騒然たる空気のなかで陸軍中央が、押しよせるいくつもの重要課題を処理しつつ決定したものに、もっと重要なことがある。

それは、ひとり戦争指導課がというより陸軍中央の、血気の参謀たちが一致してきめた『ソ連参戦にともなう戦争指導大綱』というものである。

原案を陸軍省軍務局がお膳立てしたといわれている。もう少しくわしくいえば陸軍省軍務課の竹下正彦中佐が起案したものである。「案」のままで終ったものであるが、原文のままに引用しておく。

方　針

帝国ハ「ソ」連ノ参戦ニ拘《かかわ》ラス依然戦争ヲ継続シテ大東亜戦争ノ目的完遂ニ邁進《まいしん》ス

要　領

一「ソ」連ニ対シテハ宣戦ヲ布告セサルモ自衛ノ為飽ク迄交戦ス

二「ソ」連若ハ中立国ヲ利用シテ好機ニ乗シ戦争終結ニ努力ス

但シ皇室ヲ中心トスル国体ノ護持及国家ノ独立ヲ維持スルヲ最少限度トシ当分対「ソ」交渉ヲ継続ス

三　国民ヲシテ大和民族悠久ノ大義ニ生クル如ク重大決意ヲ促スモノトス（詔勅）

四　速カニ国内ニ戒厳ヲ施行ス

注目すべきは、ここには「国内に戒厳令を布《し》く」の、陸軍の徹底抗戦の強烈な意志を裏づける言葉があることである。

これを読んで常識的にやや混乱してくるのは、軍政をあずかる陸軍省軍務課の課員が作戦方針にまで発言を及ぼしていることであろうか。この理由を一言でいえば、昭和二十年四月いらい大本営の機構改革によって軍務局と参謀本部とが一部で一体になっていた。これによって軍務課の課員が参謀本部第四部第十二課（戦争指導）の、軍事課の課員が第三課（編制）の、それぞれの参謀を兼ねることになった。かれらにとっては陸相も参謀総長もともに直属上官ということになる。

しかも若き参謀たちはこの『戦争指導大綱』を実行に移す「プログラム」も作成している。すなわち午前九時より陸相、参謀総長、軍務局長以下が参集し、この案を陸軍の総意として決定する。午前十時半からの最高戦争指導会議において議し、国家決定案（国策）とする。さらに午後一時からの閣議をへて、午後三時に御前会議をひらいて最終決定し、午後五時には全国民にたいし「徹底抗戦あるのみ」の決意を表明する、という段取りである。

このプログラムがそのままに実行されなかったことを、今日では歴史的事実が明らかにしている。若き参謀たちの意図とは正反対のほうに現実は動いていった。

午前十時半から宮中でひらかれるはずの最高戦争指導会議は、十一時近くになってやっと六人のリーダーの参集をみる。急迫した形勢下にそれぞれの行動はままならなかったのである。しかも会議は冒頭から鈴木首相が、天皇の〝終戦〟の意思を体して、発言した。

「広島の原爆とソ連の参戦という四囲の情勢からみて、とうてい戦争継続は不可能である。どうしてもポツダム宣言を受諾し、戦争を終結させるほかはないと考えます。ついては各員の意見をうけたまわりたい」

結果論でいえば、この首相発言が今後の国策の方向を決定づけたということになる。有事のときのトップの厳然たる言葉が、いかに複雑かつ浮動しつづける状況を単純化し落ち着かせることか。それほどに驚くべき力を発揮するのである。

しかもこのころ、長崎上空に原爆投下の任務をもったB29「ボックス・カー」号が旋回していた。機長は目視攻撃を厳命されている。それで主目標の小倉は雲で覆われていたために投下を断念、第二目標の長崎に転進してきていたのである。長崎上空も雲に覆われており、機長はやむなく上空を旋回して雲間を探し求めていた。運命はこのとき長崎を見捨てた。燃料の関係で許された時間ぎりぎりのとき、雲が切れ市街が姿を現わした。

十一時二分、第二の原爆は七万五千人以上の人間を地上より消し去った。

東京の宮城内では——この悲劇を知ることなく、数分間の重苦しい沈黙が会議室を押しつつんでいる。それを破るように海相米内光政大将が口火をきった。

「みな黙っていてはわからないではないか。どしどし意見を述べることにしよう。ポツダム宣言受諾ということになれば、これを無条件に鵜呑《うの》みにするか、それともこちらから希望条件を提示するかを、十分に論議しなければならないではないか」

この発言は、鈴木発言をさらに決定づけた。会議はいつの間にかポツダム宣言を受諾するという前提のもとに、連合国につけ加える希望条件の問題に入ってしまった。つまりいきなり終戦の討議になり、若手参謀たちが期待した対ソ参戦にたいする緊急措置など議題からは消しとんでいたのである。

このように明確な、必然のような事実の動きをみていくと、人間の智慧というより、マルスの意思というほかはないように思えてくる。血気の参謀たちが思い描いた徹底抗戦の夢は空しくなった。全国に戒厳令を布き最後の一兵まで、という陸軍の企図はたちまちに幻想以外のなにものでもなくなったのである。

それにしても参謀たちが期待をかけた陸相阿南惟幾《あなみこれちか》大将と参謀総長梅津美治郎大将が、首相や海相のいきなりの終戦発言になんら反撥しなかったことに、少しく首を傾けざるをえない。かれらはあくまでも戦争をつづけ「目的完遂ニ邁進」することを主張せねばならなかったはずである。しかし、なんらそうした強い反撃の言は二人の口からはでていない。むしろポツダム宣言の受諾を認め、その上で希望条件について自分たちの考えをのべ、ねばっこく主張をつづけているのである。

ということは、若手の参謀たちがプログラムの第一にあげた「午前九時」の陸軍の総意を決定するという会議が、いろいろな事情や都合もありひらかれなかったのではないか、そう疑わせるものがある。一説に、たしかにひらかれて全陸軍の意思の統一は成っていた、という。しかし、スケジュールのほか、ほとんどなにも書かれていない終戦時の『阿南日記』にも、その時刻の省部会議は記されていない。

その上に、河辺参謀次長が残している『日記』のこの日の条に、関心をむけざるをえない記載がある。さきの『戦争指導大綱』案と連動しているようにも思えるからである。原文を引用する。

予ハ出勤ト共ニ「メモ」トシテ左ノ如ク其ノ時ノ気付キヲ記セリ

決心　戦フコト変化ナシ（対米中心）

処置1　国内、全国ニ戒厳、強力ニ押ス、要スレバ直ニ政府更迭、軍部デ引受ケル

2　作戦上、各出先軍及航総軍ノ任務、満洲国境線頑強ニ抵抗、満洲放棄ヲ決意、有力ナル兵団ヲ至急南鮮ニ下ゲル、支那ハ概シテソノ儘《まま》、駐蒙ハ逐次北支ニ退ゲル

3　満洲皇帝ノ処置（内地へ―那須カ日光カ）

4　軍隊内ノ動揺防止処置―一手段トシテ大臣布告

河辺メモにも、国内に戒厳令を布くの文字がある。主張されているのは軍部内閣をつくり戦争遂行という超強硬方針である。そして河辺は上長の梅津総長にメモをみせて意見具申した。梅津がこれに同意したであろうか。

『河辺日記』は微妙なところを伝えている。穏健自重居士、外柔内剛、典型的官僚、腹

黒などと、さまざまに寸評される梅津は、持ち味どおり「明確ナル意志ヲ表示セラレザルモ別段ノ不同意ヲ表明セラルルニモ非ズ」と河辺が書くあいまいな態度を保持しつづけたのである。

それにつけても梅津という軍人は、結果論でいうと、不思議な存在として終始する。この最大の国家危機にさいして、参謀本部の統領としての絶大なる統率力を発揮したとは、とてもいえない。*7 いや、昭和の陸軍激動史のなかに、陸軍次官、関東軍司令官、総長と重要な地位を占めつづけながら、外部的に確たる存在を示すことなくひっそりと生きている、という表現がかれにはいちばんふさわしい。いっさい自筆の文章を残していない。語るべきエピソードもほとんどない。それでいて梅津は二・二六事件以来終戦まで堂々と陸軍の第一人者として終始した。ほとんど自分の意見をいわず無口に、地味に、しかし図太くすべてを合理的にやってのけた稀有《けう》の官僚的政治軍人であったのである。『河辺日記』の梅津は、いかにも梅津らしい挙措を示している。

これで終ったわけではなく、さらに河辺はそのさきで、かなり微妙な一場面を書いている。当時は参謀本部も陸軍省も同じ市ヶ谷台上の建物のなかにあった。階段を登って河辺は陸軍大臣室に、最高戦争指導会議に出かけようとする寸前の陸相阿南惟幾大将を訪ね、その計画を縷々《るる》説明する。梅津とは異なり、阿南は明確であった。

「よし、わかった。貴官の意見をもって参謀本部全体の意志と解す」

これが阿南の返答である。この返事をみると、それよりさき午前九時に省部会議があり、全陸軍一致の結論が成立していたとはとても考えられないのではないか。

「予ハ『今日ノ会議ハ相当ニ荒レマセウ、オ願シマス』ト云ヘバ大臣、『荒レルダラウ、命ニカケテモ』ト立チ上ル、而シテ立チ上リナガラ独リ言『若シ容レラレナケレバ、ヤメテ支那ノ一部隊ニデモ召集シテ貰ッテ往テヤルヨ』ト破顔一笑意気軒昂タルヲ示セリ」

河辺の描く陸相はかくも颯爽《さつそう》としている。

「短才ト云ハバ云ヘ、楽天ト云ハバ云ヘ、神ガカリト云ハバ云へ、斯フシタ難問ニ臨ミ斯カル意気ニテ進マルルコトコソ頼母シト云フベシ」

とも記して参謀次長は、陸相を讃えて宮中へ送りだしたのである。

(7) 梅津大将がいかに有能な官僚的政治軍人であるかを語る面白い話がある。歴史家高橋正衛氏が元陸軍大将荒木貞夫から聞いたもので、実によくその風貌姿勢をとらえている。

「わたしが陸軍大臣のとき、梅津は参謀本部総務部長であった。その頃のある日、わたしは梅津の部屋に入ったことがあった。そのとき彼の机の上には紙一枚はおろか、何ひとつおかれておらず、その机を前に、ずっと目を閉じて坐っている梅津を見た時は不気味ですらあった」

ただそれほどに頭の切れる自信家であっただけに、終戦の大混乱期には自己崩壊をきたし、ノイローゼ気味であったようである、と語ってくれた元軍人がいることはいる。

●「対ソ作戦ノ発動ヲ準備」

河辺の言葉にのっかるわけではないが、八月九日午前の陸軍中央の、あわただしい動きから見えるのは「短才」にして「楽天」すぎる面ばかりである。ソ連軍が満洲の東、西、北から全面的に攻撃を開始し、日本に宣戦布告状をたたきつけていることは明白な事実なのである。にもかかわらず、陸軍中央とくに参謀本部の措置は、万事において不徹底であり優柔不断そのものである。宮中にいった参謀総長の帰るのを便々として待ちつづけ、そのかん適切な指示も命令もだしていない。沈みかけた船の上で右往左往していただけとするのは酷にすぎるであろうか。秀才参謀たちの失望といら立ちの雰囲気だけが手にとるようであるが。

それゆえに、すでに全面的戦闘状態に入っている関東軍総司令部は全軍に、否応もなく独自の作戦命令を発せざるをえなくなった。そしてそのあとは参謀本部よりの大本営陸軍部命令（大陸命）ならびに参謀総長よりの指示（大陸指）を待つばかりであった。その命令がいっこうに届かない……。

作戦班長の参謀草地貞吾大佐は諸情報によって、極東ソ連軍総司令官はワシレフスキー元帥、東部国境から侵入してくるのはメレツコフ元帥の第一極東方面軍、西部国境からはマリノフスキー元帥の率いるザバイカル方面軍であることもわかってきた。また、その攻撃速度も、前線からの情報を綜合することで計算できる。新京にいちばん早く殺到してくるであろう敵は、西からのマリノフスキー軍であろうことも明らかになってくる。この状況の急変下にとるべき作戦方針は？　これらの敵を勇ましく迎撃して満洲の中央平原部で決戦にでていいものかどうか。あるいはまた、策定されている作戦計画どおり通化方面へ退くこともせず、国境地帯で頑強に最後の一兵まで戦っていいのか。草地は一分一秒でも早く大本営よりの指示をえたかった。

新京の草地は、参謀本部作戦課に軍用直通電話で、早朝からしばしば連絡しつづけている。東京は対ソ主任の朝枝参謀がもっぱら応接したが、豪毅果断をもって知られるこの参謀が、いつまでたっても煮えきらない。

「ただ今は、会議中である。しばし待っていただきたい。きまれば即座に連絡します」

とくり返すばかりかと思えば、ときに、

「われわれ主任者のほうの肚はきまっているのでありますが、まだ上司のほうでまとまらぬところがありまして……」

と要領をえないことをいいだす始末なのである。ときに怒声を発したくなる思いをおさえながら草地は、朝枝の返答を聞きつつ、東京がいかに苦境に立っているかを理解しないわけにはいかなかった。作戦一本槍では進めない、多分に〝政治〟がそこに入りこんできているのであろう。それにしても、対ソ応戦をするかどうかの大問題だけは明答してもいいのではないか。

第一線のそれと、陸軍中央はたしかに苦悩を別にしている。さきの戦争指導課が案出した『戦争指導大綱』をよくみると、それがわかる。この期に及んでも、〔二〕の項で、「ソ連もしくは中立国を利用して」とか、「当分対ソ交渉を継続す」の文字がある。ソ連軍が字義どおり怒濤の如くに満洲に攻め入ってきているときに、いったい中央は何を考えているのであろうか。単に「案」にすぎないとはいえ、国内に戒厳令を布き徹底抗戦を意図しているのである。その抗戦すべき〝敵〟に宣戦布告をしてきたソ連は入っていないのか。米英中を主敵にかぎるというのか。

時間的には少しさきのことになるが、ここでふれることにする。梅津総長は最高戦争指導会議で宮中へいったきりである。何が論じられているかわからぬまま、時間だけは刻々と過ぎていく。結論は容易にでそうにない。それ以上にはたしてどんな結論がでるのか不明である。しかも関東軍は真剣に参謀本部の無策を責めたててくる。

ここに及んで、市ヶ谷台上の作戦課は、作戦命令を案出した。午後一時、梅津が宮城より帰るや否や時をおかずふたたび宮中へ送りだした。そして大元帥陛下の勅裁をえてやっと大陸命第千三百七十四号を全軍に下達することができた。ソ連侵攻の報が入ってから八時間後のことである。これも原文のままに引用したい。

一　「ソ」連ハ対日宣戦ヲ布告シ九日零時以降日「ソ」及満「ソ」国境方面諸所ニ於テ戦闘行動ヲ開始セルモ未タ其規模大ナラス

二　大本営ハ国境方面所在ノ兵力ヲ以テ敵ノ進攻ヲ破摧《はさい》シツツ速ニ全面的対「ソ」作戦ノ発動ヲ準備セントス

三　第十七方面軍（朝鮮軍）ハ関東軍ノ戦闘序列ニ入ルヘシ隷属転移ノ時機ハ八月十日六時トス

四　関東軍総司令官ハ差当リ国境方面所在ノ兵力ヲ以テ敵ノ進攻ヲ破摧シツツ速ニ全面的対「ソ」作戦ノ発動ヲ準備ス

事改めて、ていねいに読むまでもない、これは〝攻撃〟命令ではなく、〝準備〟命令である。

いまになってみれば、不可思議もとおり越して、面妖なというしかない。参謀本部作戦課が「その規模大ならず」といかなる情報から判定したものか。この間に国境線ではいくつもの部隊がすでに玉砕し、一般民衆がまきこまれて数知れず死にはじめている。ソ連軍の大砲は山容が改まるほどに弾丸を打ちこんでいる。戦車部隊は轟々とキャタピラをならして、日本軍陣地を踏みつぶしている。そのときにまだ「作戦の発動を準備せんとす」なのである。

朝枝元中佐に問いただしたことがある。なぜにこの不徹底きわまる命令しかだせなかったのか。元参謀の答は苦渋にみちたものであった。

「ソ連軍が満洲に侵攻してくれば、とうてい長くはもちこたえられない。泣く子もだまる関東軍は、案山子《かかし》の軍隊になりはてていたからです。負けることは目にみえている。どうせ負けるなら、むしろあとのことを考えておいたほうがいい、それがわれわれの判断でした。いまは一緒になっているが、アメリカとソ連とが離反することは十分に考えられる。そのときに備えて、といったら負ける国が何をいうかと笑われるかもしれないが、希望的観測もある。つまりあとの外交交渉にふくみをもたせるためには、関東軍があまりに気負いたって頑張って戦って、のっぴきならない状況をつくってしまってはまずい。正直のところわれわれはそう考えていた。もちろんヤルタ会議での米英ソの極秘協定の内容なんかまったく知らなかった。それだから、などという弁解はしませんが……」

これがさきの戦争指導課が作成した『戦争指導大綱』案の「ソ連を利用」あるいは「対ソ交渉継続」、そして大陸命の「準備せんとす」のウラに隠された陸軍の本心、ということになるのであろう。政略・外交的な意味でのソ連利用になお固執するものがあったのである。溺れるものは藁をもつかむとはあまりに常套句にすぎるが、それ以上の言葉はみつからない。国際情勢にたいする無知そして感覚のなさにも驚かされる。河辺次長が自嘲気味にいう「短才」「楽天」「神がかり」、そのいずれでもあった。恐ろしいがゆえにその好意にすがりたいと考えるのは、いつの場合でも浅薄な考え方であるようである。

考えたくもなかった危機に直面して、陸軍中央は熱に浮かされていたのであろう。完全にお手上げといっていい状況下に、なんとか活路を見出そうと必死である。が、矢つぎ早に起る事態のスピードに追いたてられ、それによって起るであろう悲惨この上ない結果を想像することなどできなくなっている。想像力をだれもが失っている。刻々に変転する情勢は、参謀たちの息もつかせないのである。

●「イマン鉄橋の一部を破壊す」

午前十一時、最高戦争指導会議の六人がようやくに降伏条件について議論をはじめたころ、満洲東部国境の虎頭要塞では、守備隊長のかわりに指揮をとる大木大尉が重大な決意をかためた。ソ連軍の一方的な砲撃で各所で死傷者がふえはじめ、要塞の厚いコンクリートも直撃弾をうけ崩壊しだしている。大木は万一単なる越境事件であったら大変なことになると、上長からの命令がくるまでは砲撃はすまいと考えていたが、そんな悠長なことをいってはいられないと判断する。これはもう全面的侵攻以外のなにものでもない。

大木が決断するまでもなく、そのころにはもうソ連の第三十五軍の各部隊は、国境線であるウスリー河とその支流スンガチャ河を強行渡河し、広い戦線で内部への浸透を開始していたのである。

たしかに、虎頭付近から興凱湖《こうがいこ》にかけた一帯は湿地帯で、かれらの急速な前進を阻ん

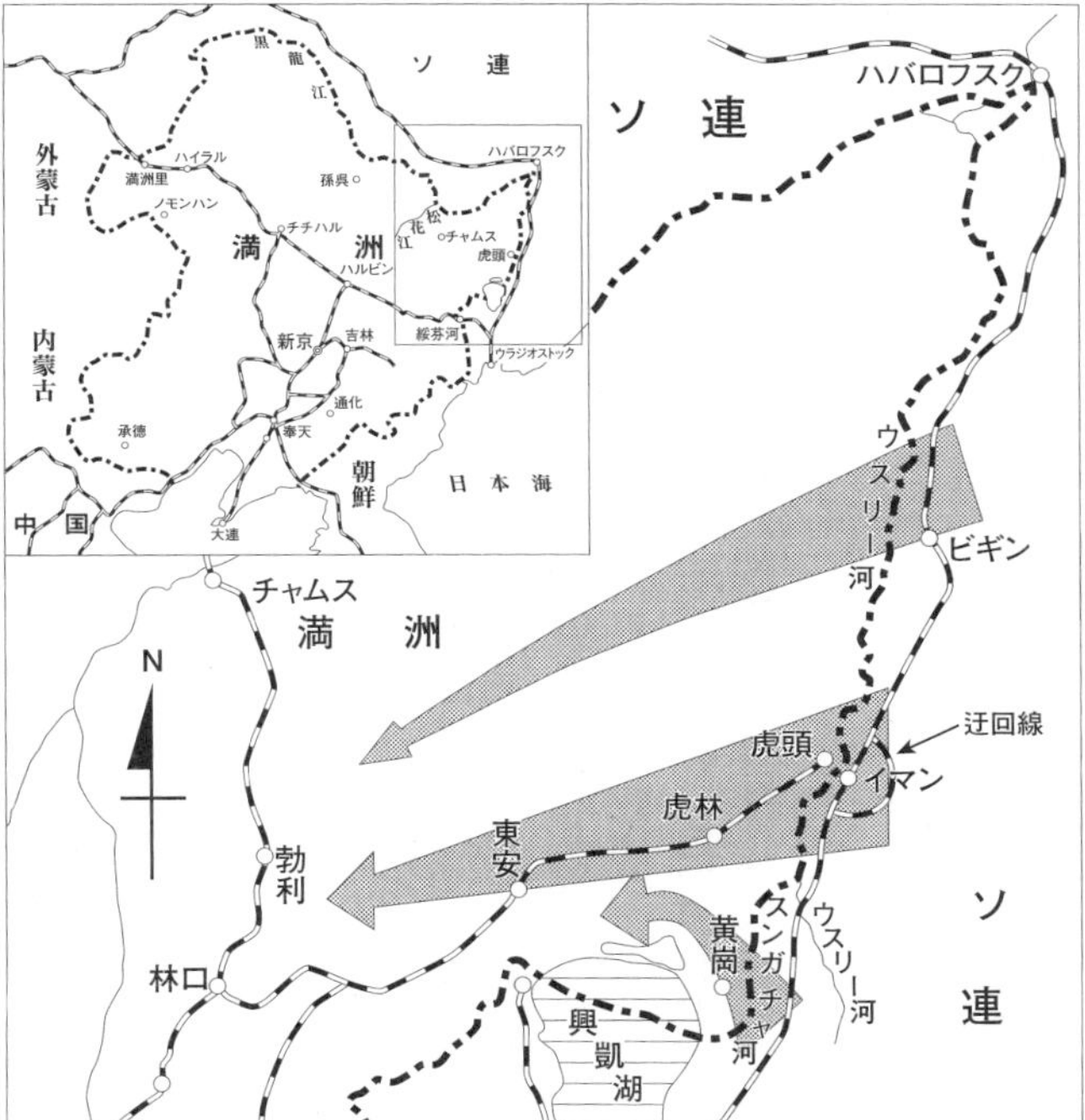

第一極東方面軍
侵攻概要図

でいる。野地《やち》坊主とだれが名付けたか、群生した水草塊が大小無数の円形をなして、水のなかに散在している。軽装の歩兵の単独歩行なら可能であるが、砲や車や重機関銃などの重装備の部隊はそうはいかない。ましてや野地坊主もなく深く陥没した重湿地では前進不可能である。しかも、この低湿地帯と重湿地帯が複雑に入りくんで混在しているのである。ソ連軍は応急道路をつくりつつ進まねばならなかった。

こうして自然の要害とはげしい雨で進攻速度をにぶらせながらも、ソ連軍は確実に日本軍の監視哨などの抵抗を排除しつつ拠点を拡大した。そして虎頭要塞を突破すべく包囲するように戦闘態勢をととのえていった。

虎頭守備隊の『戦闘状況報告書』にはこんな文字がみえる。

「本日虎頭と、虎林・東安・牡丹江等後方部隊との連絡杜絶す」

この方面の国境線に防衛陣地として残っているのは虎頭要塞だけとなった。この東正面の日本軍の主力である第五軍の三個師団は、国境線からかなりさがった牡丹江方面において、それぞれ迎撃のための野戦陣地を構築していた。国境の永久陣地に拠った大木大尉以下の守備隊員は、孤立して、いわば見捨てられたにひとしくなっている。

午前十一時すぎ、大木が部下に発した命令はこうである。

「月牙《げつが》方向よりソ連狙撃約一ケ大隊、我陣地前線の飛行場附近の凹地に集結す。友軍戦闘配備概《おおむ》ね完了。歩兵は陣地要点に拠り邀撃態勢を整え、砲兵は弾薬の集積・整備・諸元の算定等を終り射撃開始の命を待ちつつあり」

と現下の状況説明をした上で、

「〈命令〉我守備隊は本日一三〇〇を期し反撃戦を実施せんとす。砲兵隊はソ連陣地要点並に砲兵の制圧に任ずべし。辺連子を除く第一線警戒部隊は本射撃の間断を利用し陣地を撤収すべし」

　外周の最前線監視哨などの陣地を捨てて、全将兵が要塞に集結する。いよいよ籠城戦である。そして午後一時、万全の準備を完整して虎の子の四十センチ榴弾砲の砲撃開始。『戦闘状況報告書』にそのことが明確に記されている。

「一三〇〇　命令に基き我砲兵隊は愈々《いよいよ》射撃を開始し、加農砲は対砲兵戦、榴弾砲はイマン鉄橋、特火点の破壊を実施す」

　ところが奇妙なことに、公刊戦史『関東軍〈2〉』にはそれが頭から否定されている。

「守備隊には有力な重砲が装備されていたが、総括的にこれを運用する中隊兵力が不足のうえ、砲兵隊長大木大尉が守備隊長代理として全般指揮に忙殺されたため、その主力はほとんど戦わずして終った。陸軍最大口径を誇った四十榴は当初から放棄、最大射程砲（約五万米）の名をほしいままにしていた二十四加列車砲も開戦と同時に黒台駅（東安南方約三〇粁）に退避した」

　いったいどういうことか。事実、後衛にひき退っていた二十四加列車砲はまったく戦力を発揮しなかった。が、四十榴までもが一発も放たず役に立たなかったのであろうか。これでは初めから戦意なきにひとしい。

事実はどうなのか。ほとんど玉砕戦にひとしかったこの戦闘で、わずかに生き残った将兵の何人かが回想している。

「命令に基づき、砲兵隊は砲撃を開始、イマン鉄橋、既設砲兵陣地、トーチカなどの目標に対しては、平素から準備してあった射撃諸元表に、気象諸元等の修正を行ない、砲弾を連続発射、敵を一時沈黙させることができた。

なかでも、とっておきの四十榴の威力は大きく、イマン鉄橋の一部を破壊し、シベリア鉄道を一時不通状態にした」(臨江台監視隊長・山西栄少尉)

「戦友がどんどんやられるのを見て、若い元気な戦友はもう我慢できないと言い、イマン鉄橋を目標に射撃を始めた」(虎頭陸軍病院・糀谷由春伍長)

また速射砲中隊に属し、虎嘯山陣地にいた岡崎哲夫上等兵は、生存者の証言をもとにして、四十センチ榴弾砲はたしかに撃たれた、とその瞬間の模様を書いている。

「兵士たちの目はくらみ、鼓膜はほとんど破れたと思った。砲塔前面の遮蔽林は、ごっそりえぐりとばされ、異様な火焔に包まれた旋風が西猛虎山頂に走ったと見ると、頂上の保護林の大木数本が、巨弾の弾道に吸いこまれて、根こそぎ上空に吹きとんで行くのが見えた。そのあとには、砲塔前面から山上一帯にかけ、もうもうたる土煙が立ちこめて、視野はぜんぜんつぶれてしまった」

この長い引用は、体験したものにしか書けない記述のように思われてならない。それとも講釈師の張り扇にひとしいことなのであろうか。さらにそのさきに、

「大口径砲発射弾のちょうど十一発目が、イマン鉄橋三双アーチの北端に落下したが、中猛虎山頂観測所の観測兵は、高く上がった水柱のおとろえたとき、ぐにゃりと折れて河上にぶら下がった橋桁を望見した」

と、その戦果まではっきりと記している。なお、さきに引用した山西少尉はこのとき中猛虎山付近の観測所にいてこれを望見したのである。また『戦闘状況報告書』にも午後一時を期しての一斉砲撃の戦果として、「イマン鉄橋、迂回線ワーク鉄橋一部破壊、一時列車の通過不能ならしむ」と簡潔に記されている。

やはり贔屓目《ひいきめ》ということではなく、この大口径砲はたしかに発射された、とみるべきではないか。ただしソ連側の記録にはこのことについては一行もふれられていない。公刊戦史はそうした厳密な調査にもとづいて書かれたのであろうし、このように戦史とはまことに冷徹で、確証なくして速断することはできないものなのである。とは知りつつも、任務をはたして死んでいった将兵のことを思えば、一掬《いっきく》の涙をそそぎたくなってくる。

公刊戦史にはこう書かれている。

「**砲兵第一中隊**　十五日中隊陣地は陥落した。生存者は第二中隊に合流し、十九日ころまでに全滅した。脱出しえた者は一名であった」

この砲兵第一中隊が、竹垣進中尉の指揮のもとに、四十センチ榴弾砲一門、三十センチ榴弾砲二門の巨砲の射撃を任務としているのである。百五十余名の中隊将兵のうち、生還しえた者一名の文字が胸につき刺さる。

いや、日本軍の玉砕についてふれるのはまだ早すぎる。戦闘がはじまったばかりのいまは、虎頭要塞に象徴されるように、寡兵かつ火力や機動力ではソ連軍に圧倒されているにもかかわらず、果敢に防禦戦で奮闘している日本軍のことを語らねばならないときである。

ソ連側の公刊戦史もそのことを認めている。

「敵が主な抵抗を示したのはいくつかの要塞地帯と拠点においてで、それらの日本軍の守備はとくに頑強をきわめ、しばしば激烈な戦闘となった。……要塞地帯の攻撃でわが軍は、しばしば遠距離迂回作戦を採用した。このため要塞地帯の守備隊は野戦部隊から切り離され、外部からの支援なく、包囲の中で戦わねばならなくなった」と。

しかし、日本軍がソ連軍の侵攻を押しとどめ撃退できる目途は、まったくなかったのである。たしかに関東軍は満洲に二十二個師団と八個混成旅団、二個戦車旅団を有していた。総兵数は七十万、ただし、丸腰の兵隊約十万がいた。公刊戦史によれば、正規編制の師団に換算すると、八・七五師団の戦力であったという。火力は、完全装備でもソ連軍より各段に劣ると考えれば、実質的な戦力が標準の三〇パーセント程度に落ちているいまの関東軍に、ソ連軍を撃破することを期待するのは無理である。

ソ連軍の総兵力はすでに書いたが、改めてそれと比較すれば、兵数ではソ連軍百五十七万対日本軍七十万余で、日本軍は半数以下である。ソ連軍は五倍の大砲（日本の五千三百六十にたいして二万六千）、五十倍の戦車（日本の百六十にたいして五千五百）、二十倍以上の航空機（日本の百五十にたいして陸軍機のみで三千四百）をもっていた。

虎頭要塞が巨砲をもって応戦を開始したころ、午後一時前後、関東軍総司令官山田大将は、出張さきの大連から急ぎ新京に帰還した。総参謀長秦中将が代行して行った作戦上の措置をすべて承認するとともに、

「楠公精神に徹して断固聖戦を戦い抜くべし」

との訓示を全軍に布告している。

それは山田のいうとおりなのである。これほどに差のある戦力をもって戦い抜くということは、湊川に足利尊氏軍を邀《むか》え撃った楠木正成と同じように、全滅を覚悟するほかはない。九死一生ではない。十死零生の決意である。その決意をもって居留邦人を守り勇気と闘志をかきたてて戦わねばならない。それが軍人の義務というものである。

●「我等も死する覚悟を」

東京の宮城内で議せられていた最高戦争指導会議は、連合国に提示すべき条件についてついに結論がでず、つぎに閣議が予定されているため午後一時すぎいったん休憩に入った。

会議では、よく知られているように、米内海相と東郷外相が（一）天皇の国法上の地

位を変更しないことだけを条件として、ポツダム宣言受諾説をとった。阿南陸相、梅津参謀総長、そして軍令部総長豊田副武《そえむ》大将は、天皇制を守りぬくためにも、(一)の条件のほかに、(二)占領は小範囲、小兵力で、短期間であること、(三)武装解除と、(四)戦犯処理は、日本人の手にまかせること、以上の四条件をつけることを主張したのである。鈴木首相の意見は海相・外相説に近かった。

阿南は必死の面持ちで説いた。

「臣子の情として、わが皇帝を無条件に敵手にわたして、しかも国体を護持しえたと考えることは、なんとしてもできない。……ソ連は不信の国である。米国は非人道の国である。こういう国々に、なんの保障もなく皇室をまかすことには絶対に反対である」

条件を四つもだして決裂した場合はどうするのか、と東郷が質問し、阿南は日本本土に敵を迎え最後の一戦を交えるのみであると答えた。勝つ自信があるのか、勝利は確実であると断言するわけにはいかないが、敗北必至ともいえないのである、という応酬がつづいた。ソ連軍の満洲国侵攻にたいする対策などはもうどうでもいいかのように、議題にも上らない。

会議は紛糾しつづけていたが、それは終始静かに沈んだ調子で語られていた。雄弁をふるうものはひとりもなく、暗澹《あんたん》たる空気のうちにすすめられた。長崎に第二の原爆が投下され市街が潰滅した、という報告がとどけられたのは、会議も終りかけたころのことであった。

　こうして最高戦争指導会議は終り、午後二時半より閣議がひらかれたが、ここでも閣僚の意見はまとまらなかった。阿南は、かりに戦争を終結するにしても、四条件を連合国に承知させることが必要であることを、静かに、しかし力強く、閣僚たちにいいつづけた。日本は国家の存亡と民族の名誉をかけ、自存自衛のために戦いつづけてきた。それであるのに、相手のいうなりに、国体の存続が不確実のままに無条件降伏するのでは、あまりにも無責任、かつみじめではないか。手足をもぎとられて、どうして国体を守ることができようか。陸相はそう主張して不動なのである。

　この日の東京は風のない晴れて暑い日であった。市民は酷暑にあえいでいた。そのなかで、午後三時のラジオのニュースが、はじめて日本国民にソ連軍の参戦を報じた。作家大佛次郎の日記にそのことが書かれている。

「……三時のニュウスで簡単な関東軍発表あり五時に繰返す。七時のニュウスで五時の大本営発表を伝える。新京ジャムス吉林など爆撃せられ、満洲里三河、琿春《こんしゅん》附近の両方面から侵入して来ているらしい。そのニュウスのあとで新型爆弾に対する昨日と同じ注意、毛布などかぶれを繰返す。国民を愚にした話である。真偽は知らず、今日は長崎に同じものを投下したというが一切発表はない。隠すつもりらしいのである」(『敗戦日記』)

　大佛が記すように、三時を皮切りに五時、七時と矢つぎ早にソ連参戦の同じ報をラジオは伝えた。生き残るために人びとは暑さにめげず必死に動きまわり、ラジオに耳を傾けていられるものは少なかったからである。それもいつもの大本営発表と違って、自衛のため、ソ連軍と交戦状態に入ったことを告げるのみで、戦果などなに一つ発表することもなく、無敵陸軍は「寂《せき》として林の如き」沈黙を守った。

漫談家の徳川夢聲夫人は午後三時のソ連参戦の第一報を耳にしたひとりである。さっそく感じたことを夫に伝える。

「頼みの綱も切れ果てましたわネ！」

この驚天動地の報をうけるまで、多くの日本人は心のうちに、日ソ中立条約が一片の紙約束になりはせぬかという懸念を、ずっと抱きつづけてきている。この年の四月に、ソ連政府は条約延長せずと廃棄を通告してきたが、昭和二十一年四月まで、条約は有効である、ポツダム宣言にソ連首相スターリンの名がないのは、条約をソ連が守っているからであると、そのことを頼みの綱ともしてきている。そのソ連がいま、いきなり満洲の曠野《こうや》に攻めこんできた。

妻から第一報を知らされた夢聲は、七時の報道で、モロトフ外相が佐藤大使に対日宣戦布告を通達し、同時に戦争行為にでたことを知った。

このへんの事情を少していねいに書けば、三時と五時のニュースでは、ソ連軍が越境してわが軍を攻撃してきたこと、少数機が来襲してきたこと、ただそれだけの簡単なものである。七時になって、はじめてソ連が宣戦布告をしてきたことを伝えた。同時に、日本政府がソ連に戦争終結の調停を依頼していたことを、日本国民ははじめて知らされたのである。

疑心暗鬼でいた国民の目はいっぺんにひらかされた。仲介依頼をかえりみず、条約を破り不法にもソ連は侵攻してきた。その厳粛な事実にだれもが口をつぐんだ。現実主義者で冷静な夢聲の感想はこうである。

「――ははア、日本がハワイにやった通りをロシアが満洲にやったのだな！　と微笑したくらいなものだ。〝不法にも侵犯〟など可笑《おか》しな言葉だ。要するに強い者勝ちが、国際の鉄則、これに個人的道義の言葉を当てはめて各国が自国のみ正義なりと主張するだけのこと。思えば〝正義〟なぞ、国際間の動向に、チャンチャラ可笑しい言葉である」

絶望も極まれば笑いに通ずということなのであろうが、そうとばかり達観していられない日本人は実に多くいたのである。当時中学生であった作家葉山修平の手記には、対日参戦にたいする怒りの象徴的な真情が書きこまれている。

「卑怯にも、ソ連は対日宣戦を布告し、満洲に乱入したとのこと。日ソ不可侵条約はまだ有効な筈である。卑怯、下劣な裏切り者め！　自分たちは、スラブ民族はアングロサクソン民族よりも頼みになるものと思っていたのだが、火事場泥棒の如き裏切り行為は、断じて許せぬ」

広島で原爆に被爆し、辛うじて生きのびた新聞記者の大佐古一郎は、

「モスクワ発同盟によると、モロトフ外務人民委員は八日夜、佐藤大使に『ソ連の宣戦布告文』を手渡したそうだ。中立条約はどうなったのだ。われわれ日本人の精神論的、

理想主義的、散文的な戦争観や思考力をはるかに超越して、すべてはまことに現実的、打算的に運んでいる。ああ、これで日本の敗北は決定的になるだろう」

と、精神主義一辺倒の日本への反省もこめて不法を突いている。

日本の政軍の指導層が、ソ連による和平仲介という甘い考えをもったように、国民もまた奇妙なほどにこの日までソ連へ信頼を傾けていた。ソ連が米英に知られないようにひそかに裏側から日本へ石油を送りこんできているとか、日ソ間の協定なって明日の世界のためソ連は米英に宣戦を布告するとか、そんな流言が乱れとんでいた。それを本気で信じている日本人も少なくなかった。しかし、いまやその迷蒙は完全に一掃された。

ひとりよがりの愚昧な確信は、鉄槌がこれを木っ端微塵にしてくれた。

広島で同じく被爆した詩人の峠三吉も、八月九日の日記に悲痛の文字を書き入れる。

「ソ連もわが国に宣戦布告せる旨を知る。遂にわずかに残れる理想も夢も捨て、遠からず我らも死する覚悟をする。爆撃の惨苦の中に、灯もなき闇の中に、ソ連との開戦を聞かねばならぬ我々である」

作家の海野十三は、この日の日記にソ連への怒りをぶちまけている。

「ああ久しいかな懸案状態の日ソ関係、遂に此処に至る。それと知って、私は五分ばかり頭がふらついた。……これも運命であろう。二千六百年つづいた大日本帝国の首都東京が、敵を四囲より迎えて、いかに勇戦して果てるか。それを少なくとも途中迄、われらこの目で見られるのである。……暢彦が英に聞いている。『なぜソ連は日本に戦争をしかけてきたの？』。彼らには不可解なことであろう」

「なぜソ連が日本に戦争を？」——その背後にどんなに複雑怪奇ともいえる国際政治のかけひきがからんでいることか。それを知らない日本人には、ただ殺到するソ連戦車に理解を超えた無気味さを感じ、襲いくるソ連兵が不吉で真っ黒な悪魔の化身のごとくに思えたとしても、それはごく自然なことであったかもしれない。

また、英文学者の福原麟太郎は日記に端的に書き記した。

「七時のニュースを妻ききおりしが、八月九日をもってソヴィエット対日宣戦と伝えしという。原子爆弾に加うるにこのことあり。日本の危機ついに来る。これよりいかに生きむか。沈思の要あり」

このように当時の暗澹たる状況下に書かれた日記を書きならべてくると、日本国民にとって、ソ連の対日参戦の報がいかに驚天動地の衝撃であったことかがよくわかる。それというのも、戦争中の日本人はソ連という国を〝敵〟にしたくはないの強い想いを抱き、そのあまり〝味方〟なのだとする勝手に裏返った気持を、ひそかに育てていた。そのように思われてならない。

作家高見順の日記には、そんな複雑な気持を示す文字が綴られている。

「ソ連の宣戦は全く寝耳に水だった。情報通は予感していたかもしれないが、私たちは何も知らない。むしろソ連が仲裁に出てくれることを秘かに心頼みにしていた。誰もそうだった。新聞記者もソ連に対して阿諛《あゆ》的とも見られる態度だった。そこへソ連の宣戦。

……ソ連の宣戦は一種の積極的仲裁運動なのであろうか。それとも、原子爆弾の威力に屈したのだろうか。――ラジオの報道は、ソ連問題や対ソ戦況に関することを何もいわない。日本の対ソ宣戦布告も発表されない。気味の悪い一日だった」

その無気味な一日が暮れた。大日本帝国の黄昏《たそがれ》である。人びとは大地が海に沈むような感じを味わった。歴史は一挙に日本の破局に突き進んでいく。

●「また戦争か！」

ソ連邦では――モスクワ時間八日午後八時、遠くソ満国境で極東ソ連軍総司令官ワシレフスキー元帥が「前進」の命を全軍に発してからほぼ二時間の後、ソ連の全国ラジオは対日参戦の報道を伝えている。ソ連の一般民衆にとっても、この報は寝耳に水である。ドイツとの戦争が終り、これで落ち着いた生活に戻れると多くの人は信じていた。

ほぼ同時刻、モロトフは外国人記者との会見の場にのぞみ、ソ連の宣戦布告文書の写しをくばった。記者からきびしい質問がとびだすよりさきに、二つ三つのあたりさわりのない質問に答えただけで、会見をあっさりと打切った。いつも以上に無愛想で無表情な面持ちの外相にたいして、記者たちは追及することを諦めている。

これより一時間前に、モロトフはハリマン駐ソ米大使と会い、いよいよソ連も連合軍の一員となることを告げている。このとき、攻撃開始を九日にくりあげたことについて、外相はこう説明している。

「ソ連は八月中旬までは対日行動はとれないと予想されていたが、ドイツの降伏から三カ月後には太平洋戦争に参ずるといった約束を厳格に守って、無理をしてここに参戦を決意した次第である」

モロトフは外国人記者団にも「約束を厳格に守った」ことを強調した。

同じことは一般民衆にも、ことさらソ連政府から強調されて伝えられた。九日付の朝刊には、この事実がしっかりと書かれている。宣戦布告文書の内容をもっと敷衍《ふえん》して、まず日本が過去において、帝政ロシアならびにソ連邦にはたらいた罪状を細かに数えたてた。二十世紀初頭の日露戦争にはじまって、一九一八年のシベリア出兵、一九三九年のノモンハン事件、第二次大戦中の対ソ軍事干渉からヒトラーに与えた軍事援助まで、日本はソ連人民の平和をおびやかす戦争狂集団として伝えられた。

日露戦争は、旅順港のロシア海軍にたいする日本の「だまし討ち」によってはじまり、そのためにわれわれは実に四十年も耐え忍ばねばならなかった、と新聞に〝恥辱〟として書き、いまこそその仕返しをするときである、と強調した。そして、この宿敵日本にたいして宣戦するのは、連合国にたいする「義務を果たす」必要があるからであると高らかに謳《うた》い上げた。

この日の『プラウダ』は、日本帝国主義者との神聖な戦いのために、いまやソビエト民衆は全力をつくす用意がある、とした上で、民衆の希望の表明として、こう書いている。

「ソビエト国民は、社会主義祖国の利益、自由を愛するすべての国民の利益のために、断固として戦うわが国政府の賢明な決定を、完全に支持するものである」

また別のところで、その具体例として、モスクワの「赤色プロレタリア工場」の決議文を大きく掲載した。

「ソビエト国民は、平和を愛する国民である。また、全世界の平和に賛成である。……日本の潰滅が早ければ早いほど、それだけいっそう速やかに全世界に全般的な平和がやってくるであろう。われわれは、この時を近づけてくれる赤軍を、自分たちの労働をもって援助するものである」

そして、ソ連の公刊戦史はつぎのことを書いている。イギリス政府もソ連の対日宣戦を高く評価して、

「われわれは、ヨーロッパで勝利をしめるや否や、ロシアは同盟国と共同で極東の敵に対抗するであろうと、つねに信じていた」

とスポークスマンが語った、と。さらに、政府にあてた中国の毛沢東と朱徳の電報も引用されている。

「中国人民の名において、われわれは、ソビエト政府の対日宣戦布告を、熱烈に歓迎する」

このように宣戦は、すべての同盟国で高く評価され、熱烈に賛成されたのである、と。

しかし、ソビエト人民もひとしく熱烈に歓迎したのであろうか。ソ連研究の第一人者ワースは反対のことをその著に書いている。

「ロシアの大衆がドイツとの戦争にさいして示した反応と、この度の反応との差異は著しいものがあった。全国を通して無関心と冷淡の気分が支配していた。なるほど軍隊は従順であり、命ぜられるままに行動した。しかし四年間もヨーロッパで精根のつきる戦いをつづけた揚句、なぜまた極東で新たな犠牲が必要なのか、実際に理解するものは一人もいなかった。日本はロシアの宿敵であったとか、連合国に対する『義務を果たす』必要があるからだというような言葉も、国民にはピンと来なかった」

また、八月九日付の『ニューヨーク・タイムズ』も「ロシア人は完全な沈黙のうちに参戦の声明を受けとった」と報じている。

かれらはひとしく心のうちで叫んだ。「また戦争か！」と。

このようにソ連政府が——いやあえてスターリンがといおう、かれが対日宣戦布告の理由として一般国民に示したものに「連合国にたいする信義を守るため」という一条がある。このことは日本政府に手交された宣戦布告文書にも明瞭に書かれている。

「連合軍にたいする総ての義務に忠実なるソ連政府は連合国の提案を受理し、本年七月二十六日付の連合国宣言に参加せり」

今日では、これは事実に反する強弁に近いことが明らかになっている。「連合国の提案」は半カ年前ならともかく、もはやこの時期にはなされていなかった。アメリカの大統領付幕僚長レイヒイ元帥の手記にもあるが、「ソ連自身によってのみ合理的と思われる判断で」国際法上の根拠も無視し、スターリンは参戦を決意した、と考えるのが正確のようなのである。

なるほど、のちにくわしくふれるが、昭和二十年二月のヤルタ会談において、アメリカからソ連の対日参戦が提案され、スターリンがそれを承諾し、それにともなう勝利の分け前が密約として、米英ソ三首脳によって結ばれた。スターリンが要求する広汎な領土と、満洲における特殊権益の取得は、ほとんど完全にルーズベルト米大統領とチャーチル英首相の容れるところとなっている。

しかし、その場合でも、満洲における特権にかんしては、蔣介石の国民政府の条約的な合意を必要としている。この、ソ連の対日戦参加の前提条件である中国との合意が、まだ八月九日の時点でなされてはいない。交渉は暗礁にのりあげたままで、満足できる解決ができていないうちに、スターリンの参戦決定の断が下されている。現実には中ソ交渉の合意は十四日になってやっと完了している。[*8]

この意味からも、スターリンの対日参戦の決定は、日ソ不可侵条約侵犯だけでなく、もっと広い意味の国際法にもとづく歴史的審判を、きびしくうけなければならないことであろう。

それだけに八月十日午前十一時すぎ、外務省で、駐日ソ連大使マリクから対日宣戦布告状を正式に受けとったときの、東郷外相の言葉はまことに印象深い。

「ソ連側においては、ポツダム宣言は拒否されたとみなしているが、ソ連政府が日本側にたいしてこれを確かめようともせず、拒否したものと判定されたことは実に軽率きわまりない。その上にわが国の戦争終結のための申し入れになんの回答もなさず、突如国交を断絶し、戦争を開始することは不可解であるばかりでなく、東洋における将来の事態から考えても遺憾至極である」

と厳重に抗議した上で、東郷はいった。

「ソ連政府のこのたびの措置が、不可解であり遺憾であることは、やがて世界の歴史がこれを裁くであろう」

マリクは反論した。

「歴史は公平な審判官である。歴史の必然は不可避である」

侵攻がはたして歴史的必然であったのであろうか。東郷は重ねていった。

「真の歴史は長い歳月をかけてのちに作りあげられるものである。いずれにせよ今はこれ以上は話したくない」

近視眼的にみれば、歴史とは所詮は勝者によってつくられるものかもしれない。しかし真の歴史的真実は、やはり東郷外相のいうように「長い歳月をかけて」のちに明らかになってくる。

そうした歴史の審判をあえて無視してまでも、スターリンが対日参戦で狙ったものは何なのか。いまになってみると、作家長與善郎のその日の日記に書かれた推論は、すぐれた認識であったということができる。

「……彼（ソ連）にして今この好機を逸して起たずば、もはや永久にチャンスを逸することになろう。それでは米国が一人で戦利のわけ前を独占してしまう。……ここでソ連が最後のトドメを刺す名優として起ち、労せずして二分、もしくは三分、あるいは表面上支那自身も入れて四分の一に割込む。米英及び重慶の三国会談への連合国たる義務を建前として。したがってあまり喜ばぬのはアメリカだ。日本の代りにもっと厄介な大国が東亜分割の相手として露骨に現われたのだから」

長與の推論はおっかないほど当りすぎている。スターリンは、ソ連国民が望もうが望むまいが関係なく、アジアでの戦勝の分け前を多く奪いとろうとして宣戦したのである。アメリカの独占は許せないこととして、日本が戦力を喪失した熟柿のときを待って参戦しようとした。予定より少しく早めたのは、アメリカの原爆による攻撃で日本の降伏がもう目睫《もくしよう》の間に迫ったことを知ったからである。

スターリンが戦後にいった、と伝えられていることで忘れられぬ言葉がある。

「とうとう日露戦争の仕返しをした」

共産主義者は、帝国主義戦争を全面的に否定している。日露戦争は、帝政ロシアの日本にたいする圧迫が誘因となって発火したのであるが、その帝政ロシアの帝国主義戦争を、当然のことながら批判し否定しなければならないスターリンがこの言葉を吐いたというのである。

志水速雄氏の論を借りて、帝国主義の簡明な解釈を記しておく。昔は戦勝者は戦敗者から身代金や賠償金をとるのが当然であった。それ以上に領土とその上に住む領民も新しい支配者のものとした。これを帝国主義という。十九世紀末から二十世紀初頭までにその最盛期があったと志水氏はいう。

しかし、第一次大戦後、敗戦国ドイツから苛酷なまでに連合国が賠償金をとったことから、ヒトラーとナチス・ドイツの出現を許したという反省が世界にうまれた。第二次大戦では、無賠償がとなえられ、また固有の領土は併合の対象にはしないという原則が叫ばれはじめる。のちにもう一度ふれることになるが、「大西洋憲章」が米英によって結ばれ、連合国がそれに参加する。すなわち帝国主義的な要求は、かえってつぎの戦争を準備するということに、世界の各国が気づいたのである。

なのに第二次大戦の指導者でスターリンだけが、その原則を認めようとはしなかった。それが日本軍将兵のシベリア抑留の問題にからんでくる。創造的な革命を指導し開拓したスターリンは、その反面で矯激《きょうげき》な帝国主義者であったといえる。国内では全体主義機構を築きあげ、容赦なく反対派を弾圧し、国民をきびしく圧迫した。厳正な指導者原理にそって自国を支配し、他人の容喙《ようかい》を許さなかった。そして対外的には自国の領土拡大をひたすら追求した。その意味では、ヒトラーと著しく相似している。

しかも、対日参戦にたいするスターリンのあくなき野望は、一朝一夕のものではなかったことを、歴史は示している。

（8）要点だけ書くと、昭和二十年六月、トルーマンが蔣介石にメッセージを送り、ソ連と交渉を開始し、友好条約を締結するようにいった、これが交渉のはじまりである。これによって七月一日より、中ソのモスクワ会談がはじまる。途中で、ポッダム会談のため中断し、八月七日からまた再開される。難航に難航を重ねて、〝友好と同盟〟に関する中ソ議定書は八月十四日に調印されたのである。最重要の約定は、日本降伏後三カ月以内にソ連軍は満洲から撤退するというものであった。

このとき、スターリンはつぎのように声明することに同意した。

「条約の精神に従い、かつその一般的観念と目的とを達するために、ソ連政府は中国にたいし精神的支持、および軍需品その他の物資的手段をもってする援助をあたえる用意がある。この支持と援助は、ことごとく中国の中央政府としての国民政府にあたえらるべきものである」

中国代表は、これをもってスターリンが中国共産党ときっぱり縁を切ることを固く約束したものと解し、多くの譲歩をしたものの、重要な成功を収めたものと信じた。しかし、その後の歴史的推移は改めて書くまでもない。

●「外相の意見に同意」

八月九日のこの長い長い一日が終ろうとしている。夜に入って満洲の曠野や沼沢、森林地帯でのソ連軍の猛進撃は、ようやく小休止した。虎頭の『戦闘状況報告書』には「二二〇〇　辺北、鶯谷、砂利取山附近に宿営せるソ軍に対し、我歩兵隊は敢然斬込を実施」とある。日本軍歩兵部隊が、死をものともせず、その得意な戦法としている夜間白兵突撃をすでにはじめていることがわかる。これ以外に有効な反撃の手だてはない。

東京では、鈴木内閣がいぜんとしてとるべき国策の一致を見出せず、空しい苦悶をつづけている。閣議が、第一回が午後二時半から三時間、さらに第二回が夕食をはさんで、午後六時半から十時までひらかれたが、ポツダム宣言受諾の条件をめぐって、ついに閣僚の意見はまとまらなかった。

日本に戦う余力はほとんどない、というのが共通した意見となったが、阿南陸相が憤然としていった。

「かかる事態は十分承知のことである。この実情のもとで、これに耐えて戦うことが今日の決心であると思う」

阿南が主張する四条件はとても連合国が聞きいれるとは考えられない、このままポツダム宣言を受諾すべきだと思う、という閣僚には、陸相は叱りつけるようにいった。

「このまま終戦とならば、大和民族は精神的に死したるも同然である。祖国復興などとうてい考えられぬ。それは無責任というものである」

それに力づけられたように、阿南の四条件説に賛成する閣僚がまた、何度もくり返しになる発言を長々と、ぶつぶついいはじめた。そんな状況が延々とつづいている。

午後十時、首相鈴木は閣議をいったん休憩にすることとした。もう一度、最高戦争指導会議をひらき、政戦略の統一をはかり、再度閣議をもつことにする、と首相はいった。だが、この最高戦争指導会議を御前会議とし、一挙に〝聖断〟を仰ぐことで事を決しよう、という肚を鈴木はすでに固めていた。それをごく少数の心を許した側近のもの以外のだれにも、鈴木は洩らそうとはしない。側近たちはその方針での万全の準備を、秘密裡にすすめている。

この鈴木の策謀ともいえる天皇の御前での、最高戦争指導会議開催の知らせをうけたとき、大本営の陸軍参謀たちはそこに大きな危惧を予感した。

「いつもの御前会議の例と違うではないか。御本ができていないではないか」

御本とは御前会議のシナリオみたいなもののことをいう。何が語られ、結論はこうなる、とあらかじめ十分な打ち合せがあって作成される台本である。開戦前の重要な御前会議であれ、過去のそれはすべて御本にのっとってすすめられたドラマの如きものであったのである。それが今回はただの一行すらもない。

「何のための御前会議なんだ。結論はどうするのか」

電話口の向うで参謀の怒声が、内閣書記官長の耳にがんがんと響いた。

「結論はない。結論のないままに各自の議論を、そのまま陛下にお聞かせ申しあげる」

「そんな馬鹿な……憲法違反の不忠この上ないことになるぞ、それは」

しかし鈴木の決心になんの影響するところもなかった。

午後十一時五十分、ポツダム宣言受諾をめぐる御前会議が、宮中のご文庫付属の地下防空壕でひらかれる。天皇を前にしての、台本のない議論は、十日午前二時をまわるまでつづけられた。そして鈴木の「まことに異例で畏《おそれ》多いことでございまするが、ご聖断を拝しまして、聖慮をもって本会議の結論といたしたいと存じます」という発言にみちびかれて、昭和天皇がはっきりといった。

「それならば私の意見をいおう。私は外務大臣の意見に同意である」と。

つまり一条件説を天皇は採った。この第一回の聖断によって、降伏が決定されたことはあまりにも有名である。その夜はかがやかしい月が中天にかかり、宮城の庭の老松の葉影が一本ずつ数えうるほど明るかったという。そのことは拙著『聖断』などですでに書いたことがある。そしてそのあとにひらかれた閣議も、御前会議の決定をそのまま採択した。国策は、天皇の国法上の地位を変更しないことを条件として、ポツダム宣言をそのまま受諾することにきまったのである。そして十日の午前七時、ポツダム宣言を受諾する旨の電報が、中立国のスイスとスウェーデンの日本公使あてに送られていった。スイス公使がアメリカと中国、スウェーデン公使がソ連とイギリスへの通告をうけもっている。

午前十一時、東郷外相がマリク駐日大使と会談したときに、東郷はもうその事実を明確にマリクに伝えている。

「日本政府のポ宣言受諾の意思は、すでに中立国をとおして通告の手続きをとったが、右のことを貴大使からもソ連政府に伝えられたい。ソ連政府もポツダム宣言に参加したとのことであるゆえ、日本政府としては、速やかに正確な意思を表明されんことを希望する」

マリクはこれを承知した。

このように政府のポツダム宣言受諾にかんする動きは早くもはじまっている。しかし戦略戦術の総本山の参謀本部としては、停戦ときまるまで、なお隙をみせられないのは当然である。しかも、マリク大使によって公式の宣戦布告状を手交されたいま、ソ連は〝敵〟となったのである。その敵と交戦している現地軍にたいし作戦方針を明示する責任が大本営にはある。陸軍部（参謀本部）作戦課は、作戦発動の準備命令ではなく、速やかに全面作戦を発動すべきである、と考えるにいたった。

十日早朝、すでに策定されてあった大陸命第千三百七十八号が、大本営より関東軍総司令部に下達された。

一　大本営ノ企図ハ対米主作戦ノ完遂ヲ期スルト共ニ「ソ」聯邦ノ非望破摧ノ為新ニ全面的作戦ヲ開始シテ「ソ」軍ヲ撃破シ以テ国体ヲ護持シ皇土ヲ保衛スルニ在リ

二　関東軍総司令官ハ主作戦ヲ対「ソ」作戦ニ指向シ来攻スル敵ヲ随所ニ撃破シテ

朝鮮ヲ保衛スヘシ……

この命令の主旨は一応は「対ソ全面作戦の発動」にある。ここで大本営が最大の目的としているのは、主敵アメリカの上陸作戦を目前にしている本土防衛である。国体護持である。そのためにも侵攻するソ連軍を撃破しなければならない。そこまではいい。では、そのための関東軍の主任務は？　それは「朝鮮ヲ保衛スベシ」である。

これが、ポツダム宣言受諾と天皇が聖断し、それをうけて国策が決定したその日にだされた〝大元帥命令〟なのである。統帥権は国政から独立して存在している、とはいえ、やはりそこに異体のようなものを思わないわけにはいかない。なぜなら確保地域を「皇土」に限定し、満洲は放棄してもよいと大陸命はいっているからである。それまでの関東軍に与えられていた至高の任務「満洲国防衛」は顧みられることなく捨てられてしまっている。

そして、大陸命にもとづく参謀総長の指示は、「作戦の進捗《しんちょく》にともなう総司令部の適時転移」を許可している。この司令部の移動は、ソ連軍猛進中という全般の情勢からすれば、明らかに「退却行動」を、正式にみとめたことになる。

この満洲放棄と朝鮮へ後退持久の作戦命令のうちには、満洲に居留する一般民間人の処置は、考慮に入ってはいない。非戦闘員は居留現在地にあってまとまって留まるのが、もっとも安全である。戦闘員はこれに接触しないのが戦争の原則であり、これを紳士的に保護して取扱うのが、文明国の軍隊に求められる道義である。それが参謀本部の、そして関東軍の作戦参謀らの考えであったのであろう。しかし、これはソ連軍に信頼をかけすぎていた。

公刊戦史は妙なことを記している。それは「(関東軍は)希望的心理と、防勢企図を秘匿せんとする考え」をもっていたため、居留民にたいする決定的措置をとることができなかった、としているが、そこまではいい。問題はそのあとである。

「いまだかつて接壌交戦を経験せず、きわめて多数におよぶ在外居留民が、直接、戦乱の渦中に投げこまれた体験を持たなかったことが、大きな原因であったといえよう」

いったいこれはどういうことか。経験がなかったから悲劇を大きくした、とはどの面さげていえることなのか。虐殺や自決や強姦や暴行や、そしていまも多くの問題を残している残留孤児と、一般市民がうけた悲劇の責任は市民にもある、といっているにひとしい。それは誤りである。すべての責任は軍にある。参謀たちの判断の誤りにあって、ほかには決してない。

ともあれ、この大命によって、ソ連軍にたいする信頼を基本にして関東軍主力は後退しつつ、抗戦をすることとなった。もちろん、そこには終戦とか停戦とかの考慮はいっさいない。〝終戦するための作戦〟の必要はないからである。結果的には、御前会議で決められたように、終戦はすぐそこまできていた。一週間にして終戦になったから、とった作戦は許せざる誤りとなった、それがあれほどの悲惨をうんだと、関東軍を責めたてるのは少しく筋が違うのかもしれない。それであるならば、責められねばならないのは……。

最大の責任を負わなければならないのは、梅津参謀総長ということになろう。なぜならば、早朝の命令示達より前に、自分が出席した深夜の御前会議において、条件をひとつつけるがポツダム宣言受諾の国策が決定しているのを、参謀本部内では梅津だけが現実に知っていたゆえにである。

もっとも、この大陸命が策案されたのは天皇聖断の前である。それは確かである。大元帥命令であるから、天皇の允裁《いんさい》をえなければならない。二発目の原爆とソ連侵攻という最大の危機に立たされたときに、天皇の裁可をうけない統帥権侵犯のニセ命令をだす。いくら参謀本部の参謀たちが殺気だち狂気にかられたからといって、それは考えられない。それに梅津総長の人柄からもそれはありえまい。

記録にある九日の午後、天皇に拝謁した人々はこうである。

一・四五〜　二・〇五　陸相
三・一〇〜　三・二五　内大臣
四・四三〜　五・〇九　内大臣
五・三五〜　六・〇八　参謀総長
一〇・五〇〜一〇・五三　内大臣
一〇・五五〜一一・一八　首相

この夕刻の五時半すぎから六時八分までの拝謁のとき、大陸命の裁可をえたと推測してもそれは誤りにはならないであろう。これは聖断以前のことであった。

しかし、その命令裁可をうけたときと、命令示達の十日の朝とでは政治事情はまったく変ってしまった。国の舵は、徹底抗戦からいかに戦いを終結するかの方向へむけられているのである。軍隊は与えられた任務どおりに動く。軍の原理はそれ以外にはない。いまこのとき、満洲国防衛の任務を放棄してよい、と命ずることが、どういう悲惨をうむかについて、少しも思いをいたさなかったというのか。敗戦という現実にたいする想像力が、東京にも新京にも欠けていた。

十日の朝、聖断くだるを聞いて、陸軍省内は騒然となった。午前九時、各課の高級部員を集め、阿南陸相は「厳粛な軍紀のもと一糸紊《みだ》れず団結せよ」と訴える。陸相の面持ちは悲壮この上なかった。

「この上はただただ、大御心のままに進むほかはない。和するも戦うも、連合国の回答の如何による」

にもかかわらず、省内の抗戦派の動きは露骨になっていく。

これにたいして梅津総長をめぐる参謀本部内は聖断を前にしての動きらしい動きをほとんどみせていない。その掌《しょう》とするところが違うといえばそれまでであるが、動ぜざること山の如し。頼もしいといえば頼もしいが、戦略戦術の総本山として敗北につづく敗北で絶望状態のなかで苦しんできたものが、いち早く御用済みとなるやも知れず、突然に虚脱し茫然としてしまったようにもみえてくる。

関東軍総司令部に示達した命令を再考し、変更するくらいの気力を奮いたたせることはできなかったのであろうか。綸言汗《りんげん》の如しとはいえど、重ねて大命を仰ぎ、徹底抗戦ではなく、見敵必戦の闘志を燃やすことで、満洲の国境一帯で敵の侵攻を押しとどめ、無告の人びとを守ることはできたのではないか。

一九四五年夏の悲劇は、これから幕をあける——。

第三章　宿敵と条約と

関東軍指揮系統略図（昭和20年8月15日現在）

関東軍〔総司令部／新京〕
- 総司令官・山田乙三大将
- 総参謀長・秦彦三郎中将
- 参謀副長・松村知勝少将
- 作戦班長・草地貞吾大佐
- 作戦主任・瀬島龍三中佐
- 情報班長・野原博起中佐

第一方面軍〔東正面／敦化〕 喜多誠一大将
- 第三軍〔延吉〕 村上啓作中将
  - 第七九師団（**奏**） 太田貞昌中将
  - 第一一二師団（**公**） 中村次喜蔵中将
  - 第一二七師団（**英邁**） 古賀竜太郎中将
  - 第一二八師団（**英武**） 水原義重中将
  - 独立混成第一三二旅団（**奮戦**） 鬼武五一少将
- 第五軍〔掖河〕 清水規矩中将
  - 第一二四師団（**遠謀**） 椎名正健中将
  - 第一二六師団（**英断**） 野溝弐彦中将
  - 第一三五師団（**真心**） 人見与一中将
  - 第一二二師団（**舞鶴**） 赤鹿理中将
  - 第一三四師団（**勾玉**） 井関仭中将
  - 第一三九師団（**不屈**） 富永恭次中将

第三方面軍〔西正面／奉天〕 後宮淳大将
- 第三十軍〔新京〕 飯田祥二郎中将
  - 第三九師団（**藤**） 佐々真之助中将
  - 第一二五師団（**英機**） 今利竜雄中将
  - 第一三八師団（**不動**） 山本務中将
  - 第一四八師団（**富嶽**） 末光元広中将
- 第四十四軍〔奉天〕 本郷義雄中将
  - 第六三師団（**陣**） 岸川健一中将
  - 第一〇七師団（**凪**） 安部孝一中将
  - 第一一七師団（**弘**） 鈴木啓久中将
  - 独立戦車第九旅団（**奮迅**） 北武樹少将
  - 第一〇八師団（**祐**） 盤井虎二郎中将
  - 第一三六師団（**不抜**） 中山惇中将
  - 独立混成第七九旅団（**丈夫**） 岡部通少将
  - 独立混成第一三〇旅団（**奮闘**） 桑田貞三少将
  - 独立混成第一三四旅団（**奮励**） 後藤俊蔵少将
  - 独立戦車第一旅団（**迫**） 阿野安理少将

第四軍〔北正面／ハルビン〕 上村幹男中将
- 第一一九師団（**宰**） 塩沢清宣中将
- 第一二三師団（**松風**） 北沢貞治郎中将
- 第一四九師団（**不撓**） 佐々木到一中将
- 独立混成第八〇旅団（**鋭鋒**） 野村登亀江少将
- 独立混成第一三一旅団（**奮進**） 宇部四雄少将
- 独立混成第一三五旅団（**不朽**） 浜田十之助少将
- 独立混成第一三六旅団（**奮躍**） 土屋直二郎少将

第十七方面軍〔朝鮮軍管区／京城〕 上月良夫中将
- 第五十八軍―（略） 永津佐比重中将
- 第三十四軍―（略） 櫛淵鍹一中将

＊師団、旅団下の（ ）内太字は部隊符号を表す。

「日本の生命線である」

八月九日以後の、悲惨この上ない民族の悲劇を知る前に、長すぎる回り道となるが、近代日本にとって、満洲とは何であったのか、ソビエト連邦との関係はどのようなものであったのか、について考えておくことが、抜くことのできない大事であるように思われる。明治いらいの日本帝国の巨《おお》いなる歴史の流れの基底に、つねに満洲があり、そこの長大な国境線で対峙《たいじ》するソ連の恐怖があったからである。

明治維新をへて近代国家への仲間入りをした日本帝国が、この〝赤い夕陽〟の満洲の曠野を意識したのは、明治二十七～八（一八九四～五）年の日清戦争の結果である。さらに十年後、シベリアより南下してきた帝政ロシアを敵として、その満洲で日本は国運を賭しての戦争を戦った。そのときの「宣戦の詔勅」には、こう書かれている。

「露国は……依然満洲に占拠し、益々その地歩を鞏固《きようこ》にして、ついにこれを併合せんとす。もし満洲にして露国の領有に帰せんか、韓国の保全は支持するに由なく、極東の平和またもとより望むべからず。……」

日露戦争（明治三十七〜八年）は、朝鮮半島に版図を拡張してきた強圧をはねのけ、自存独立を保持するため、日本帝国が帝政ロシアを敵として、満洲の曠野において戦われたものである。戦争は、十万の戦死者をだし、二十億円の国費を使ったが、リーダーたちの戦争指導のよろしきをえて、日本の辛勝で終結した。費消した戦費二十億円は戦前の通常歳出の八カ年分に相当した。が、少なくとも国際的には勝者として位置づけ、講和条約に調印することができた。その結果、清国との条約でロシアがもっていたものを肩代りし、日本は大きな権益を満洲の大地に獲得することになる。

「日清満洲に関する協約」で、清国の承認をえた特殊権益の主なるものは、つぎの六つである。

（1）関東州（大連市・旅順市を中心にした遼東半島の西南端）の租借権
（2）南満洲鉄道（長春〈のち新京〉〜旅順口間とその支線）の経営権
（3）安奉鉄道（安東〜奉天間）の経営権
（4）鉱山採掘および森林伐採権
（5）自由往来居住権および商工営業権
（6）鉄道守備駐屯権（一キロ十五名以内）

二十世紀初頭の、日露戦争後の日本の国策は、この大きな権益の保持、強化、発展ということを主眼として推進された。大正から昭和への政策決定の推移をながめてみると、日本人にとって満洲はどんな意味をもっていたのか、ごく基本的なイメージがうかんでくる。高橋正衛氏の説くところを参考に、前に別の書で書いたことを以下に、少しくり返して書くことを許されたい。

1．対ロシア（のちソビエト連邦）にたいする国防の生命線としての満洲。

日露戦争後もロシアの南下政策は、強まることはあっても決して消えることはなかった。脅威はいぜんとしてつづき、当時の流行語に「脅露」という言葉がある。日本にとって、いぜんとしてロシアは仮想敵の第一の強国なのである。このため明治三十八年（一九〇五）九月に大連においた関東総督の指揮のもと、関東州に満洲駐留軍（二個師団・約一万の兵力）を創設する。これがのちに強大な関東軍へと発展する。関東軍とよばれるようになったのは大正八年（一九一九）である。

2．開拓・収奪が大いに可能な資源地帯としての満洲。

このため明治三十九年十一月に南満洲鉄道株式会社（満鉄）が設立され、この鉄道を中心に産業を興し、日本本土への最大の資源供給基地たらしめようとする。資源なき日本はこれまで、鉄・石油などを英米の植民地からの輸入に依存してきた。いまや五大強国の一として、ライバルとなりつつある英米への依存から脱却し、日本帝国が対等となるためには、満洲の資源はどうしても必要不可欠なものなのである。

3．日本内地からの未開の沃野《よくや》へ、その人口流出先としての満洲。

このために明治末から対満移民政策がとられ、多くの日本人が海を越えて渡満した。

農家の二、三男の土地なき農民たちから、挫折した人びと（失恋から左翼運動まで）がこれにつづいた。しかし、実際には満洲の曠野は地の果てまでも開拓可能の一大沃野ではなく、三分の一が森林や沼沢や山岳であった。必然的に、すでに中国人や朝鮮人たちが開拓し住みついていた農地を、日本人が強権的に奪うことが多くなった。

そして昭和十一年（一九三六）に、広田弘毅内閣が国策として決定した二十カ年百万戸移民計画によって、この傾向はいっそう強まった。[*9] 既耕地をふくむ農地の強制買収によって、集団（二百〜三百戸）、集合（五十戸）、分散（数戸）に三別された開拓村が建設され、昭和二十年の敗戦までの移民数は三十万人を超えたが、現地の中国人そして朝鮮人に与えた苦痛はなみなみならぬものがある。

さらに対ソ戦に備えて、国境地帯八千キロに関東軍の予備軍として配備された青少年義勇軍がいる。昭和十四年から派遣が開始された義勇軍は、二十年八月までにその総数が八万六千五百人を超えている。こうして多くの日本人が海を越えて渡り、あるいは先住民をおしのけて、大地に住みついた。そこから日本および日本人にたいするどす黒い怨嗟《えんさ》や憎悪が生まれた。それがのちに何をもたらすことになるか、いずれ明らかになる。

少しく先に話を進めすぎたが、こうして満洲は日本人の〝見果てぬ夢〟の大地となり、ここを基盤に明治から大正、そして昭和にかけて日本は、産業を興し、強国への道をかけ上っていった。あえていえば、満洲という植民地をもったゆえに、日本は巨大な陸海軍を建設し、国家予算の半分近くを使って整備育成・強大化し、四囲にたえず牙をむいたような軍事国家となった。

しかも、国防の戦略拠点としての満洲、重要資源地域としての満洲、それを保持し、強化し、世界列強に伍する高度国防国家の建設を急げば急ぐほど、現地の民衆ばかりではなく、列強との摩擦や対立も次第にあらわになっていく。まず、辛亥革命によって清国が滅びたあとの新生中国である。かれらは日本との「満洲に関する協定」を認めようとはしなかった。そして「機会均等」「門戸開放」政策をとるアメリカ。それよりも何よりも帝政ロシアが滅びたあとの社会主義新国家ソビエト連邦が、より強大な〝仮想敵〟として、いまさらの如くに日本の政策遂行の前面に立ち塞がってきた。

はっきりいって、ロシア革命（大正六年＝一九一七）いらい、日本とソ連が友好関係に立ったことは、ただの一度もなかったといっていい。革命勃発の翌年には、日本政府は七万以上の大兵力をシベリアに出兵させ、革命干渉の挙にでている。しかも大正十一年まで、軍隊の一部をシベリアにとどめている。

そして昭和七年には傀儡《かいらい》国家の満洲帝国を、日本の武力を背景にして出発させる。昭和十一年には、ドイツと防共協定を結んだ。正式には「共産インターナショナルに対する協定」という。そして秘密付属協定では、ソ連の名をはっきりと示して、これに対抗するため日独両国が「共通ノ利益ヲ擁護スル」ことをとりきめている。日独両国はソ連を〝敵〟として明示したのである。

また、ほぼ同じ時期をはじまりとして、満ソ国境付近で日ソ両軍が衝突するという紛争事件をしばしば起している。昭和十四年のノモンハン事件はその最大のもので、両軍は最新の兵器を前線に進出させ近代戦を戦った。日ソ両国の相互不信と疑心暗鬼は満洲をはさんでとどまるところなく深まっている。

満洲といえば〝日本の生命線〟という語がすぐに想起される。昭和四年（一九二九）八月、京都でひらかれた第三回太平洋問題調査会で、満鉄副総裁の松岡洋右が、

「満蒙は日本の生命線である」

とぶちあげた。なにがあっても守りとおさねばならないと。これが公に〝生命線〟という語がかたられた最初である。

これをうけた代議士森恪《つとむ》の発言は、日本民衆の共感をひろくよび起した。

「日露戦争において二十億の国費をついやし、十万同胞の血をもってロシアの勢力を払いのけた〝満洲〟は、まさしく日本の生命線、これを他に譲るわけにはいかぬ」

のちに親米派の平和主義者といわれた奉天総領事吉田茂までが、同じころ『対満政策私見』を執筆し、こう主張した。[*10]

「わが民族発展の適地たる満蒙の開放せられざる以上、財界の恢復《かいふく》繁栄の基礎はなりがたく、また政争緩和すべからず。これ対満蒙政策の一新を当面の急務となさざるをえざるゆえんなり」

ここにいわれている〝満蒙の開放〟とは、満蒙（満洲と外蒙古）を日本の支配下におく、すなわち植民地化せんとすることにほかならない。この〝日本の生命線〟を守り、

やがては〝開放〟という大任と重責を背負っているのが、書くまでもなく関東軍であり、日本陸軍ということになる。

（9）昭和十二年二月末、関東軍統治部が策定した「日本人移民案要綱」はこううたっている。

「満蒙にたいする日本人農業移民は、日本の国防上また満蒙永遠の和平確保上最大重要意義をなすものにして、（満洲）事変解決の上はこれに要する資金または経済的損益に拘泥せず、全力を挙げてその実行を期すべきものなり」

当時の日本人はそのことを信じていた。損得をぬきにして「行け満蒙へ」であったのである。そして全国の新聞もまたひとしく、熱心に太鼓を叩きつづけたのである。

「今や衰滅の一路を辿《たど》りつつあるわが農村において、現在、農家一戸当り耕地面積は一町歩強である。こんな狭小な耕地をどんなに集約化したところで、広い耕地を持つ外国のそれと競争し得べくもない。農民の最も根本的な欲求はもっと土地が欲しいということだ。／この要求に答える路は一つ。内地の農民の数を減らすことだ。一戸当り耕地を倍にしたら、農村問題も大半は解決する。それには農家の半数を満洲国に移民することがもっとも適切だ。（中略）／従来不可能だったのは、それを可能になるようにしなかったからではないか。年に百万戸の農民を満洲に送るとして、一戸当り千円の現物給与を与えるとしても、十億円で十分だ。毎年百万戸、五年計画として五十億の金があれば五百万戸、約二千五百万の日本人を満洲に定着させられる。……」

昭和十一年三月十一日付の朝日新聞である。この、あとさきを一切考慮に入れない壮大な、夢のような提言にはア然とするばかりである。

（10）昭和二年八月、外務次官森恪は大連に飛び、奉天総領事吉田茂、満鉄総裁山本条太郎らと〝大連会議〟をひらいた。満洲の権益確保のために、各地に頻発している排日反日運動にいかに処すべきか、それを論じ合うためである。吉田の『対満政策私見』は、その論議をふまえて翌三年四月に外務省に提出されたものである。吉田はここではっきりと他国領土への国力進出の擁護論をぶっている。

「他国領土に国力の進展を企画するに当たり、相手方国官民の好意にのみ訴えて成功させる国際例のあるを知らず。……」

吉田茂にして、満洲をめぐる対中国政策に関しては〝強硬派〟であったのである。

●「わが領土は寸塊も与えない」

そして、この〝当面の急務〟である国防問題について、昭和の大日本帝国が国家として正式に定めているのは、昭和十二年（一九三七）改定の「帝国国防方針」および「用兵綱領」なのである。軍部としてはこの戦略だけで十分といえるが、第一次世界大戦以後の国家総力戦時代にあっては、国家政略としての「国防国策」というようなものがなければならない。しかし日本帝国はそうした確たる国家方針をまったくもとうとはしなかった。

昭和十二年夏の日中戦争は、それゆえに起り、拡大し、どろ沼化したといえる。政治と軍事が表裏一体となって、という国策遂行の理想の型はついにみられなかった。しかも、日中戦争の思いもかけない長期化は、直前に改定された「国防方針」までを、机上の作文にすぎないものとしようとした。そうした危機的状況にありながら、しかし、戦略戦術の総本山たる参謀本部作戦課は、明治四十年の最初の「国防方針」の決定いらい、対ソ国防にかんしては、根本的な一貫した考え方を堅守しているのである。少なくともこの基本線だけは毫《ごう》も揺るがそうとしなかった。

その考え方とは——、

（1）ソ連は、日本国家の存立にたいする、いぜんとして最大の「脅威」である。

したがって、

（2）日本の国防は、対ソ国防が第一義。同時に、対ソ国防はその本質においては自衛的、防衛的なものである。

しかしながら、

（3）対ソ国防の戦略ならびに戦術手段としては、攻勢作戦を遂行し得る軍備をととのえておく。それ以外に有効な方策はない。

というものである。

これは大いなる矛盾というほかはない。根本のところは防衛的としつつ、その対敵戦闘の手段としては攻勢作戦のほかにないというのであるから。つまり、現実の対ソ作戦は、敵が攻め来る前に先制急襲という計画攻勢でなければ成り立たないというのである。

理由は非常に明瞭である。完全な守勢作戦では満洲を守りきれないのである。八千キロにおよぶ長大な国境線、さらに満洲の地勢の広大さ、それは寡兵分散による守勢を不可能にする。ソ連軍はその極東兵力を、東・北・西に分割して大兵力を擁し、いざとなれば一挙に攻撃をかけてこよう。これを内線にあって兵力分散し対処するのは非常な困難をともなう。守勢は不利と認めざるをえない。

さらに根本となる重要課題がある。対ソ国防の究極の目的とは何か。日本本土の安全と大陸への海上交通線の確保である。この日本本土の安全のためには、ウラジオストックを中心とする沿海州のソ連軍を完封しなければならない。それが成らず、沿海州にあるソ連空軍が日本本土をさかんに空襲し、万一にも朝鮮海峡の補給交通がままならない状況になったならば、関東軍が満洲の曠野で守勢よく善戦していたとしても、日本の国防全般からみれば、およそ意味のないことになる。

こうして対ソ国防とは必然的に、東正面の沿海州にたいし何とかして攻勢をとりうる作戦構想と、十分な兵力を保有し、この兵力を満洲・朝鮮半島・日本本土に戦略展開しておくこととが、最小限必要なこととなるのである。

この日本陸軍の戦略構想は、ソ連軍にもきわめて当然の戦理として察知されるところなのである。ソ連は昭和六年（一九三一）九月の満洲事変ののち急速に特別極東軍を増強しはじめる。沿海州方面の諸部隊をもって沿海軍団が編制された。関東軍がそれを確認したのは、十一月ごろである。

翌七年三月のソ連政府機関紙『イズヴェスチヤ』は、はじめて「日本の戦争挑発」という言葉を使いつつ、スターリンの強い言明を大々的に報じた。日本の満洲植民地化にたいする思いきった牽制《けんせい》といえよう。

「われわれは他国の領土を尺寸も欲しない。そしてわが領土は寸塊といえども与えない」

この発言をうけるように、アジア方面のソ連軍軍備がいっそう強化されている。そのことを、参謀本部は諸情報によって知ることとなる。狙撃（歩兵）師団八ないし九、騎兵師団一、騎兵旅団二、戦車約二百五十輛、飛行機約二百機が七年九月ごろの兵力と推定された。満洲事変ののち一年間に、狙撃師団が三ないし四増強された計算になる。

同時に、その年の夏ごろから、黒い襟章をつけた相当以上の数の将兵が集結し、東部国境線に展開し、土工作業をはじめたことも認められた。ロシア語でいうアグネヴァヤ・トーチカ（火器を配備した地点）である。一メートル程度の厚さをもつコンクリートで蔽《おお》われた機関銃陣地といったらいいか。明らかに日本陸軍の作戦構想を読みとり、それに対応する強固な防衛線の構築が開始されたのである。

新国家建設のための第一次五カ年計画は、一九三二（昭和七）年に終り、翌一九三三年から第二次五カ年計画をひきつづきソ連は実施した。その具体化の、極東方面におけるそれは、要塞やトーチカ構築の再開としてあらわれた。こうしてコンクリートの国境陣地は完成へと向かう。通常は三列、ところによっては四列から成る縦深陣地が、日本軍の先制急襲を完全阻止しようと、見事なくらいに整然と築城されていった。もちろん周辺には監視壕、散兵壕、交通壕も掘られ、鉄条網や対戦車壕などの野戦築城も完成されている。

日本陸軍もまた対抗的に国境陣地を構築することとなった。西のハイラルからアムール河（黒龍江）にそって北上し、ウスリー河にそって虎頭、綏芬河、東寧、琿春と満鮮国境までえんえん八千キロにわたる国境線に監視哨を設け、要所の山頂などに要塞陣地を構築した。とくにハイラル、虎頭、そして東寧付近の勝鬨《かちどき》山に築城されたそれは、地下要塞による永久陣地である。

ちなみにいえば、昭和九年にまず鉄道を敷設することからはじめられた虎頭要塞の築城は、ほぼ工事が終ったのが十三年春。実に足掛け五年の月日と厖大な労働力が費やされている。[*11]

（11）虎頭要塞の築城には、確証のないままに今日にいたるまで〝黒い噂〟がささやかれつづけている。岡崎哲夫著『北満永久要塞』のなかに、著者が注として引いている松戸市・鈴木正己の手紙がその代表的なものといっていいかと思う。再引用する。

「この期間（昭和十四年―十七年）遠く華北その他より大量の捕虜が虎林を通り、完達、虎頭方面に送られ、築城に使役されました。その数はわからぬながら、何十両の有蓋貨車が積みこまれ、何列車となく続いたことは確かです。しかし要塞が完成したと思われる時期が過ぎても、彼らはただ一人として帰された者はなく、当時私達の間には、暗に彼らの悲惨な最期が噂されました。戦後十八年、私はつねに彼らのことが心に残っております（後略）」

昭和三十八年秋ごろ、岡崎氏と面談したときこの手紙を見せられたことがあった。正直にいって、きっとそんなこともあったのであろうな、との感想を抱いたまま、その事実の有無を追究してみようという気を起さなかった。その迂闊さをいまは恥ずかしく思う。いまになっては調べようもない。ただ、「この期間（昭和十四年―十七年）」の記述はまことにおかしい。その時点では虎頭要塞はすっかり完成しているからである。また、いま長春（もと新京）の偽皇宮陳列館にかかげられている「日軍惨殺無辜《むこ》統計表」（不完全）と題されたパネルには、一九三二年九月の平頂山事件から四五年旧暦五月の横道河子の事件まで、計二十件の虐殺事件が列挙されているという。そのなかに虎頭要塞にかんする〝事実〟の記載はない。もっとも、これは民衆虐殺であって捕虜虐殺ではない、と反論があるかもしれないが……。

●「ノモンハン事件症候群」

こうして対ソ戦争における攻撃的自衛作戦が、長年にわたる図上研究や実地演習をへてほぼ完成される。

すなわち、対ソ作戦には約二十四個師団をあてる。開戦と同時に航空作戦を実施し、戦場をソ連領内に求め、対日爆撃基地と潜水艦基地を覆滅する。つづいて主攻勢を東正面に指向し、沿海州方面の敵を撃破し、これをハバロフスク方面から分断し、ウラジオストック方面に完全圧迫する。こうして東正面が一段落したなら、北および西に兵力を転用し、ハイラル方面に防勢をとりつつ、北方アムール河を渡ってシベリア鉄道を分断する。そうして大興安嶺の線に進出して爾後の作戦の準備をする。以後は、したがって防衛戦となろう。

この作戦計画における関東軍の兵力配置は、師団すべてが戦略展開した形となり、総予備となるような兵団はほとんどなくなる。全兵力をあげてのいっぱいいっぱいの作戦計画であったのである。

しかし、なんとかやりくりしたこの作戦計画は日中戦争の勃発によってすべてが絵に描いた餅とひとしくなっていく。中国の広漠たる大地のここかしこに、二十四個師団以上（五十万人）の兵力を吸収されて、関東軍とその後衛たる朝鮮軍に合わせて十一個師団をおくと、手もちの動員可能の兵力は皆無になってしまう。東正面で攻勢をとりうる構想など崩壊したというほかのない状況に直面する。

しかも、国境をへだてて日ソ両軍が相対することで、国境が不明確なため、はたまた武力偵察のため、越境事件がつぎつぎに引き起された。カンチャズ事件、張鼓峰事件、ノモンハン事件などの大規模な流血の戦闘が、昭和十二年から一年周期で、日ソ両軍の間に交わされたのである。

とくに十四年夏のノモンハン事件でのほぼ一個師団喪失という手痛い敗北を喫した体

対ソ作戦計画
参考図
ソ連
チタ
黒龍江
北正面
興安嶺
黒河
ブラゴベシチェンスク
ハイラル
ノモンハン
ハバロフスク
チチハル
沿海州
東正面
西正面
虎頭
興凱湖
外蒙古
ハルビン
牡丹江
新京
図們
ボロシーロフ
ウラジオストック
赤峰
通化
白頭山
内蒙古
長白山脈
日本海
朝鮮
大連
平壌
0
200km

験は、日本陸軍の宿敵ソ連軍像に根本からの訂正を迫るものとなった。鉄道末端駅から約七百五十キロも離れ、しかも広漠不毛の地で、大兵力の作戦を遂行したソ連軍の後方補給能力のたくましさ。砲兵、戦車、飛行機など兵器の近代化と優秀さ。しかもそれら火力の緊密な協同攻撃のすさまじさは、重量感あふれるローラーのそれであった。また、被服こそ貧弱そのものであったが、その兵たちの拠点に踏みとどまって戦いぬいた頑強さ。それらはあらゆる点において日本軍の脅威となった。明らかに帝政ロシア軍とは違う、基礎戦力を着実に強化した堂々たる近代軍をソ連は築きあげているのである。

日中戦争というどろ沼の戦いに足をとられている日本陸軍は、不断の焦燥と不安に悩まされることになる。強大な軍事国家となったスターリン体制のソ連が、戦争を宿命的に不可避とする戦争観をもっていること、まずそのことがある。しかもその国は、弱味をみせれば、ただちにつけ込んでくる浸透侵略性をもっている。かつ、その国は他国にたいする赤化工作が実に巧妙なのである。

永遠の宿敵が強大になればなるほど、正面衝突は避けたいとする戦略観が働く。そのことと、もしできることなら協調したい、という想いとは、いわばコインの両面である。陸軍が、いや陸軍のみならず海軍、政治家そして知識層にまで、奇妙なほどソ連への心の傾斜をよりはっきりさせてくるのは、まさしくノモンハン事件以後のことである。あるいはそれを「ノモンハン事件症候群」といっていいのかもしれない。

もっとも、大正デモクラシーの洗礼をうけた昭和の日本人には、潜在的にロシアへの親近感があると説く人もいる。

それの証しともいえるのは、大正六年、ロシア革命勃発の報を聞いた日本のジャーナリストたちの反応である。革命に抱いた崇高な同情の念、不可避性の肯定、そして大いなる評価。たとえば昇曙夢《のぼりしよむ》、布施勝治、大庭柯公《かこう》らのドキュメントは、若きインテリゲンチュアに非常なる影響を与えた。たとえば大庭柯公はこれを明治維新になぞらえ、「天の命に順応し民意に基いて起った政治的革命」と断じている。そしてレーニンを吉田松陰に擬しているほどである。

いや、そうした理屈よりも、志水速雄氏が解明するわかりやすい話がある。一つにロシアの自然と結びついたロマンチックなイメージである。「カチューシャの歌」や、〝雪の白樺並木、夕日が映える〟ではじまる「トロイカ」などの歌がそれを代表する。もう一つはロシアの政治・社会制度に結びついた〝反逆〟のイメージであるという。ドストエフスキーやトルストイや初期のゴーリキーの翻訳を、日本人は社会的抗議の書として読みふけった。そういえば昭和の初期のロシア文学の翻訳が、ほかの国のそれとくらべて、かなり情緒的であったのが思いだせる。それを日本人は好んで読んだ。現実のソ連からいくら逸《そ》れていようと、つまり恐るべき粛清と暴政がそこで起っていようと直視せず、自分の願望をこめて美しいロシア・イメージを描くものが、日本人にはかなり多くいたのである。

そのイメージが「ノモンハン事件症候群」と結びついて、政策として、はじめて確たる姿をみせてきた。昭和十五年（一九四〇）の日独伊三国同盟締結のさいの、いまとなれば奇怪としかいいようがない四国連合構想がそれであるといえようか。

それまで、この三国同盟問題は海軍の猛反対によってしばしば暗礁にのりあげて進まなかった。ヨーロッパにおいて、第二次世界大戦をひき起しているナチス・ドイツと結ぶことは、日本を大戦へと近づけることになる。英米をはっきり敵とすることであるからである。

ところが十五年九月の初めに、ドイツ外相リッベントロップの特使シュターマーが来日して日本側と交渉をはじめるや、交渉は急テンポに進み、十日あまりであっさり同盟成立ということになった。シュターマーが外相の意向として、ノモンハン事件で悪化した日ソ関係を旧に復すため、ドイツが「正直なる仲買人」として仲介の労をとることを約束した。そのことが、反対しつづけてきた海軍中央をして同盟に踏みきらせる契機をつくったといわれている。

このとき、軍部をはじめ政治指導者たちは、前年の昭和十四年八月に調印された独ソ不可侵条約とこの日独伊三国同盟を結合することにより、これまたリッベントロップの構想でもある日独伊ソの四国協商が可能なのではないか、この四国連合は米英と対決する日本の立場を飛躍的に強めることになる、と考えたのである。このソ連を友邦にくみこむ連合構想は、海軍が三国同盟に反対する根拠を失わせ、賛成へと転じる大きな誘因となった。

海軍部内の同盟推進派にいわせれば、情勢は一変した、この四国連合構想によって陸軍の対ソ仮想敵観念が転換される。そのことは、対米を第一義とする海軍にとっては大歓迎すべきである、ということになる。こうして海軍は同盟に賛成する。対ソ国防に苦悩しつづける陸軍が、この構想を大喜びしたのはもちろんである。

ときの外相松岡洋右は確言する。尊大なるアメリカが折れてくるのは、日独伊三国同盟さらには日独伊ソ四国の結盟をもって日本の国際的地位を強化することにより、すなわち日本が毅然として強くなる以外にはないのである、と。

首相近衛文麿も、松岡に吹きこまれているのか、自信満々となった。九月二十七日、こうして日独伊三国同盟締結が公表される。世論はこれを歓喜をもって迎え入れた。翌二十八日の朝日新聞の朝刊は、大きな活字で報じる。

「いまぞ成れり〝歴史の誓〟／めぐる酒盃　万歳の怒濤」と。

しかし、いまになると〝奇妙な〟としかいいようのない秘められた歴史的事実がある。これより十日も前の九月十七日、ドイツ総統ヒトラーが総統大本営の会議において、

「B軍団は、本日付をもって、東方に移動すべし」

という決断を下しているのである。この「B軍団」こそは英本土上陸作戦の先陣を切ることを予定されている基幹兵力ではなかったか。それが東方へ移動する。つまり英本土上陸作戦は完全に放棄され、つぎなる目標は翌十六年春のソ連侵攻、が企図されたことになる。

日本はまったく関知しないことであった。それではドイツが日ソ関係改善の仲介役となるという提案は、日本を三国同盟にひきずりこむための完全なワナであったのであろうか。最近の研究では、ヒトラーが親英反ソであったのにたいして、リッベントロップは反英親ソであり、この四国連合の路線は独海軍の支持をうけていたという。ヒトラーも西部戦線への電撃作戦後のアメリカの対独政策の急激な硬化に驚き、リッベントロップの四国連合構想を採用し、アメリカを牽制することをいったんは本気で考えたのである。日本政府や軍部が夢想を描いたのも、あながちペテンにひっかかったわけではないらしい。

ただ、その後その構想が少しも牽制の効果をあげないのをみて、ただちにヒトラーは本然の独ソ戦への道に戻った。日本はそうとも知らず、シュターマーが伝えるリッベントロップの四国連合構想が、ヒトラーの全面指示のもとにあるものと誤解した。ありもしない夢物語にすがりついた。ただそれだけのことである。

日中戦争を契機に対英米関係が悪化すればするほど、宿敵ソ連と友邦になるということを、日本人は朝野をあげて期待した。敵が味方になるという夢想を……。当時の日本の政軍関係のリーダーたちは恐れつつも、いやそれだけにいっそう、ソ連へ心を傾けている。そのことをまぼろしの四国連合構想は実によく物語っている。

●「安心して南進できる」

いっぽう三国同盟にたいするソ連の対日反応は、表面的には何も変化が認められていない。参謀本部は、何かにつけて対外問題には口やかましいソ連が我不関焉《われかんせずえん》を装っていることの意味を、いろいろと推測した。スターリンの目はヒトラーのほうに向いており、次第に緊張感をましつつある独ソ関係を考慮に入れると、ヒトラーの気持を逆なでするようなことはひかえているのだ、という判断が大勢を占める。

ところが、情勢はさらに日本が期待するほうへと好転した。日独伊三国同盟が締結されてから約半カ年後の、昭和十六年（一九四一）四月十三日、無気味な沈黙を保っていたソ連が、突然に日本に友好的な態度を示し日本中をアッといわせる。訪ソした松岡外相を迎え、ソ連側からの提案で、モスクワにて日ソ中立条約が調印されたのである。

日本側は中立条約ではなく、不可侵条約を結ぶことを希望した。それと知ると、滅多に交渉の席に顔をみせないスターリンまでがやってきて、外相モロトフともども松岡に、

「それなら南樺太と千島列島は、ロシアに返してもらいたい」

とソ連政府としての重要な条件を直接に口にしたのである。松岡もその要求はのめないとはっきりいい、結果的には不可侵条約ではなく中立条約に変更された。

不可侵条約とは、双方の領土はお互いに攻撃することを禁止し、相互間に侵略は行わ

ない、とするとりきめである。ソ連側は「わが国の世論は、日露戦争で失った地域の返還をともなわない不可侵条約を想像することはできない」と正直にいい、日本側はその熱望をやむなくひっこめるほかはなかったのである。

それでも中立条約の第一条に「両国の領土の保全および不可侵を尊重する」の条文だけは織りこむことができた。また主文たる第二条はいう、「締結国の一方が、一または二以上の第三国よりの軍事行動の対象となる場合、他方の締結国はその紛争の全期間中、中立を守る」と。意味するところは、かりに独ソ戦が起れば日本は中立を守り、いっぽう日米開戦となってもソ連は中立を守る、ということである。そして条約の有効期間は五カ年の長さである。

思いもかけない成果に松岡はすっかり御機嫌になった。日露戦争いらい仮想敵視していたソ連と中立条約を結ぶのである。そして互いに不可侵を尊重するのである。松岡が、スターリンとの会談で、得意の八紘一宇論を展開し、スターリンが南樺太と千島をソ連に売ってはくれまいかとまでいいだすのにたいして、

「小さい、小さい。世界地図を見よ。ソ連はインド、アフガンに出よ、日本は目をつぶっているから」

と気焔をあげる始末であったのも、無理のないことかもしれない。

調印を終えてモスクワを出発するとき、発車寸前にスターリンが駅頭に現われたことに、松岡はいっそう有頂天になる。そのうえに、スターリンは松岡の肩を抱くという一

幕を演じた。そして、

「お互いにアジア人なんだ」

と心にしみるようなことをいった。スターリンのこうした派手な演出は、まったくの型破りなことであり、松岡を心から感激させた。もっとも、スターリンは見送りにきていた駐ソ独大使にも近づき、同じように肩に腕をまわして、「われわれはいつまでも友人だ」とやさしいことをいっている。このときのスターリンが何を考えていたのか。明確には解明されていない問題としていまも残っている。

ところが日本では、救国の英雄たる松岡の帰国を迎え、東京市民は朝から深夜まで、千駄ヶ谷の松岡邸の門前で万歳を三唱しつづけた。スターリンが何を魂胆に秘めているか、考えようともしなかった。が、このとき参謀本部の少数の参謀たちはわずかに不審のまなざしを北に向けた。松岡がスターリンによって見事にあやつられたのではないか、という底知れぬ疑惑にとらえられたのである。なぜなら、中立条約の締結前の三月ごろから、ソ満国境線のソ連軍兵力が少しずつ抽出されて、西へ送られていることを情報でつかんでいたからである。その送り先としては、対ドイツ正面しか考えられないではないか。ドイツとの戦争の意志を固めているとみるほかはない。

明らかにスターリンは、西にドイツ、東で日本の二正面作戦を怖れている。そう判断できる。仇敵である日本軍がドイツに呼応して北にでてくるようなことがあったら、たまったものではない。その進出の舵を南に向けさせよう。三国同盟締結いらい、日本国内には「北守南進論」がさかんにとなえられている。その南進の勢いをさらに加速させることを、スターリンは狙っているに違いない。中立条約はそのための謀略ではないか、どうせ本気ではない、と参謀本部の一部は冷静に推測した。

事実、重要な情報がモスクワから東京へ届けられていた。条約調印後の小宴において、日本大使館付海軍武官に、スターリンが近づくと声をごく低くしていったという。

「これで日本は安心して、南進できよう」

これこそ悪魔のささやきというものではあるまいか。

しかし、それはあくまで一部の疑惑でしかなかった。この日ソ中立条約に力をえて、陸海軍部はもとより、日本の国内の動きはマスコミに煽られて南進論一色にそめあげられていく。スターリンの言葉そのままに「安心して」英米との正面衝突が確実の、東南アジアへ進出の国策を樹《た》て、憑《つ》かれたように突き進んだ。スターリンが心ひそかに期待しているそのとおりの、太平洋戦争へ向かって一直線の坂からの転がりようであった、と評していいであろう。

しかも、日ソ中立条約締結までの、スターリンと松岡のやりとりはすべて、得意の暗号解読によって、アメリカ政府の知るところとなっている。ルーズベルト大統領は、スターリンが南樺太は当然のこととして千島列島に食指をのばしていることを、このときに察知することができたのである。のちのことになる。ルーズベルトがソ連を対日参戦にさそうための〝獲物としての千島列島〟をその意識下におさめたのは、もうこのときのことであった。

●「謀略などやらぬように」

歴史はさらに大きく動く。昭和十六年六月二十二日、ナチス・ドイツが予想どおりソ連に侵攻したのである。

三国同盟締結時の目標である日独伊ソの四カ国が提携して米英に当るという夢は、この瞬間に崩壊し、いまやソ連は米英陣営の一員となった。理論的には、約束を破ったドイツと手を切り三国同盟から脱退、中立化して世界戦争から脱出できるチャンスが日本に訪れたことになるが、そうしようともせず日本はあえて三国同盟に固執した。一つにはドイツの勝利を信じて、その後に来る新しい世界地図を想像したからである。当時の「バスに乗り遅れるな」の合言葉がその証左となる。

そしてごく自然に、日本のとるべき政略戦略として、ドイツを支援するために、ソ連とただちに戦火をひらくべきか、延期するかをめぐって、白熱的な論議が噴出したのである。中立条約を結んだ直後であることなど忘れたかのように、陸軍の大勢は対ソ戦の発動に傾いた。ヒトラーは、得意の電撃作戦によってソ連を年内に崩壊させうると、自信をもって高言した。ならば、それを信じ、いまこそ積年の脅威をとりのぞく好機である。「ノモンハン事件の轍《てつ》を踏むな」の穏健な意見などけし飛ぼうとした。

いや、陸軍ばかりではなく、外務省のなかにも北進論者が想像以上に多かった。二カ月前に結んだばかりの日ソ中立条約に言及する外交官はまったくいなかった、という。なにしろ強硬論の先頭に立つのが松岡外相なのであるから、あとは推して知るべしである。日本の外務省がソ連にたいしていかに不信感をもっていたかを窺《うかが》うことができる。

六月二十七日、松岡は大本営政府連絡会議において強硬に対ソ攻撃を主張する。

「英雄は頭を転向する。わが輩はさきに南進論を主張してきたが、いまは北進論に転向する」

と、しゃあしゃあとしていい、大声で論じた。

「時間がたてばソ連の抵抗力はまし、日本は米英ソに包囲されることになる。日本が満洲より攻撃にでてスターリンを叩き、ヒトラーに勝たせる。そのあとで南方へ進出すれば、米英を押さえることができる。ところが、さきに南方へ出れば、米英と衝突となり、米の欧州参戦を招くことになり、ドイツが不利になる。ソ連は生きのび、日独はともに敗北するやもしれない」

強硬な北進論である。以下論争はつぎのようにつづく。いまになると、滑稽としかいいようがなくなるが。

松岡「まず北をやり次いで南をやるべし。虎穴に入らずんば虎児を得ず。宜しく断行すべし」

平沼内相「国策として直ちにソ連と開戦せよというのか」

松岡「然り」

内相「まず準備をやる必要があるのではないか」

杉山参謀総長「正義一本もよろしいが、実際は出来ぬ。統帥部としては準備を整える、やるやらぬはいま決められぬ」

松岡「では、ソ連を討つとだけは定められたい」

このとき、参謀本部作戦課が準備した対ソ戦の作戦計画はつぎのとおりである。

動員開始　七月十三日

集中輸送始め　七月二十日

開戦決意　八月十日

第一段集中完了　八月二十四日

開戦　八月二十九日

第二段集中完了　九月五日

作戦終了　十月中旬

ときの海軍次官沢本頼雄中将の日記が注目すべき記述を残している。七月八日に参謀本部要員と懇談し、陸軍側の方針を聞いた。

「7—13動員、7—20運輸始、8月中旬終了、兵数は現在の三〇万より七〇〜八〇万となり、徴用船九〇万屯《トン》を要す（十六師団体制）、……対ソ戦決意せば更に8D〔師団〕を増し、在満一〇〇万兵となる。24D体制」

陸軍はこうして関東軍特種大演習（関特演）の名のもとに本気になって大動員をかけたのである。なるほど満洲への兵力集中は、年度作戦計画に平時から織りこまれ、担当の参謀が必要な手順に慣熟していたゆえに容易であった。十分な兵力が動員できるとなれば、問題は開戦の時期の決定である。参謀本部は、国家意思の確定を「八月上、中旬ごろ、対ドイツ戦のために西送がつづき、極東ソ連軍の地上兵力が半減、空軍が三分の一に減じる情勢が見こまれる」時点とする、とおおよその計画をきめている。

ドイツの猛攻により、ソ連軍総司令部が、極東ソ連軍をやむなくヨーロッパに転用しなければならない状況が間違いなく到来する。結局はドイツ軍がソ連軍を破り、熟した柿が自然落下するに近いような、日本に都合のいい好機はかならずくる、と大いに期待したのである。

しかし現実はどうであったか。このとき兵士として召集された元慶応大学教授池田弥三郎の回顧がある。ちょっと長く引用すると、

「それから（七月）十九日ごろまで、毎日毎日続々と召集兵がはいって来る。グリグリ坊主にして同じ服装をしていると、一寸見では年齢がわからない。ある兵が二人、私のそばにいて、私は十二年兵ですよ。私もそうです。たまりませんなあ、おたがいに、と言っているので、つい口を出して、私も十二年兵です。と言ったら、その二人の中の一人が、ジロリと私をみて、

俺たちゃ、大正十二年兵だよ。

と言った。私は昭和十二年兵である。つまらぬ口を出してはじをかいた。しかし、カントクエンの召集では、大正十二年兵、数え年で三十九歳ぐらいの人が、兵では最年長者であったようである。カントクエンは、そういう点でも、幅の広い年齢層で、手あたり次第にといった具合に、兵を集めたらしい」

このように、老兵にいたるまでの人心すこぶる戦々兢々となるような大動員で、兵力を満洲に集結しようとした。大演習、ないしはソ連にたいする示威行動などという呑気なものではない。本気で宿敵ソ連を叩くつもりであった。[*12] これは戦後の手記になるが、元参謀本部作戦課参謀の瀬島龍三証言の『北方戦備』にも、こんな記述がある。

「武力行使は、極東ソ連軍の戦力半減し、在満鮮十六箇師団（新に増派せる二師団を加へた）を以て攻勢の初動を切り、後続四箇師団を逐次加入し、約二十師団基幹を以て第一年度の作戦を遂行し得る場合であること。但し大本営としては総予備として更に約五箇師団を準備し、之を満洲に推進する如く腹案す」

こうした具体的な計画案をもって、三宅坂上の参謀本部作戦課では、連日のように白熱の討議をくりひろげた。独ソ戦の推移、動員の状況などを頭に入れながら、対ソ作戦の可否が議論されたのである。若手の参謀である高山信武少佐は、

「ソ連の抵抗は意外に強硬であり、このまま推移すれば、独ソ戦の年内の解決はむつかしい。いまにして日本が起たなければ、ドイツ軍はやがて窮地に立つ。ドイツがつまずくと、即《そく》日本の命運にかかわる」

と、机を叩いて時をおかぬ北進攻撃を主張した。もう柿の熟れて落ちるのを待ってはいられない、とする強硬論である。

しかし新作戦課長服部卓四郎大佐は慎重な〝熟柿派〟である。「極東ソ連軍の戦力半減」という大原則からの逸脱には、終始首を横にふりつづけた。さらにまた、服部によばれて、作戦課に意気揚々と七月に着任してきたばかりの戦力班長辻政信中佐は、北進には見切りをつけて南進論を一方的にまくしたてている。[*13]

結果的には、予想に反して、訓練十分の強兵をヨーロッパに送ったものの、日本側の構想を察知したのかソ連は、それに相当する新兵力で、すぐにソ満国境を固めた。日本軍に乗じる隙を見せようとはしなかった。武力行使の第一要件たる「極東ソ連軍の半減」は成立せず、やがて積極攻勢は断念せざるをえないことになる。しかも七月下旬の日本軍の南部仏印（南ベトナム）進駐にたいするアメリカの対日石油禁輸という超強硬戦争政策の発動で、太平洋の波がいっきょに荒くなり、宿敵ソ連軍撃破の北進など、夢のまた夢となっていく。

しかし、万に一つの陸軍の北への暴走を恐れたことから、八月上旬、一連の大本営政府連絡会議は「対ソ外交交渉要綱」をとりきめることになる。八月六日、昭和天皇は、連絡会議の決定の「紛争生起するも日ソ開戦に至らざる如く」するが、「ソ側の真面目な進攻に対しては、防衛上機を失せず之に応戦す」とある文言に意をとめ、

「謀略など決してやらぬように」

と、参謀総長に強く釘をさした。天皇を不安がらせるくらいに、戦争気運が三宅坂上に渦をまいた。陸軍の対ソ攻撃の企図は根深いものがあったのである。

沢本海軍次官の日記の八月十四日の項に、それを裏書きするような記載がある。

「陸軍策動。初め自重的にして真田、佐藤、土居、唐川四課長等その中心なりしも、土居転出、佐藤激変。一の陰謀は池田純久、辻政信等主謀し、武藤章、田中新一、富永人事局長等を慫慂《しようよう》し、総長黙認、陸相阻止せず、戒厳令下におき、対蘇戦に導かんとす。[*14]東条、杉山共に弱点を握られて居り、抑圧する能《あた》わず」

陸軍中央が謀略によってでも対ソ開戦を強行しようとしていた様子が、ずいぶん遅れた情報であるが、海軍中央にまで届いていたことがわかる。陸相東条、総長杉山が「抑圧する能わず」とは、下剋上の気運はみちみちていたのである。

九月九日、対ソ連侵攻作戦の、少なくとも「年内行使」は、正式に放棄された。七十万人の関東軍の〝精鋭〟はこの日以後、駐留態勢をとり、北満警備に任務が変更された。『機密戦争日誌』には、

「カクシテ北方武力解決ハ明春以降ニ延期セラル。但シ好機ガ明春以降ニ到来スルカ否カハ疑問ナリ。／六月二十二日以来ノ興奮モ消失セリ。情勢判断ハ遂ニ適中セザリキ。スターリン政権ノ崩壊ハ何時ノ秋《とき》ナリヤ。／弱者ノ戦法ニ甘ンゼザルベカラザル帝国トシテハ又何ヲカ云ハンヤ」

と結論が記されている。よっぽど無念であったようである。

ソ連スパイのリヒアルト・ゾルゲは、首相近衛文麿の側近のひとりでもあった尾崎秀《ほっ》実《み》から、この情報をえている。ノモンハン事件でも、日本軍に積極的な対ソ作戦の意図のないことをソ連に通報、功績をあげたゾルゲは、このときも的確に、陸軍の「北進せず」の決定を見ぬいて、スターリンに極秘情報を送っている。

「どうやら日本はドイツの勝利をあてにしている。その目途がついたらソ連を攻撃するつもりらしい。しかし、他力本願ということは、本気でソ連と戦う意思のないことを告白しているにすぎぬ」

日中戦争をつづけながら対ソ作戦などできない日本陸軍の苦悩を、ゾルゲはよくよくお見通しであったようである。[*15]

(12) たしかに陸軍部内に北進の気勢は燃えさかっていた。しかし、その反面に、すでにしてつぎのような判断もなされていたことを書き落とすわけにはいかない。『機密戦争日誌』七月二十二日の項である。

「独ソ開戦後正に一カ月、独軍の作戦順調なるならんも、ス政権の強靭性は予期に反し強し。／極東ソ軍の動きもなし。／対ソ戦争の好機何時来るや、少くも独の作戦の終末を以て戦争を終結せしめ得る公算は減少しあるが如し」(原文は旧かな、片かな)

(13) ノモンハン事件のソ連軍の総司令官ジューコフ元帥の皮肉な言を、ここに付記しておく。

「ハルヒン・ゴール（ハルハ河）での戦争の結果、彼らは独ソ戦開始時には多少なりとも抑制の効《き》いた行動を示すようになった。もし日本側がハルヒン・ゴールで成功を収めていたならば、ここで攻勢を行ったであろう。彼らの壮大な計画は外蒙古東部を占領し、バイカル湖とチタに出てトンネルのある所まで至り、シベリア鉄道を分断することにあったのである」（14）真田穰一郎大佐（軍事課長）、佐藤賢了大佐（軍務課長）、土居明夫大佐（作戦課長）、唐川安夫大佐（謀略課長）が自重派であったが、土居大佐が第三軍参謀副長に追い出されると、陸軍中央はがぜん対ソ強硬に固まったものとみえる。ちなみに武藤章は少将・軍務局長、田中新一は少将・作戦部長、人事局長は富永恭次少将である。

（15）実は七月二日の御前会議においてすでにつぎの国策が決定されていた。

「帝国は大東亜共栄圏を建設し……支那事変処理に邁進し、自存自衛の基礎を確立するため、南方進出の歩をすすめ、また情勢の推移に応じ、北方問題を解決す」。そして「本目的達成のため対英米戦を辞せず」としたのである。

つまり、ただちにソ連を討つべしという〝戦争〟論よりも、〝平和〟的な南方進出を国の方針として決定していた。それが対英米戦になるともやむをえないとして。

この情報をもう翌日に尾崎秀実からゾルゲは得ている。そしてただちにクレムリンへ送った。「独ソ戦争の推移が帝国のため有利に進展せば、武力を行使して北方問題を解決し、北辺の安定を確保す」、それよりもいまは南進である、という日本の国策決定を、スターリンはたちまちに手中にしていたのである。

●「米英の陰謀がある」

新国策となった「南進」は、日本を対米英戦争へと一直線に追いこんだ。十二月八日、開戦の詔書が下った。

「帝国ハ今ヤ自存自衛ノ為蹶然《けつぜん》起ッテ一切ノ障礙《しょうがい》ヲ破砕スルノ外ナキナリ」

と、戦争を自存自衛のための防衛戦争と規定した。貧弱な国力を背景にした日本帝国にとって、それ以上の理想を掲げたくとも、できないことである。

開戦にさいしての参謀本部作戦課の宿敵ソ連の動向判断はどんなものであったのか。瀬島龍三『北方戦備』に記されている。太平洋と東南アジアの島々を戦場として戦いながら、つねに北方の影に脅えていた陸軍のつらい本心がそこにみられる。

(1) 開戦初期においては、ソ連は対日平静を維持するであろう。

(2) 米ソの対日提携は逐次強化するであろう。極東ソ連領を利用する米軍の航空、潜水艦作戦の実施の算は大なるものがある。

(3) 共産党その他第五列を利用する日満支にたいする各種破壊、謀略の実施の算もまた、大なるものがあろう。

(4) 独ソ戦の推移、ソ米提携の程度、そして太平洋戦争の状況などによっては、将来、ソ連の対日攻勢の算がある。

要するに、中立条約をとことんあてにしつつも、ソ連がアメリカとの連携を強めて、恐るべき〝敵〟となったことを認めないわけにはいかなかった。そして今後の戦況の如何によっては、ソ連軍が侵攻してくるであろうことをすでにして覚悟しているのである。

しかし、日本軍部としては南北二正面作戦はなにがあっても避けなければならない。戦理の必然である。南に米英と戦いつつ、北でソ連軍と砲火を交えることは亡国につながる。したがって参謀本部としては、関東軍の基幹戦力を満洲および朝鮮半島に厳存させる、沿海州を攻略しうる兵力と態勢を基本として最小限維持する、ときめた。ただし、関東軍には、国境付近での各種の紛争などを起さぬよう絶対に「対ソ静謐」を保持することを厳命した。

さらに軍部は外交的にもなんらかの手を打つことを政府に要望する。十七年三月、大本営政府連絡会議は「対ソ戦不参加」を改めて国家方針として決定するとともに、「ソ連と米英との間にくさびを打ちこむ」ことを外交方針としてきめている。これに関連して、陸軍省軍務課長の佐藤賢了少将が三月十日に行った演説は、大言壮語のうちの苦しまぎれとも聞こえて、興味深い。

「米英は日本との戦争にソ連を引きこもうとする可能性がある。しかし米英がいかに強要しようとも、ヨシフ・スターリンが米英のために〝火中の栗を拾う〟ような人物だとは誰も思っていない。もし東亜において米ソが提携して日本を攻撃すれば、極東のソ連領の運命がいかになるかは明白なはずである。かつてスターリンは松岡外相に、沿海州を失うのはソ連にとって首つり自殺にひとしいといったという。日本は常に準備を怠ってはいない」

この日は、日露戦争での奉天陥落三十七周年を祝う陸軍記念日で、実はこの演説が無敵陸軍のあげている泣訴なのであると聞いた日本人は、当時だれもいなかった。

対米英戦争は、くわしく書くまでもなく、この年六月のミッドウェイ海戦を境に次第に日本軍が非勢になっていく。この海戦から二カ月後、ドイツ軍はスターリングラードでソ連軍との死闘を開始した。太平洋戦域でも、ソロモン群島の名も聞いたことのない小島ガダルカナルから、米軍の反攻が火ぶたを切った。戦勢はヨーロッパでも太平洋でも、潮が変るようにおもむろに変っていった。

昭和十八年（一九四三）二月、日本軍はガ島争奪戦に敗れ、このはるかな南の島から撤退した。同じ二月、スターリングラードのドイツ軍は全面降伏、これを境にヨーロッパ戦域でのドイツ軍の後退がはじまった。

これまで新聞や雑誌などにときどきみられた悪意と敵意にみちたソ連攻撃は、このときからほとんど完全に姿を消した。内閣情報局が、ソ連を刺戟するような記事を発表しないように、くり返しマスコミに警告を発したゆえにである。そのかわり紙面にしきりにみられるようになったのは、日ソ関係が中立条約という堅固な基盤をもっていることを強調する記事ということになる。たとえば、

「日ソ中立関係を破壊し、ソビエト連邦を対日戦に引きずりこもうという米英の目論見

と陰謀がある。このような米英の陰謀は、スターリン首相が太平洋情勢の深い分析により、日本との現在の関係を高く評価しているが故に、はかなくつぶれる運命にある」（『ニッポン・タイムズ』三月十七日付）

といった記事である。

こうした戦勢下で、戦場を遠く離れた満洲の曠野を護る関東軍は、いったいどうしていたか。

その兵力配置は既定の作戦方針どおりに、ひろく戦略展開をした形を保持している。第二、第三、第五、第二十の四軍からなる第一方面軍（軍司令官山下奉文大将）は、いったん緩急あらば沿海州方面の敵を撃破し、ソ連領に入り敵主力をウラジオストック方面に圧迫する。第二方面軍（軍司令官阿南惟幾大将）は第六軍をもってハイラル方面に防勢をとり、第四軍をもって北方アムール河を渡ってソ連領に進攻し、シベリア鉄道を分断する。作戦計画どおりに、ソ連軍の攻勢意図を抑制しつつ堂々の陣を張っていた。

しかし、関東軍将兵の胸中深くには、日ソ戦はいずれ遠い将来に起るかもしれないが、ともかくも中立条約は厳存し、早急の問題にはならないという想いが、明らかに去来していた。したがって、東正面のみならず、外蒙古と国境を接する西正面からのソ連軍の侵攻も予期されるが、それにたいしては、参謀本部作戦課からなんらかの計画が示されないかぎり、兵力物力の余裕のない関東軍としては見ざる聞かざるの態度をとるしかなかった。その方面にも多くの開拓民が居住していることを心にかけながらも。

そうしたなかで、十八年八月から十九年初頭にかけて、関東軍作戦課長以下の全作戦参謀が入れかわった。新陣容は参謀副長松村知勝大佐、作戦班長草地貞吾中佐、同主任竹田宮恒徳《つねよし》王少佐（宮田参謀と仮称）、同補助中村龍平少佐たちである。かれらは赴任するさいに、陸軍中央より、

「今後、南方戦局の切迫にともない、関東軍から兵力を抽出することがあるやもしれぬ。その場合、もし異論がでたとしても、それを押し切って中央の要求に応じてもらいたい」

と、こんこんといいふくめられていた。

しかし、新陣容を形成した関東軍作戦課の参謀たちは、兵力抽出は中央部の要求どおりかならず実行する、としたものの、そのいっぽうに雄心勃々《ぼつぼつ》たるものがあった。南方の戦況が不利ならば、なおさら関東軍の作戦計画を考え直さなければならないと燃えたったのである。

十八年秋、新計画の対ソ作戦案をもって上京した松村たち関東軍参謀を迎えた参謀本部作戦課の態度は、まことに冷ややかなものがある。主として作戦課長服部大佐と課員瀬島少佐とを相手に、松村は説きに説いたが、まったく認められることはなく、逆に参謀本部の意見を強制されることになる。

「従来のような東正面攻撃は、現在のソ連軍陣地の強化とわが兵力装備の弱体化で、とうてい不可能である。よって東は防勢をとり、北正面で攻撃することを研究されたい」

そればかりではない。現下の戦況下で、西部ニューギニアから濠北方面の作戦準備の強化が緊要であり、対処すべく大本営直轄の一方面軍司令部と一軍司令部の新設が必要である。といって、まったくの新編の司令部では即応がむつかしいし、また有能なる幕僚要員が不足している。

「ついては、その有能なる幕僚要員などを満洲に求むる以外にはない」

と頼みこまれる始末であったのである。ノモンハン事件のさいの下剋上と独走にこりた陸軍中央は、往時の弊をくり返さないような堅実な、命令遵守の関東軍司令部を編制してあったのである。

こうして十八年十月、第二方面軍司令部と第二軍司令部、それに機甲軍司令部が、関東軍から抽出され他方面に転用された。これがはじまりである。このあと、急速なピッチをもって大量の兵力転用がはじまる。そして十一月、大本営と関東軍との合同研究会の席上、これまでの対ソ作戦計画（沿海州方面主攻勢）の白紙還元が、正式に参謀本部より提議された。世俗にいう、ない袖はふれないの想いが、席上のだれの胸にもあった。

いまや、満洲は日本帝国の対米英戦争遂行・国力維持に必要な兵力・兵器・弾薬・燃料・食糧などの生産基地であり、補給基地となったのである。無敵の関東軍もまた、対ソ戦闘集団というより、南の戦場で戦闘が遂行できるように、背後からこれを支援する後方守備部隊となったのである。

●「静謐確保を徹底すべし」

こうして昭和十九年（一九四四）が明けた。対米英戦争も丸二年を経過して、日本帝国の勝機は完全に失われた。鉄の暴風というべき航空機の空襲、戦艦群の艦砲射撃、そしてはるかに優勢な火力と兵力による上陸という米軍の島づたい作戦の前に、孤島の日本軍の玉砕戦がはじまったのである。日本兵にとって戦闘とは、鉄に自分の肉体をぶち当てることにほかならなかった。

四月三日付の『タイムズ』は報じた。日本軍を南太平洋および南西太平洋の島々に閉じこめたので、これら日本軍将兵は、

「弾薬が尽きるまで戦って戦死するか、ジャングルの奥深く逃げこんで餓死するか、病死するか、という絶望的な将来に直面している」

というのである。それは誇張ではなく事実であった。

そしてこのころ、満洲の野には兵力抽出の暴風が吹きまくっている。ときの関東軍総司令官梅津美治郎大将は、陸軍中央の要求にたいして決してノウとはいわなかった。

「関東軍がいかに厳然としていようとも、大東亜戦争がうまくいかなければ、元も子もなくなる。東京も兵力のやりくりには、ずいぶん困っているようだ。もし、大本営から

兵力抽出転用の命令があったなら、何はおいてもその要求には応じねばならない」という明白な方針を下していた。

たしかに、ソ連がこのまま日本にたいして中立の態度をつづけるか否か、疑問は大いに濃化した。しかし、特別の事態の発生しないかぎり、みずから求めて対日参戦に踏みきることはまず考えられない。また、アメリカにたいしてソ連領内の基地を供与することもないであろう。それが参謀本部のあらまほしき判断であり、関東軍司令部の対ソ観察であったからである。ただし、なにほどの根拠があるというわけではなかった。

このとき、陸軍中央から下命されている関東軍の任務は、「対ソ静謐確保」の一語があるのみ。当面の攻勢作戦はありえない。そこで兵力を抽出するが、兵力の不足は部隊の練成によって補うことになる。

この考え方のもとに、関東軍の精鋭師団の南方転用はどしどしと実行された。関東軍作戦課は「転用企図秘匿要領」を麾下の各兵団に示達する。転用兵団の情報が敵に流れれば、輸送中に海上で撃沈される危険性が増大する。一個師団となれば一万七千〜八千名の将兵と、おびただしい数の兵器や軍需品が動く。そのための輸送をいかに秘密裡に行うかという指針である。このことがあって、軍隊のすぐそばに居留する日本人開拓団にも知られないように最大の注意が払われた。敵を欺くにはまず味方から、である。

もし国境付近はもちろんのこと、その他の地域の居留民に知らせるならば、軍隊の保護がなくなると、大量の日本人が後方へ動きだすことが予想される。これまで行ってきたすべての秘匿行動が水泡に帰す。当然のことにソ連を刺戟することになる。参謀本部も関東軍総司令部も、「静謐確保」と兵力転用の板ばさみで苦しみつつ、ついに居留民や開拓民に知らさない、むしろソ連軍の動きを封じこめる意味で現地にはりつけておく、という方針を選択したのである。「静謐確保」が第一義で、それ以外はないのである。

二月　第十四師団（チチハル→パラオ諸島）、第二十九師団（遼陽→グアム島）、第二十七師団（錦州→中国北部）

六月　第九師団（牡丹江→台湾）、第二十八師団（ハルビン→宮古島）、第六十八旅団（公主嶺→レイテ島）

七月　第一師団（孫呉→レイテ島）、第八師団（綏陽→ルソン島）、第十師団（チャムス→ルソン島）、戦車第二師団（勃利→ルソン島）、第二十四師団（林口→沖縄）

十月　第二十三師団（ハイラル→ルソン島）

十二月　第十二師団（東寧→台湾）

そのほか独立守備隊、独立工兵連隊、独立自動車大隊、独立野砲兵大隊などなど細かく列記すれば、何ページにもおよぶ。同時に、大口径砲、多量の予備兵器、弾薬、燃料もほとんど南の戦場へと送りだされた。眼前にせまっている日本帝国の危機に備えるためには、参謀本部には満洲のことを考えている遑《いとま》はないのである。[*16]

関東軍司令部は兵力の空洞化というきびしい状況に直面して、もはや対ソ作戦計画の全面的変更に踏みきらざるをえない、という結論に達した。松村参謀副長は関係参謀とともに第一線軍司令部を歴訪し、軍参謀と現地の満洲国日本人省長または日本人省次長を集めて、関東軍の今後の方針を伝達した。

「今後は防衛を第一とする。同時に北辺振興計画を停止する」

十九年七月であった、と松村は記憶している。

こうして関東軍は、ここにはじめて満洲国におけるあらゆる計画推進を中止することを明らかにした。しかし、民間人（とくに開拓農民）を国境線から引き下げるように、との命令はださなかった。関東軍は陸軍中央の要求に応じ、つぎつぎに作戦部隊の改編に追われていたためであるという。また、たとえソ連軍が侵攻してきても、開拓団地区まで一気に攻めこまれるとは予想しておらず、東正面を例にとれば、牡丹江付近で喰いとめうると考えていたゆえに、ともいう。

さらにいえば、もう一つの主張がある。居留民や開拓民にたいする処置は、当然のこと満洲国政府側がしなければいけないことである、というのがそれである。軍が政府側高官に新方針を示した以上は、満洲国総務庁側がこれに対応する政治方針を、各省の省長あるいは省次長（どちらか一人が日本人であった）に命じ、かれらが善処指導すべきであった、と。

しかし歴史が示すとおり、満洲移民を推進したのは関東軍そのものである。しかも治安の悪いソ満国境付近にまで入りこみ、中国人・朝鮮人が拓《ひら》いた土地に入植し、現地住民を追いはらってまでして開拓団がはりついたのは、関東軍を信頼していればこそではなかったか。

　それでもなお、関東軍に責任があるとすれば道義的なそれでしかない、というならば、ただ一つの事実だけは指摘しておきたい。関東軍総司令官は同時に満洲国長官でもあったのであると。

　満洲の曠野にひろくちらばって居住していた一般の邦人は、それゆえに関東軍に満腔の信頼を傾け、まだ満洲は安全な楽土であると信じきった。そして、それが夢まぼろしのようにはかなくなっている現実を、かれらはついに知らされることはなかった。

　十九年七月中旬ころの、参謀本部作戦部長真田穣一郎少将の日記に、こんな文字がみえる。

「満洲大部ヲ放棄シ、初動ヨリ主力ハ南満ノ要線ニ於テ防衛ヲ策スルハ已《や》ムナシ。『ソ』ノ積極的企図ヲ諜知《ちょうち》セバ、中・北満兵力ノ主力ヲ南満ニ後退セシメ、主要軍需品ノ残部ヲ後退ス」

　参謀本部はこのように早々と、満洲の曠野の大部分を放棄することを想定している。はっきりいえば、兵力の南方転用を決定したときに、陸軍中央は関東軍を見捨てたのである。

　参謀本部は南方作戦と本土決戦のため関東軍を捨てた。関東軍はそれならばと居留民と開拓団を見捨てたのである。

　九月十八日（満洲事変記念日）、参謀本部は関東軍作戦班長草地中佐を東京に召致し、

大陸命第千百三十号を示達した。それは、

「関東軍総司令官は満洲国および関東州の防衛に任ずるとともに、現戦争の遂行を容易ならしめ、また北方情勢の推移に応ずるため、所要の対ソ作戦準備を実施すべし」

というもので、同時にこれまでに示達されていた「対ソ作戦準備要綱訓令」および「大東亜戦争昭和十八年度帝国陸軍作戦計画訓令」が廃棄された。過去の対ソ作戦方針はここに白紙となった。要するに、参謀本部が命じているのは、マリアナ諸島の失陥と太平洋の戦況が最悪を迎えているとき、北方だけはなんとしても「静謐確保」の方針を徹底化せよ、ということなのである。戦うなかれという命令である。大陸命にともなう参謀総長指示（大陸指）は伝えている。

「満洲国中、その所属に関し隣国とその主張を異にする地域、および兵力の使用不便なる地域、ならびに国境紛争発生の怖れある地域の、兵力をもってする防備はこれを行わざることを得」

ここにある「行わざることを得」とは「行ってはならない」と同義である。つまり泣き寝入りもやむをえない、という意味なのである。また、もう一つの指示はこうである。

「国境付近における事件の発生にあたり、事件の拡大を避くるため、状況により兵力をもってする防備を行わざることを得」[*17]

明治末年いらいねりあげてきた〝見敵必戦〟の宿敵ソ連軍との決戦は、こうして放棄された。関東軍は、敵の侵攻を誘わぬように見せかけの強大さを誇れ、外観だけの虚勢を張れ、といいつけられたかのようである。

関東軍総司令部はさすがに焦燥にかられだしている。兵力抽出の青息吐息のうちにも、なんとかその穴埋めをして〝無敵〟の虚勢を張らなければならない。東京からは「在満兵備は在満の人員物資をもって実施することを原則とする。ただし、本土戦備のための所要の幹部および資材を転用することあり」と、無情な兵備方針指示が送達されている。その指示どおり、在満日本人の在郷軍人や徴兵適齢者を徴集するほかはない。ここに満洲の日本人男子の「根こそぎ動員」計画の研究がはじまった。

(16) 関東軍からの兵力の抽出転用は、二十年三月までつづいた。いちいち列記することは省略したが、結果は戦力の七割近くもが引き抜かれたことになる。とくに三月には虎の子としてウラジオストックを睨《にら》んで東寧に布陣していた第二十五師団(加藤修三中将)と、戦車第一師団(細見惟雄中将)までが本土決戦に備え抽出された。これで満洲の曠野から訓練十分の主力戦車が姿を消したことになる。ちなみに司馬遼太郎氏はこの戦車第一師団の小隊長であり、この転用によって日本内地に帰るという幸運に、期せずして浴することができたわけである。

(17) これらの参謀総長指示は、ノモンハン事件の最終段階で、参謀本部が関東軍総司令部へ下達したものとまったく同一である。いっさいの戦闘を日本側からしてはならない、という大元帥命令なのである。

●「日本は侵略国である」

折も折のことである。十一月六日、モスクワで十月革命二十七周年の祝賀会が盛大にひらかれた。そのときにクレムリン宮殿で、スターリンがすべての日本人を愕然とさせるような演説を行ったことが報じられてきたのである。この戦争における侵略国ドイツの敗北は決定的であると明言したあと、

「歴史の示すところによると、侵略国・攻撃国は、被侵略国・被攻撃国よりもさきに、つねに新しい戦争の準備をととのえている。かの真珠湾事件そのほか太平洋の諸島にみる攻撃、香港、シンガポールにたいする日本軍の攻撃のごときは、決して偶然とみるべきでなく、侵略国としての日本が、平和愛好政策を堅持する米英両国よりも、戦争にたいし、完全な準備をととのえていたことを示しているのだ」

日本政府も軍部も、その指導者たちは背筋に冷たいものを走らせた。スターリンが「侵略国」とよんだ場合、その国はソ連の「敵国」を意味することが、共産党の用語例であったからである。ナチス・ドイツ同様、日本もまた「侵略国」とスターリンははじめてよんだ。

興味深いことに、十一月九日付の日本の新聞各紙は、この長いスターリン演説のほぼ全文をそのまま掲載したのである。駐日ソ連大使マリクはそのことにびっくりしている。

対米英戦争がはじまっていらい、十分に気を使っているのか、スターリンの演説や命令が、日本の新聞に載ったことはついぞなかったからである。マリクは、あてにしていたドイツの破滅必至を明確にし、国民に精神的準備をはじめさせるのが日本の指導者の狙いであろう、とこれを分析している。

マリクの観察は図星をえていたといえるかもしれない。多くの日本人はこの新聞発表を読み、誤解することなく精神的な準備を開始している。細川護貞の『細川日記』には、近衛文麿の言葉が残されている。

「(近衛が) 今朝新聞のスターリン演説は実に重大なりと指摘さる。即ち、公式演説に於て、公然我国を侵略国呼ばはりし、真珠湾攻撃を以て最も不愉快なる事実と云ひ居れり。ソ聯は既に我国の実力を見抜き居り、敗戦必至と云ひ居るなり」

作家伊藤整の戦争日記に記された感想は、もっと適切である。

「……この頃の我国の巷説では、ソ聯は米国の強大化を怖れて日本に味方しそうだ、ということをよく聞くが、これを読むと決してそんなことはない。むしろソ聯は、隙と機会があれば日本をも敵としようとするものと断定してよい。ただ、対独戦で英米が数年間ソ聯を独力でドイツと戦わせた逆を行き、対日戦では英米をして疲れるまで日本と戦わせて、いよいよとなるまで機をうかがって静観しようとするであろう」

長い引用となったが、実によく北の独裁者の心理を見透かしている。まさにスターリンはそれを狙っていた。演説はいう。

「万一形勢がいよいよ日本に非となれば、東方に対する自国の安全保障のためにでも必ず北方から侵入してくるにちがいない。怖るべきことだ。この戦には、甘い考えなど、どこに対しても抱くことは出来ない」

このように日本を侵略国とよんだスターリン演説は、一般の日本人をいたく当惑させ、疑心暗鬼、不安と確信のなさ、警戒心へとかりたてた。が、極秘情報をあらゆる方面から集めている日本陸軍には、もはや中立条約などあてにできないと、覚悟を固めねばならないときでもあったのである。参謀本部は、この年の末の極東ソ連軍兵力を、狙撃師団約二十、狙撃旅団十五ないし二十、戦車約一千輛、飛行機千五百機と推定した。この一年で狙撃旅団五ないし十、飛行機約五百がふえたことになる。

スターリンが侵攻の機を窺っていることは明白である。にもかかわらず、なんとなく「甘い考え」を日本陸軍は抱いていた。ソ連は出てこないのではないか、という……。十九年夏ごろから参謀本部戦争指導課が研究していた戦争収拾案は、なんと、「極力ソ連の仲介を企図し、わが方から特使をモスクワへ派遣する」というものであったのである。[*18]『機密戦争日誌』十二月二十一日には、それが事実であってほしいといわんばかりに、フィンランド駐在武官の報告がくわしく書かれている。

「ソ連の青少年の戦意は旺盛なるも、中年以上の者には厭戦《えんせん》気運あり。現在冬季攻勢一時停頓の状態にあるは、戦力関係以外にかかる国内事情の反映による攻勢名目の行き詰りも一要因なるべし。従って今後ソは独と和平は実施せざるも、実質的停戦に陥るの公算頗《すこぶ》る大なるべし。ソの対日動向は大東亜戦に現状を維持する限り絶対変化なかるべく、中立条約も廃棄せざるべし（本件モスコーの観察も同じ）」

スターリンはそれほど甘くはなかった。対日参戦の野望は、突如として胸中にきざしてきたかのような、そんな浅いものではない。日本政府も軍部も、国際戦略の動向にうとく、それを知らなかったまでなのである。さらに長くなるが、そのことについてもしっかりとふれておきたい。

（18） 昭和十九年九月十二日、小磯国昭内閣の重光葵《まもる》外相の主宰で、外務省で日ソ関係を議題に秘密会議が開かれている。ここで特使をモスクワに送ることが検討され、次のことが暫定案として決められた。

〔1〕日ソ中立関係の維持および国交の好転。

〔2〕なし得る限り独ソ間の和平の実現。

〔3〕さらにドイツの戦線離脱の場合、ソビエト連邦を利用してわが国の情勢の好転に努めるためソビエト連邦に対し速やかに活発なる外交を行う。これがために特使をソビエト連邦に派遣し交渉を行わせる。

そしてこのとき、一八九ページに記すように、重光はソ連が要求として出すとみられる代償をも早々と想定していたのである。つまり、かなり早い時点で日本政府はソ連政府の色よき返事をもらうために大譲歩をすることを覚悟しているのである。日本外交がソ連の動きにたいしていかに無理解であり、楽観的であったことか、よくわかる。

第四章　独裁者の野望

●「世論が承認しない」

「党が地歩を獲得しうる唯一の道は、強力な闘争を行うことである。党はあらゆる無人の野を占領しなければならない。さもないと敵に占領される。いかに進歩の遅れた国であろうとも、党はつねにそれにたいする支配権を獲得しようと努めなければならない」

ソ連共産党の政治局《ポリトビューロー》の『作戦教典』にはそんなふうに書かれている。さらに、こうも説かれている。

「党は敵の挑発にのってまだ機の熟さないのに前進しようとしてはならない」

そして関連して、スターリンはこう解説している。

「われわれの任務は、敵の挑発的な行為に関係なく、われわれの威信を損じようとするこうるさい攻撃に関係することなく、ソビエト政府の平和政策をつづけることにある。敵の陣営の挑発者はわれわれを挑発する。われわれの平和政策はわれわれの弱さから生ずるものだと主張して、いつまでもわれわれを挑発しつづけるであろう。これはわが同志のなかの挑発をうけやすいものを暴発せしめ、断乎たる措置をときに要求させる。しかし、そういうものは神経が弱いのである。忍耐力が足らないのである。われわれは敵の笛に踊らされてはならない。われわれは独自の道を歩まねばならない」

　また、こんなスターリンの発言もある。

「戦争がはじまる気配があるならば、われわれはひたすら手をこまねいて傍観してはいけない。われわれも参戦しなければならない。が、他のものよりあとで参戦する。そして、われわれが参戦するのは、運命のハカリに決定的な重みを加えるためである」

　こうしたいくつもの言葉や、そしてその忠実な実行をみると、単なる冷酷非情の独裁者というだけの人間ではなく、スターリンのうちに外交的駆け引きのすぐれた政治家、慎重にして戦略観の明るい軍事指導者の特質をみとめないわけにはいかなくなってくる。グルジアの農奴の倅《せがれ》から、元バクー監獄の囚人、シベリア追放、レーニンの門弟という経歴をへたスターリンは、待つこと、忍ぶこと、耐えることにおいては、類《たぐい》まれな資質をもつ男であった。[*19]

　ドイツ軍の砲声が郊外にとどろき、歩兵の猛攻の下に、いまにも陥落するかというモスクワに、スターリンは逃げだすこともなくとどまった。昭和十六年（一九四一）十一月七日、ヒトラーがモスクワはすでに占領されたと発表したころ、迫りくるドイツ軍の砲声を聞きつつ、かれは赤の広場で狙撃部隊の閲兵を行っている。軍部をはじめモスクワ市民は、このことによって心から奮起した。それから一カ月後、ドイツ軍は猛吹雪のなかを退却を開始せざるをえなくなった。

昭和十九年（一九四四）は、ヨーロッパ戦線で、つぎからつぎへと軍事的成功をスターリンにもたらした年である。以後は兵力においても、また武器においても、赤軍ははるかにドイツ軍を凌駕《りょうが》する。そうなってもスターリンは、ヒトラーがやったような電撃作戦といった幻想を抱こうとはしなかった。「派手な攻撃は敵をうちのめし、混乱させるかもしれないが、また攻撃側の戦線をひろげ、弱い横腹をさらす危険がある」といい、スターリンはいかなる急進撃の殲滅《せんめつ》戦も試みようとはしなかった。

スターリンがいかに忍耐強く慎重であるかがよくわかる。

その、つねに独自の道を歩もうとするスターリンが、いつごろから対日参戦を決意していたのか。これは興味ある問題である。今日では、二十年二月の米英ソ三国間に締結されたヤルタ秘密協定によって、ソ連の対日参戦が最終的に決定されたことがよく知られている。しかし、クレムリンにおける決定がいつ行われたかは、秘密のベールに隠されている。

真珠湾攻撃にはじまる太平洋戦争が勃発したとき、ときの外相東郷茂徳は「今次戦争における外交戦は、ソ連邦の争奪にある。これが外交上における関ヶ原になる」といった。アメリカも当然のことながら同じ観察をしている。いや、ルーズベルト米大統領は独ソ戦争が起った直後から、モスクワに特使を送り、ソ連を仲間に引きこもうと行動を起している。

しかしソ連は決してアメリカの〝挑発〟にのろうとはしなかった。「ロシアとしては、日本とのいかなる紛争をも起したくはない」というのが、極東ソ連軍にたいするクレムリンの厳命である。対ドイツ戦争を勝ちぬくためには、米英の協力（西の第二戦線の形成および武器や重要物資の援助）[*20]をえるのが最大の希望ではあるが、それ以上に東と西の二正面作戦を回避せねばならなかったのである。

太平洋戦争開始直後の十二月十一日、駐米ソ連大使リトビノフは、モスクワから政府訓令をうけとっている。

「ソ日条約はわが国に中立を義務づけており、この条約義務を履行しない根拠はない。率先して条約を破るのは困難と考える。なぜなら、わが国はたえず条約に違反する国を非難してきたからである」

「現時点においてわが国は、ドイツと非常に激しい戦闘中であり、移動させた極東軍の半数の部隊を含め、ほとんどすべての軍事力を対ドイツに集中している。いま、日本に宣戦布告して東と西の二つの戦線で戦うのはあさはかであり、ソ連邦にとって危険である。ソビエト国民とソビエト世論は、現時点で日本に宣戦布告する政策を理解しないだろうし、承認もしないだろう。……」

リトビノフはこれをルーズベルトに通知した。「ソ連の世論」がもちだされて、残念がりながら大統領は納得したが、ソ連では世論はなんの意味ももっていなかった。世論はすなわちスターリンであった。つまりかれがはっきりとそう表明しているのである。ルーズベルトは理解したものの、決してあきらめようとはしなかった。強敵として太平洋上に猛威をふるいだした日本軍を撃破するためには、ソ連を対日戦に引きこむことがどうしても必要であったからである。

「ロシアを能動的かつ強力な盟邦とするならば、われわれはあまり遠からぬ将来に、日本本土を効果的に爆撃することができるであろう。ロシアがなければ、時間因子は、ずっと長くなる。この戦争のひと月ひと月ごとに、わが国の多くの生命と、数十数百億の財宝とが犠牲に供されることになる」

大統領特別顧問のホプキンズは「覚書」にはっきりとそう記している。

(19) スターリンとはどんな人間なのか。何人かの人物評を引いておきたい。

レーニンが後継者にしたくない、と思った人物はスターリンその人である。そのレーニンはかなり厳しい。

「同志スターリンはあまりに粗野だ……私は同志諸君が彼をあの地位（党書記長）から除き、優秀さの点は別として、あらゆる点でスターリンとはちがうタイプの人間——すなわち、もっと忍耐強く、もっと忠実で、もっと礼儀正しく、もっと同志に思いやりがあり、むら気なところがもっと少ない人間——を任命するように提案する」

一九四二年八月、チャーチルと一緒にモスクワを訪問し、スターリンと会見したアランブルック英参謀総長は、日記の中に書いている。

「彼が並外れた人物であることに疑いはないが、魅力ある人物ではない。彼の容貌は気持ちの悪いほど、冷酷、狡猾《こうかつ》、残忍で、その顔をみると、いつでも私は彼が髪の毛一筋動かさずに人々を死の運命に追いやる様子を想像することができる。他面、彼が機敏な頭脳をもち、戦争の本質なるものを真に把握していることに疑いはない」

スターリンを批判したフルシチョフは回想録でこう述べている。

「彼は決して剣を携えてわれわれの心や肉体を征服したわけではない。正に彼は、人々を服従させ、操縦することにその卓越した才能を発揮したのだ。これは、偉大な指導者に欠くことのできぬ重要な資質である」

(20)アメリカは一九四一年十月から一九四五年四月までに、援助物資として、ソ連につぎの物資を送った。

・トラック　四十二万七千台／・戦車　一万三千輌／・航空機　六千七百機／・砲弾　二千二百万発／・銃弾　九億九千万発／・砲運搬車　二千輌以上／・艦艇　百隻以上／・ガソリン　四十七万六千トン／・軍靴　五百五十万足、などなど。

一九四六年のスターリンの演説によると、戦争の後期三年間にソ連は、戦車十万輌、航空機十二万機、砲弾七億発、銃弾約二百億発などを生産したという。つまり、米英の援助なしでも勝利をかちとることができた、というのである。たしかにソ連の戦時下の生産能力の向上は目を見張るものがある。が、ロシア軍をドイツに運んだトラックの大部分は米・英・カナダ製であった。ヨーロッパ東部の泥と雪と砂の平原を越えて、ベルリンまで突き進んだロシア兵がはいていた軍靴の大部分も同様であった。要するに、赤軍の火力は自国製であったが、これに機動力を与えたのは連合国からの援助物資なのである。のちにふれることになるが、満洲に侵攻してきたロシア軍が、USAのマークのついたジープやトラックに乗っていたとしても、なんら不思議ではないのである。

なお、ドイツ降伏の四日後、トルーマンは事前通告なしにソ連への武器援助を打ち切った。荷積みした船から荷が下ろされ、航行中の船は呼び戻されている。

また、もう一つだけつけ加えると、アメリカはほとんどすべての物資を送った。ただし上陸用舟艇だけは贈与しなかった。ソ連軍の日本本土（北海道）への上陸作戦の実行を危惧したためである、という説がある。

●「かれは自発的に言明した」

こうしてスターリンは、アメリカ側の強要とたゆまぬ懇願とを鄭重に断りつづけた。それにこの独裁者は人を猜疑《さいぎ》し、ことに疑惑の目を向けるときに特質がよく発揮された。アメリカの手前勝手な政略的、軍事的エゴイズムをよく見抜いていたといえるかもしれない。

ドイツ軍の全面総攻撃をうけ、ソ連は字義どおり国家の命運を賭けた戦闘をつづけている。そのような国家的危機にあるとき、外交政策の分野における自分の任務は「おのれの利益のために火中の栗を拾わせることに慣れている戦争屋どもによって、わが国が紛争にまき込まれることのないようにすることである」と、スターリンは側近のものにいいつづけていたのである。

しかし、そうした事実があるにもかかわらず、スターリンの胸の底には、早くから対日参戦の決意がひそかに固められていたとみられる。現在知られている資料をみるかぎりでは、太平洋戦争開始から一年後の昭和十七年十一月十四日に、スターリンははじめてその意思を明らかにしている。米大統領付幕僚長レイヒイ元帥の著『私はそこにいた』に、ソ連を訪問した大将とスターリンの会談のことが書かれており、そのなかにこんなくだりがあるのである。

「ハーレイ特使はモスクワにいる間、スターリンに会ったが、スターリンは彼に、ドイツが敗れ去ったあと対日戦で米国を援助するつもりだ、と語った。当時私は、ソ連の主張を知らなかったし、スターリンを大いに信頼するつもりはなかった。……ソ連が、日本との戦争に参加したい、というほのめかしを私が得たのは、これが最初であった」

冷静なレイヒイがいみじくもいうように、アメリカはこの時点ではソ連に信頼を少しもおいていなかった。ソ連はレニングラードで、スターリングラードで、ドイツ軍とねじり合いの激闘をつづけている。とくにスターリングラードは、ドイツ軍が市中に突入し、ほとんど陥落したにひとしい状況下にある。この年の秋に、ソ連がドイツに勝つということを信じるものより、いつまでソ連の戦力が対独戦にもちこたえうるか、を問題にしているもののほうが多かったのである。米国務省の高官たちは、むしろスターリンが勝手に講和をヒトラーと結ぶのではないか、との疑いを深くしていた。

アメリカがとにかく必要としていたのは、日本本土を直接に爆撃できる空軍基地を手に入れることである。日本本土に徹底的な空爆を敢行することで、軍需工場や基地を粉砕し、日本人の戦意をもぎとることが緊要のこととみられている。そのためにも、ソ連が厭戦から講和などを考える以前に、沿海州のソ連空軍基地を利用できるようにすることがなんとしても緊要なことであった。

十七年十二月三十日付のルーズベルトのスターリンあての親書が、その熱望を如実に物語っている。

「われわれは、日本の対ロシア攻撃を確証する、はっきりした情報はなんらもっていないが、この攻撃は、結局ありそうだと思われます」

といい、もし日本がソ連を攻撃した場合には、ほぼ百機の四発爆撃機の米空軍によって「貴国を助ける用意がある」、ついてはその準備として、極東米空軍のためのソ連基地の設備などの査察をすぐに行いたい、とルーズベルトは提案しているのである。

「もしあなたが賛成されるならば、私は、二十名をこえない査察団が飛行機によってアラスカからシベリアにおもむき、そこからロシア人を伴って極東ソ連軍司令部へ……」

一月五日付、スターリンの「秘密親書」はこうのべている。

「ソビエト同盟の極東に爆撃機百機を送る用意にたいして感謝します。しかし、いまの時機にわれわれが飛行機の援助を必要としている場所は、ソ同盟が戦争を行っていない極東ではなく、ドイツ軍と激戦している戦線、すなわちソ独戦線です」

　スターリンは慎重にして正当な論理で拒否した。十七年末といえば、ガダルカナル争奪戦の敗北で顔色を喪《うしな》っている日本軍部に、対ソ総攻撃の暴挙にふみ切る決意などあろうはずはない。日本のあらゆる攻勢作戦計画はとっくに放棄されている。そのときに、わざわざルーズベルトは日本の対ソ攻撃が予想されるという親書を、スターリンに送っているのである。せめて航空兵力のシベリア配備だけは、とアメリカは熱望したが、それも日本を不必要に刺戟するとしてスターリンは即座にこれを退けている。

　くどくなるので、これ以上は長々と記さずに、先を急ぐとする。――アメリカの懸命で執拗な要請にもかかわらず、確答をすることなく、結局、スターリンが対日戦参加を正式に表明したのは、スターリングラードの戦闘で、耐えに耐えたソ連軍がやっと反攻に転じ、ドイツ軍主力部隊三十三万を包囲殲滅させたあと、昭和十八年（一九四三）も夏のはじめになってから、ということになろう。そのとき、第二次大戦におけるドイツの敗北の見通しがはっきりしたのである。この自分の名を冠した都市での戦闘の勝利で国民的大英雄となったスターリンは、いよいよ「運命のハカリに決定的な重みを加える」ときがきたことを認識した。

　米国務長官ハルによると、かれがそれをはじめて聞いたのはその年の十月下旬にモスクワでひらかれた米英ソ三国外相会議の席上であったという。きたるべきテヘランでの首脳会談の準備をかねて三国外相が集まったのである。三十日がその最後の夜である。

この夜、スターリンはハルにたいして、なんの予告もなしに、

「連合国が首尾よくドイツを打ち負かしたら、ソ連は日本との戦争に参加する」

と発言した。ハルは回顧録に記している。

「彼はこの話をまったく自分のほうから持ち出した。彼は結論として、極秘の情報としてこれをルーズベルト大統領に報告してよいといった。私は心からお礼を述べた。このときのスターリンの言明はきわめて率直であった。彼は力強く自発的にこれを言明し、なんの代償も求めなかった」

スターリンの発言は、ハルをして衝撃的な悦びで体中が燃えるような思いにさせた。それには、裏のわけがある。その二週間前、アメリカ政府は、この外相会議にむけての打ち合せのさい、ソ連をなんとかして対日参戦させたい、そのための処理案を極秘裡に決定した。このとき、参戦の見返りに、樺太南部はもとより、

「千島列島はロシアに引き渡さるべきである」

ということを、至極当然の政策としてきめている。その根拠は、日ソ中立条約がモスクワで結ばれたさいのスターリンの言葉である。あのときのスターリンと松岡の交渉内容を、日本の外交暗号解読によってアメリカは十分に把握していた。あの時まさしく、スターリンは条約締結の見返りに、千島列島の譲渡を要求していた。

ところが、そのことをアメリカ側から提示するまでもなく、スターリンは「なんの代償も求め」ることなく、対日参戦を確約した。これはハルを感激させたとしてもなんの

不思議もない。スターリンの、アメリカとの外交的駆け引きのなかで、焦《じ》らしに焦らした末にいきなり回答するという作戦は、見事なくらい功を奏した。アメリカは奇妙なくらいにスターリンに借りをつくったような気持になっていた。

●「千島と南樺太の返還を」

ついで十一月二十九日、テヘランにおける第一回米英ソ三国首脳会談で、スターリンはこのことを公式に保証した。

「ドイツを最終的に撃破できれば、シベリア戦線を増強することは可能であり、かくしてわれわれは共同戦線を構成して日本を打倒することができましょう」

どのくらい戦力を増強すればいいのか。この問いにたいしては、いまのシベリアのソ連軍兵力は純防衛的な目的のためには十分であるが、日本にたいする地上攻撃作戦にでるだけの強さをもつまでには、と前提し、

「現在の兵力の約三倍の兵員が必要となるでありましょう」

とスターリンはいった。確定的な表現を使わない用心深さを示してはいるが、この言明が、スターリンの対日参戦の意思を公式に表明した最初のものとなった。

ところが、日本の参謀本部は、懸命の情報収集にもかかわらず、テヘランにおいて議されたのは、ヨーロッパの第二戦線をめぐる問題だけであろうと判断している。ソ連の

対日参戦問題がもう議題にのぼっているなどとは、つゆ考えようともしなかった。さみしくなるほど日本帝国は正確な情報をうることができなかったのである。

翌三十日、スターリンは米英首脳にたいして、「日本の支配する海峡によってとり囲まれた状況を打破したい」といい、「極東に不凍港がほしい」と具体的な政治的要求をはじめてだしてきた。ルーズベルトが、これに「大連港を自由港として使用しうるようにしたら如何」と答えているが、だれの口にも千島列島の名はのぼっていない。テヘラン会談の公式記録には千島のチの字もない。

ルーズベルトも英首相チャーチルも、昭和十六年八月に米英両国で作成した「大西洋憲章」の、堂々たる宣言を忘れるわけにはいかなかったからである。第二次大戦勃発の最大要因となった領土拡大を防止するためにも、この戦争によって連合国は新たな領土の獲得を行わない、という理想的な大原則を定めたのはかれらである。そして、この領土不拡大の原則は、その後に連合軍各国が〝戦後の共通の指標〟として承認した。ソ連もまたこれに賛同している。

そうであればこそ、対日参戦の条件として「千島列島を引き渡す」をもちだすのは、まだ時機が尚早ということを、だれもが意識しないわけにはいかなかった。ルーズベルトとスターリンの暗黙の了解事項としてとどめられたのであろうか。

ルーズベルトに同行したホプキンズは意味深長なことを書いている。

「われわれはテヘラン会談から、ロシアが対日宣戦布告の条件としてある種の事柄を望んでいるのを知った。ともかくも、彼らはそれらの事柄を望んでいると言った」

翌十九年になって、ソ連の対日参戦の決意はよりはっきりした。十月九日、チャーチルがモスクワを訪問したとき、対日参戦が改めて約束されている。

「ソ連はソ満国境に三十個師団と十九旅団をもち、関東軍の二十四個師団と四十二旅団と対峙している。対日攻撃には六十個師団を必要とする。あと三十個師団を増強しなければならない。これには軍用列車千台を必要とし、輸送に三カ月はかかる。……もし連合国が必要な軍需品を援助し、ソ連参戦の名分を立てるような政治的条件を整えてくれるならば、ドイツ敗北の三カ月後には、対日攻撃を間違いなく行う」

とスターリンは明白にいいきった。ここに期日がはじめて明らかにされた。そして翌日の会談では、かれみずからが地図をさし示しながら、東部満洲国境から攻めこみ、北からは圧迫を加えるいっぽう、西正面のバイカル湖地区から機甲部隊が北京へ、さらに天津へと突っこみ、関東軍と中国派遣の日本軍とを分断するという攻撃計画を説明した。

チャーチルはすっかりご満悦となっている。とにかく「ドイツ敗北の三カ月後」にソ連が対日戦に参加することについて、スターリンからしっかりした保証をとりつけたのである。いままで得体の知れぬ男とみていたソ連の「偉大な元首」を、この数日間、チャーチルは尊敬をこめたまなざしで見るようになった。帰国したのちにスターリンに送った仰々しいばかりの礼状は、この二人の指導者がよき友愛関係にあった最高の時を明かしている。

「ロンドンに帰って初めて、私は、私はじめ代表団一同にロシア名産の贈物を頂いたことを知りました。ロシア人の温かいもてなしの新しい見本ともいうべきこの贈物を、ありがたく頂戴した一同の心からの感謝をどうぞお受けとり下さい」

ロシア名産の贈物とはキャビアである。モスクワでのあらゆるパーティで、チャーチルは相好《そうごう》を崩してキャビアをむさぼり食っていた。

そのチャーチルが知ったら目をむくような要求をスターリンがいいだしたのは、その年の十二月十五日、ハリマン駐ソ大使がクレムリンにおもむき、「大統領は対日戦争にソ連邦が参加することにかんし、どんな政治的条件を要求するか具体的に知りたい、といっている」ときりだしたときのことである。スターリンは隣室から地図を持ちだしてくると、

「千島と南樺太とはロシアに返還してもらわねばならない」

といった。さらに地図の上に旅順、大連をふくむ遼東半島の南部に線をひき、

「これらの港と周辺の地域を租借したい」

と強くいった。ハリマンがあわてて「大統領は租借ではなく国際自由港にしたい考えである」と反撥すると、スターリンは「いや、そのことはいずれしっかりと討議したい」と答え、さらに、満洲の鉄道線を指でたどり、

「大連から新京、ハルビンそして満洲里までと、ハルビンからウラジオストックにいたるこの線とを、われわれは租借したい。ただし、満洲における支那の主権に干渉するつ

もりはない」

といい、ハリマンをじろりと睨みつけた。ハリマンはその鋭い視線をはね返しながら、

「鉄道の管理運営のみならず、鉄道守備の軍隊をおけば、満洲の地における支那の主権に大いに干渉することになるのではないか」

とぶつぶついうのが精いっぱいの返答であった。

スターリンが参戦の代償としての具体的な政治的要求を確然と描いていることは、もう明らかである。それも相当に過大なことを。大西洋憲章を尊重する気などまったくないのも明らかである。帝政ロシアが失ったアジアの領土と権益をすべて奪還する、憲章に照らせばそれは恐るべき野望としかいいようがない。

しかもこの年の十二月一日、ソ連軍最高司令部はソ満国境に向けての兵器・弾薬・燃料・糧食などの輸送を開始している。ソ連軍参謀総長アントノフ元帥が、アメリカにたいし沿海州にある航空基地を貸さないことの決定を伝えたのも、この前後である。スターリンの厳格な統率のもと、対日参戦の計画が米英の期待や思惑と関係なく、昭和十九年末、ソ連の独自の政策として動きはじめていたことが明白となったのである。

●「とられたものをとり返す」

クリミア半島の東岸にあるヤルタは、帝政ロシア時代には閑静な保養地として知られ

ていた。皇帝や皇族のための宮殿が建てられ、貴族や金持ちもそこに別荘をもつことを名誉とした。風光明媚《めいび》な海岸をもつこの町は、上流社会のものたちの夏の社交場として大そう賑わったものである。

作家チェーホフは晩年の仕事場をここにもった。名篇「犬を連れた奥さん」にはヤルタの風光がこんなふうに描かれている。

「海の水は非常に柔らかく温かそうな藤色で、その上に月が一筋の金色の光り方をしている……」

昭和二十年（一九四五）二月、飛行機嫌いのソ連の首脳の希望もあって、ルーズベルト、チャーチル、スターリンの三巨頭がふたたびこのかつての保養地に集まった。もちろんかれらは骨休めのために集まったのではない。いよいよドイツの降伏は目にみえている。勝利はかれらの手の届くところにあった。それを基本としてヨーロッパの戦後処理をどうするかを議するためである。それと、ソ連の対日参戦問題とその条件を精細につめるためにでもある。

テヘランのときと違って、スターリンだけがヨーロッパ戦線の勝利者ではない。米英軍も前年六月のノルマンディ上陸いらい第二戦線をつくり快進撃をつづけ、パリを解放し、独仏国境線にまで迫っている。チャーチルはそれだけに勇み立っていたが、ルーズベルトはどうみても病人であった。車イスに乗ってひどくやつれた大統領の姿が、いまに残るニュース映画などに写っている。事実、これから二カ月半後の、四月十一日午後三時（ワシントン時間）に急死する。

しかもこのヤルタにおけるルーズベルトは、ソ連を対日戦に参加させようと躍起になっていた。ひとつには日本軍の戦力にかんするアメリカの情報が正確ではなかったためである。とくに関東軍の兵力についてはなんの情報ももっていなかった。そしていよいよのときには、日本軍は天皇を擁して大挙して満洲へ移り、そこにいる無傷の関東軍の強兵をも加えて最後の一兵まで戦う、日本はそうした狂信的な国家である、という情報が、統合参謀本部を脅かしていた。*21 ルーズベルトはこうした日本軍の戦意と戦力を過大評価している軍部の見解にひきずられていた。

ヨーロッパの戦後処理をめぐるこの歴史的会談の論戦については、すでに多く書かれている。詳細な話はここでは必要がない。焦点をソ連の対日参戦問題にかぎることにすると、そのことについて話し合う場は、五日目の二月八日に、非公式なものとして設けられている。出席したのは、アメリカ側がルーズベルト、ハリマン駐ソ大使、ボーレン通訳官。ソ連側はスターリン、モロトフ、パブロフ通訳官。チャーチルは、対日参戦は米国の問題であるから遠慮したいとして欠席している。

会議場や宴会場でのスターリンは、決して雄弁ではなく、むしろ老人のようにぼそぼそと、口数少なく話すのを常としたという。チャーチルの華やかなレトリックにたいしてはほとんど受け太刀いっぽうで、「首相のような方は百年に一度しかお目にかかれない」などとお世辞をいうのが精いっぱいであった。

つまり、そのチャーチルの姿がなく、かつ病人が相手となれば、その会議はスターリンの思うように運んだとみるほかはない。それにスターリンは要求する段になると、すこぶる大胆かつ声が大きくなった。

話し合いは、まずスターリンが、

「ソ連が対日参戦するについての条件については、すでにハリマン大使からお聞きと思うが、それについて討議したい」

と切りだすことではじまった。

「日本とは中立条約を結んでおり、いまのところわが国はなんら損害を蒙ってはいない。敵ではない。その国と戦争せねばならないというのは、ソビエト国民は容易に理解しないかもしれない。はっきりとした参戦の理由を示さなくてはなりません。かつてのロシア帝国の権益の復活ということがもし満たされるならば、国民に対日参戦が国家利益であることを理解させることができると思うのです」

ルーズベルトはあっさりと答えた。

「南樺太と千島列島がソ連に引き渡されることについては、なんら問題はない」

スターリンはぼそりといった。

「私は日本がロシアから奪いとったものを、返してもらうことだけを願っているのです」

ルーズベルトはこれに相槌をうった。

「とられたものをとり返したいというのは、きわめて無理のない要求でしょうね」

こうして話し合いは、なにげない話をしているかのように、とんとんと進んだ。スターリンが申し入れた政治的要求とは、帝政ロシアが日露戦争の敗北で失った諸権益の復活である。旅順を租借する。大連を自由港とする。外蒙古は現状のまま自治国とする、つまりソ連の傘下におく。樺太と千島の全土をソ連がとり返す。中国は満洲にある鉄道をソ連に貸す。インドシナについては別に討議する。タイは独立国とする。アメリカはソ連に対日戦に必要な物資を供給する。アメリカからソ連への補給路をソ連がひらいておく……。


この対日参戦をバーターにしてのスターリンの条件を、ルーズベルトはほぼ全面的に認めた。ただし、満洲国の権益にかんしては、やがて結ばれるであろうソ連と蔣介石の中国国民政府との間の「友好同盟条約」のなかで、中国の承認をうることを条件にした。

「なぜなら、いまかりに満洲の問題を蔣介石に提起したりすれば、全世界はそれを二十四時間後には知るでしょうから」

というルーズベルトに、スターリンは笑顔でうべなった。

「結構です。いまここでの合意が文書化されるならば」

ルーズベルトもにこにこした。

「それなら、それにとりかかりましょう」

こうしてわずか十五分間の会談で驚くべき合意が成立した。この「ヤルタ秘密協定」

にはあとからチャーチルも署名している。

ちなみに、いま明らかになっている「ヤルタ秘密協定」の全文は以下のとおりである。日付は一九四五年二月十一日となっている。

「三大国即ちソビエト連邦、アメリカ合衆国及び英国の指導者は、ドイツ国が降伏し、かつヨーロッパにおける戦争が終結したる後に、二カ月または三カ月を経て、ソビエト連邦が左記の条件により連合国に与《くみ》して、日本に対する戦争に参加すべきことを協定せり。
一、外蒙古（蒙古人民共和国）の現状は維持せらるべし。
二、千九百四年の日本国の背信的攻撃により侵害せられたるロシア国の旧権利は、左記の如く回復せらるべし。
（イ）樺太の南部及びこれに隣接する一切の島嶼《とうしょ》は、ソビエト連邦に返還せらるべし。
（ロ）大連商港におけるソビエト連邦の優先的利益は、これを擁護し、該港は国際化せらるべく、またソビエト社会主義共和国連邦の海軍基地としての旅順港の租借権は、回復せらるべし。
（ハ）東清鉄道及び大連に出口を供与する南満洲鉄道は、中「ソ」合弁会社の設立により、共同に運営せらるべし。
但し、ソビエト連邦の優先的利益は保障せられ、また中華民国は満洲における完全なる主権を保有するものとす。

三、千島列島はソビエト連邦に引き渡さるべし。

前記の外蒙古並びに港湾及び鉄道に関する協定は、蔣介石総統の同意を要するものとする。大統領はスターリン元帥よりの通知により、右同意を得るため措置を執るものとす。

三大国の首班は、ソビエト連邦の右要求が日本国の敗北したる後において、確実に満足せしめらるべきことを協定せり」

そしてこの協定で注目すべきは、外蒙古の条項と「千島列島引き渡し」の条項が、あえてほかの条項と分けられ、並列に扱われていることである。スターリンの熱望と、それにもとづく強い要求が、そこにうかがわれる。[*22] しかも協定のなかで、南樺太はソビエトに返還される（英文でRETURN、露文でВОЗВРАЩЕНИЕ）となっており、樺太をソ連領と認めているが、千島列島はソ連に引き渡される（英文でHANDOVER、露文でПЕРЕДАЧА）なのである。これでみるかぎり、千島列島は日本領であることを認めている。

ただし、千島列島とは地理的にどこからどこまでをいうのか、その定義は協定のなかにはない。また、それを討議した形跡はまったくみられない。不健康で気力のないルーズベルトの頭のなかは、ソ連の対日参戦を一日でも早く実現させようという〝求愛〟の想いだけでいっぱいで、千島列島に日本固有の島が含まれているかどうかなど、どうでもいいことであったのかもしれない。その意味でもスターリンには、見事にやりぬけた獲物の大きい交渉であったのである。

政治評論家ジョン・ガンサーは書いている。

「南樺太、千島列島の献上は、あとになってみれば不利な取引きだったかも知れないが、少なくともヤルタ会談の時点では有利な取引きだったのだ。とにかく、当時、ルーズベルトもチャーチルも対日戦争は一九四七年までつづくと予想し、覚悟していたのだから」

補足すればこの時点は、アメリカにとって原爆製造の目途がまだついていないときである。

さて、得点をあげたのはどちらか、などという設問はこの場合どうでもいいことなのかもしれない。日本は、敵国であったとはいえ、その領土や権益を勝手に米ソによって取引きの道具に使われている。それが問題である。無法もいいところである。そんな取引きが日本を拘束する力をもたないことは国際法理上当然である。「条約は第三者を害せず利せず」というのが国際法上の大原則なのである。

しかも空しさを痛感させられるのは、当時の日本はヤルタの密約についてまったく知るところがなかったことである。二月八日の非公式放送、あるいは十二日に発表された公表文にも、ソ連の対日参戦については、かすかな気配すらあらわれていなかった。駐ソ大使佐藤尚武はヤルタから帰ったモロトフと会見し、会談の結果について打診した。そのときの外相の答は実にあっけらかんとしたものである。

「ヤルタ会談は公表のとおりであって、同会談においては、日本問題についてはなんら議せられなかった。ソ連の日本にたいする方針は、なんら変更がない」

疑問にたいする全否定の明言である。〝闇の約束〟を守りぬくソ連のしたたかさに佐藤はとりつく島もなかった。

二月十五日付の朝日新聞は、かなりのスペースをさいてヤルタ会談について、ベルリンの守山義雄特派員発で報じている。

「クリミヤ会談の一つの重要な議題として対日戦争についてのソ連の態度が久しく云々されてきた。共同コンミュニケはこの急所にほとんど一言も触れていない。世界情勢に対するスターリン首相の慎重な用意がここに窺がわれるのだ」

ここから日本国民が何か重大なことを読みとることはとうてい無理というほかはない。完全に阿呆にされた腹癒せに書くのではないけれど、面白い後日談がある。ヤルタでは非常に元気であったスターリンが、帰都してからは頭痛、吐き気、耳なり、目まいに悩まされ、ついには軽度の心筋梗塞《こうそく》で倒れたというのである。そしてモロコヴォ湾の沿岸、ソークスのサナトリウムで静養せねばならなかったという。それほどヤルタでの交渉は、心身をすりへらした激務であったのか、と想像していたら、かならずしもそうでないことがわかった。

甥のスワニーゼが書いている。もちろんヤルタ会談の緊張のせいもあった。それよりもかれが手放しにのんだ多量の飲酒がその真因であったと。

「〝私はチャーチルより若いんだ〟と彼はつけ加えて云った。〝アルコールがどれだけ飲めるかってことでも、彼に負けるわけにはいかんぞ〟。しかし、チャーチル対スターリンのウォトカ飲みくらべは、彼の身体を害《そこ》なってしまい、今や彼はヤルタで自ら招いた損害をこのサナトリウムで償わなければならなくなったのである」

スターリンは生命がけの闘争を英米の首脳に挑んでいたようである。

ともあれヤルタでソ連の対日参戦が決定的になった以上、ソ連としては日ソ中立条約の不延長を日本に通告しなくてはならないこととなった。有効期間満了の一年前までに通告せず、このまま五年間の延長によって一九五一年まで縛られるのは有益ではない。ルーズベルトとは違って、ソ連は満洲に総領事館をもち[*23]、東京に大使館をもち、綿密な情報網ももっており、スターリンは日本の抵抗力の評価においてはるかにすぐれていた。戦争は予想よりもずっと早く終るであろう、そのときまでにフリーハンドをえていなければならないと、スターリンの計算はまことに的確なのである。

スターリンは、日露戦争での帝政ロシアの敗北にたいして、また革命にともなう内戦時の、シベリア出兵での日本軍の残虐行為にたいして、日本に復讐するチャンスを逃すつもりはなかった。そしてこのクレムリンの独裁者は、米英が保証してくれた獲物を力ずくで奪いとることが重要と考えている。ルーズベルトやチャーチルからいかなる恩恵をも受けたくはないのである。そのさいに流されるソビエト軍兵士の血に考慮する必要はなかった。

(21) アメリカの政府や統帥部が、日本軍部が日本国民の尻を叩くように呼称する「最後の一兵まで」の空しい豪語を、本気にそうするものと信じていたことは、必ずしも誤断とはいえなかったのである。日本大本営の当初の本土決戦計画は(ソ連参戦が決定的になるまで)、戦場の足手まといとなる老幼病弱者を犠牲にしてでも、日本本土を焦土にしてでも、本土で死にもの狂いで戦い、最終的に天皇を満洲の安全な陣地に移し、ソ連となんとか手を結び、その支援のもとに、必勝の信念をもって米英に対しては徹底抗戦しよう、というものであったからである。アメリカがあらゆる手練手管を使い、ソ連の対日参戦を一日も早く決意させようとしたのは、けっして故なきことではなかった。

(22) この「秘密協定」に関連して大事なことにふれておきたい。北方領土返還問題について、である。この問題をめぐって、司馬遼太郎氏がその著『ロシアについて』のなかで卓見を述べている。

「……いずれにしても、広大なモンゴル高原と、小さな千島列島とが、それぞれ一条項を立て、等価値であるかのように相並んで記され、アジアにおける戦後領域がきめられたのである。このことは、もし千島列島(たとえそのうちの一部であっても)をソ連が日本に返還するとすれば、ヤルタ協定が崩れ、モンゴル高原もまた、中国側から要求されればその『現状が維持される』ことを、法理的には、やめざるをえなくなる」

多分、この意見はロシアの戦後一貫してとってきた国策と、政治的感情を正しく言い当てているのであろう。ヤルタの秘密協定にある「外蒙古(蒙古人民共和国)の現状」とは、すなわちロシア傘下に外蒙古がありつづけることなのである。中国の力がそこには及ばない、ということなのである。とすれば、ロシアにとって、千島列島を日本に返すことは、外蒙を中国に返すことと同意ということになる。また、これが先例となり、さらにさまざまな国とソ連は領土交渉をおこなわねばならなくなる、ということにも通じていく。

さらにいえば、旧ソ連でもいまのロシアでも、帝政ロシア時代からの領土にたいする国家方針が、そのまま受け継がれているような傾向もある。それは、ニコライ一世が「ロシアの国旗がいったん掲げられた所では、決して下ろしてはならない」と述べた言葉によっていみじくも象徴されている。一度領有した領土は、寸土といえども手放してはならない、ということなのである。

北方領土返還をめぐって、日本が「法理はわれにあり」と主張すればするほど、ロシアが頑《かたく》なになるのは、右の諸理由によるのかもしれない。

(23)日本がソ連領内のチタに総領事館、ブラゴベシチェンスクに領事館をもっているのは、まことに奇妙なことに思える。鎖国同様のスターリンのロシア、それもシベリアに日本人居留民は一人もいない。居留民を一人ももたない領事館なのであるから。理由は簡単である。昭和十年、満洲国にソ連の東支鉄道の権益が譲渡されたとき、満洲に残留した赤系露人のためにハルビンにソ連の総領事館、大連に領事館を日本が認める。その代償として、というそれだけの理由なのである。

●「重大使命の成功を祈って」

四月七日、〝終戦内閣〟と目された鈴木貫太郎を首相とする鈴木内閣が、一部閣僚を首相兼任のまま、親任式をおえて成立する。この日、最後の日本連合艦隊十隻が沖縄に向けて進撃中、九州南端の坊ノ岬沖で終焉《しゅうえん》をかざる勇戦ののち壊滅、戦艦大和は二十本の魚雷と無数の爆弾をうけて沈没した。

さらにやりきれないニュースが、遠くモスクワからもたらされた。ソ連が日ソ中立条約を廃棄したのである。この条約は締結国の一方の廃棄通告後も一年は有効と規定されているが、日本国民はだれもそのとおりにはうけとらなかった。

陸軍の『機密戦争日誌』はこの日、「佐藤駐蘇大使ヨリ日『ソ』中立条約破棄通告時ニ於ケル『モロトフ』ガ案外冷厳ナル態度ヲ持シアル点ヨリ観テ、既ニ『ソ』ハ帝国ヲ准敵国視スル腹ナルベシ」と記している。いまさらの判断といいたくなるが、「絶対ニ日『ソ』戦ノ発生ヲ回避スルコトヲ基本方針ト為シ」ている陸軍中央としては、土壇場に立つまでソ連を〝敵〟としてみたくはなかったのであろう。

つまり〝敵〟にしたくないばかりに、このときからソ連を仲介にしての戦争終結工作が、秘密裡でありながら、強く叫ばれるようになりだすのである。

資料にみられるソ連を仲介とする和平の最初の構想が文書化されるのは、前章でちょっとふれておいたように、サイパン、テニヤン、グアムの守備が崩壊した昭和十九年の夏、ということになろう。参謀本部第十二課（戦争指導）において、課長松谷誠大佐が中心となり七月上旬に研究報告をまとめている。今次戦争に日本の勝利はないと断定して、こう主張した。

「……帝国としては甚だ困難ながら政略攻勢により戦争の決を求めざるを得ず。この際の条件は唯一国体護持あるのみ。而して政略攻勢の対象は、まずソ連に指向するを可とす。

斯かる帝国の企図不成功に終りたる場合においては最早一億玉砕あるのみ。……」

なんと、戦場における戦術的勝利からの和平条件獲得はありえない、とは情けない限りであるが、百戦して百敗、それがもはや現実である。結果的には、頑として抗戦継続論を主張する参謀総長東条英機大将の容れるところとはならず、松谷は中国派遣軍参謀に転勤させられる。が、松谷はそれ以前にこの案の骨子を心を許している内大臣秘書官長松平康東と、師事する酒井鎬次《こうじ》中将（参謀本部付）に示している。そして酒井の口をとおして近衛文麿に達し、近衛から内大臣木戸幸一にも伝えられている。さらにこれが海軍の長老岡田啓介大将、同じく米内光政大将へ……。七月十八日の東条内閣打倒の、近衛・岡田たちがはかった重臣工作の因子は、まさにこのソ連を仲介とする政略的和平案が蒔《ま》いたものであったようである。

その後、この案にみられる対ソ政略構想は、独ソ和平を日本が斡旋するという方向に動く（一五三ページ参照）。いまさら可能性皆無の案に最高戦争指導会議（大本営政府連絡会議の改称）が真剣にとり組もうとするあたり、溺れるものは藁をもつかもうとしているの図というしかないが、ソ連からもドイツからも実にすげない返事があって、これは

御破算となる。覚悟の上とはいえ、意気消沈した最高戦争指導会議は九月十九日に、

「断念することなく機をみて対ソ交渉を継続する」

と、つらい決定を行っている。

そしてこのあと対ソ国交好転のための決め手となる施策もなく、ずるずると日数をへているうちに、革命記念日におけるスターリンの「日本を侵略者とする」演説が、短波放送によって送られてきたのである。すでに書いたとおり日本政府や軍部にこれは衝撃そのものであった。対ソ政治工作をいっそう積極化せねばならないという命題を、この演説は参謀本部に正面から突きつけたのである。

これ以下はほとんど資料のない仮定の話となる。それは陸軍中央に、それもごく上層部に、スターリン演説を機に、ソ連を仲介とする和平工作案が蘇生したのではないかという推理である。そう考えるわけは、ここにひとつの歴史的事実があるからである。

それは開戦前よりずっと参謀本部作戦課にあって「陰の参謀総長」といわれていた参謀瀬島龍三中佐の、モスクワ行きという事実である。この年の十二月末から二十年二月にかけて、参謀次長の秦彦三郎中将の命でクーリエとして、瀬島はソ連におもむいている。レイテ島決戦に完敗し、戦勢いよいよ非のこの時期、しかも厳寒のモスクワ行き、ということにはなにか特別な使命が託されていたにちがいない。そう勘ぐらざるをえないのである。

しかし、瀬島元参謀はわたくしのインタビューでもそれを否定し、回想録『幾山河』

のなかでもそれらしいことをまったく書いていない。その時点で心得ていた使命としては「モスクワに着いたら佐藤尚武大使に限り戦局の実態をよく説明してほしい」という秦の特命を記すだけである。そしてのちにシベリア抑留中に、秦からくわしい説明をうけたとして、

「……（対ソ関係悪化の）このような状況下においても、日本としてはあらゆる努力を払ってソ連との中立条約を維持すべきとし、交渉に当たる佐藤大使の役割は極めて大きかった。したがって、外務省の要請もあり、戦局の実相を佐藤大使に説明する必要があった」

とやや付記的に書いている。ほんとうにそれだけの使命であったのか。極度の心身疲労もあって、瀬島はこの直前に「心気症」という病名で二カ月も休務し自宅休養している。そんな病後の、やっと「心身の回復を自覚するようになった」人が、危険を承知で「瀬越良三」と偽名まで使って、戦局の実態説明というだれにでもできそうな任務で、厳寒の地へおもむくのであろうか。

しかも瀬島参謀は重臣岡田啓介や、のちの鈴木貫太郎内閣の書記官長迫水久常とは縁戚関係にある人である。

実際問題として、それは危険なモスクワ行きであったのである。四カ月後の二十年四月三十日夜、外務省仕立ての二人のクーリエのうちの一人が、ゲ・ペ・ウの手によって毒殺された、と疑われる事件が起っている。殺されたのは参謀本部の暗号班長金子大佐

で、伊藤という偽名を名乗っていた。隣のソ連軍戦車少佐のコンパートメントで、明日のメーデーを祝う酒宴に呼ばれて大いに歓談した。伊藤は喜んで酒杯を空けた。もう一人の山本（偽名）の方はそれほど飲まなかったゆえ一命をとりとめたが、部屋に戻り伊藤が苦しみだすと同時に、山本はただちに拉致《らち》された。両人が持参の外交鞄は、山本とともにモスクワに送られ、やがて返還された。表面的には手つかずのまま異常なかったが、大使あての手紙と駐在武官あての手紙の中身が、とり違えて封緘《ふうかん》されてあった、という。盗写されたことは歴然としている。

ソ連側は「過度の飲酒のため嘔吐物が気管に入り窒息死したもの」という医師の診断書を添え、「遺骨をお届けするが、以後このような不謹慎で粗暴なクーリエは、大使の責任において差遣わされることなきように」という居丈高な抗議をしてきた。たいしてモスクワの日本大使館はひたすら陳謝これ努めるほかはなかった。ソ連仲介による和平という大命題のまえには、不法な毒殺にも目をつむるほかはなかったのである。

また、ここに『歩兵第十四連隊史』という本がある。そのなかで高橋照次元少佐が手記を寄せている。そこには瀬島に与えられた特命をにおわせる、アッと驚くようなことが書かれている。

「昭和十九年十二月陸大を了《お》えた私は関東軍総司令部参謀の内命を受けて満洲に参りましたが、急に命令が変り東満国境に駐屯していた第二十五師団参謀として平陽に参りました。

その赴任の際に、大本営から瀬島参謀が新京の総司令部まで私服で同行されました。この瀬島参謀の任務は何かと申しますと、シベリア経由、モスクワに在る日本大使館へ、日本と米英両国間との講和について、ソ連に斡旋を依頼する訓令を持って行った特使であります。

私共は総司令部に於て竹田宮（作戦主任参謀）を初めとしてひそかに壮行の宴を持って、瀬島参謀の重大使命の成功を祈ってお別れしたのですが、不幸にして之が不成功に了《おわ》ったことは皆様ご承知の通りであります」

これをしも瀬島元参謀は一笑にふすのであろうか。歴史の裏側というものは、とくに敗戦国の恥多き歴史の事実は、およそ姿を正しくして現われてはこない。妖しげな仮面をかぶったり、複雑な化粧に面をやつしたりして現われ、後世の人をたぶらかすのを義務のごとくにして語られるのが常なのである。

なにか秘さねばならないことがあるのか。あるとすれば、和平実現のためのソ連仲介の努力にたいして、日本から提示する政治的代償すなわち〝贈物〟のリストということになろうか。なぜなら、九月の独ソ和平斡旋工作にさいしてさえも、ときの小磯国昭内閣はソ連に提供する代償を想定している。南樺太の割譲、北千島の割譲、日独伊三国同盟の廃棄、漁業権放棄、津軽海峡の通航容認、北満鉄道の譲渡など、ヤルタ秘密協定にもりこまれた条件よりも、ずっと広範囲な条件である。

しかも工藤美知尋著『日ソ中立条約の研究』によれば、もうすでにこのとき、

「日本は……ソビエト連邦の仲介で全般的和平が実現するなら、ソビエト連邦の要求をすべて受け入れる」

と、最高戦争指導会議がきめていたともいう。

これらが討議されたときよりも、戦況は完全に絶望的になっている。そんな十二月の寒風ふきすさぶなかを病弱の瀬島参謀が私服で東京を立つとき、ふところはまったくの空っぽであったのであろうか。もっていったのは耐寒用具だけであったのか。疑問符をつけたままに以上のことと、しかも、ソ連を仲介とする和平工作がさまざまな方面で動きはじめていたこと、その二つだけは確認しておきたい。

それに、ソ連仲介で和平が実現するならあらゆる要求を受け容れようとする日本の指導者たちの考え方が、やがて潜在意識としていつまで残り、何をうむことになるか。厳しい現状からしてすべてをやむをえないと是認することが、どんな悲惨をみちびくことになるか。歴史はのちに明確に示してくれるのである。

●「西郷南洲に似ている」

参謀本部作戦課は、昭和二十年二月、シベリア鉄道が東行の軍用列車によって活気づいてきたことを確認する。二月二十四日にモスクワより帰国した瀬島参謀も「ソ連軍の兵員、資材だった。あわただしい輸送であった。兵員の服装から、歴戦の部隊であることは明白だった」と、帰途のシベリア鉄道での観察を報告している。軍用列車は一日に少なくとも十列車以上と判断された。その大量の輸送東行に何が意図されているかは、おのずと明らかである。

そして瀬島の帰国よりさきの満洲国帰着、そして電話報告を待っていたかのように、ソ連を仲介とする和平構想が、ここに及んでふたたび息を吹き返している。一例がある。二月十五日、出張で東京に戻ったハルビン総領事宮川舩夫が、ソ連大使館にマリク大使を訪れた。マリクの日記から、宮川がいかに熱心に、数多くの言をつくしたかがうかがわれる。

しかし、宮川の主張したかったことは、ただ一点につきた。戦争のいよいよ最終段階に入ったいま、卓越した国際活動家が和平の調停者となり、すべての国にたいして戦争停止を要求するべきときがきた、と二度もこのことをくり返して主張した。そしてゆっくりと「この和平の調停役を演じる人物は権威と威信があり、説得力を兼ね備えているべきである」と言葉を一語一語嚙みしめるようにいったあと、

「その人はおそらくスターリン元帥以外にはない」

と明確にいい、そして結論した。

「スターリン元帥がこうした提案をするなら、ヒトラーは戦争をやめ、ルーズベルトとチャーチルはこの提案に反対するような勇気はもっていないであろう」

さらに、もう一例がある。三月四日、日本外務省と密接な協力関係にある露領水産組

合の組合長田中丸祐厚が、マリク大使に面会を求め、こんなことをくり返して述べたという。

「スターリン首相は元帥であるだけではなく、戦争の終結と和平をよびかけることのできる国際的な外交官である。スターリン首相が世界中の外交官を集めて、戦争終結と平和条約締結の問題を提起し、全面的な講和が実現するなら、ソビエト連邦は外交面でも最も名誉ある地位を占めることになろう。こういうことができるのは世界中でスターリン首相だけである、ソビエト連邦だけである」

二人の男との面談からえたマリクの結論は、正しくお見通しであり、まことに明快である。

「田中丸の発言と宮川の議論はともに、ソビエト連邦に日米間の和平仲介を依頼するとの要望を、半分公式的な形で、ほとんど公然と示したものである」と。

それにつけても、「鬼畜米英」と叫びつつ、永遠の宿敵と目していたソ連にべったり傾斜していく当時の日本人の心の不思議を思わないわけにはいかない。たとえば、やはり同じころの三月三日、天皇の側近の内大臣木戸幸一が知人に語った言葉が残されている。それを読むにつけ、やはり時代の空気というものに一種異様の感を抱かざるをえない。

「共産主義と云うが、今日はそれほど恐ろしいものではないぞ。世界中が皆共産主義者ではないか。欧州も然り、支那も然り。残るは米国位のものではないか」

「今の日本の状態からすればもうかまわない。ロシアと手をにぎるがよい。英米に降参してたまるものかと云う気運があるではないか。結局、皇軍はロシアの共産主義と手をにぎることとなるのではないか」

そして木戸は、ソ連仲介の工作をすすめれば、ソ連は共産主義者の入閣を要求してくる可能性があるが、日本としては条件が不面目でなければ、受け容れてもいい、とまで語ったというのである。

実際、昭和二十年春の時点での日本上層部のソ連への傾斜については、ただただ目をみはらざるをえない。ほかにもかなり多くの例証がある。さらに一つ二つ例を挙げておく。まず、西田幾多郎の談話である。

「将来の世界はどうしても米国的な資本主義的なものではなく、やはりソヴィエット的なものになるだろう。ドイツのやり方でもソヴィエットと大差はないし、又ソヴィエットでも資本主義こそ許さぬが、夫《そ》れ以外のものは宗教でさえも許している有様だから、結局はああいった形になるのだろう。日本本来の姿も、やはり資本主義よりは、ああいった形だと思う」（二月十一日）

「ソヴィエットは治めるに必要なるものは、革命当時と異り、すべて旧に復して居る様だし、民族の英雄も認めているが、歴史的に考えると、却って是が又ソヴィエットの体制を打ち壊すものとなるのではないかとも考えられる。今の状態としては、ソヴィエット的形態が世界的のものであろうが、スターリンがよく把握して実行しているその方策の中には、却ってソヴィエット体制を壊すものがあるかも知れぬ。我国はどうしても文化的に更生せねばならぬ」（二月十五日）

いずれも『細川日記』にでてくる。少なくともアメリカよりはソビエトに信頼を置いていた様子がみてとれる。

もう一つ、同年二月九日、天皇に奏上した梅津参謀総長の報告である。

「大本営の意見では、アメリカの戦争に対する方針が、日本の国体を破壊し、日本を焦土にしなければ飽き足らぬものであるから、絶対にアメリカとの講和は考えられない。それに反してソヴィエトは日本に好意を有しているから、日本本土を焦土にしても、ソヴィエトの後援の下に徹底して対米抗戦を続けなければならぬ」

何を証拠にソ連が日本に好意をもっていると判断したのか、まったく不明であるが、この一辺倒ぶりには驚かされるばかりである。実際は、どうにもならない戦局の悪化に、白昼夢を夢見たのであろうが、それにしてもあまりにも手前勝手すぎる。まさか、獄中にあった徳田球一以下の本物の共産主義者たちが、貴族、政治家、学者から軍部、官僚、右翼までをひそかに操縦するほどの、神通力をもっていた、とはとてもおもえないのであるが……。

こうした上層部にある微妙な空気のなかに、ソ連仲介の和平という構想とひそかな工作が水面下から浮上し、日本の指導層の前に具体的な姿を現わしてくるのは、四月の鈴木内閣の成立以後のことである。参謀本部第十二課（戦争指導）種村佐孝大佐は「今後採ルベキ対ソ施策ニ関スル意見」を起案、これを陸相・参謀総長以下に資料として具申する。それは「ソ連に対し大譲歩をして、対ソ戦を絶対に回避し、さらにソ連をわが方に誘引せんとする」目的をもつものであった。

それを受けたように、陸軍中央はこの夢想に近い策を外相東郷茂徳に申し入れている。それは一面では勧告であり、願望であったが、つまるところ、脅迫である。参謀次長河辺虎四郎中将と作戦部長有末精三少将が、異口同音にソ連の参戦防止のため対ソ工作を放胆かつ果敢に決行するようにいうのにたいし、ソ連に信をおいていない東郷は主張した。

「対ソ工作はもはや手遅れである。軍事的にも経済的にも、利用し得る見込みがない」

しかし、たとえそうであろうとも、それで引き下ってはいられない状況となった。ヒトラーがベルリンの地下防空壕で死んだのが四月三十日。五月八日にはドイツが無条件降伏した。そして日本軍の沖縄防衛戦も敗北が決定的となった。

もはや手遅れであろうと、可能性皆無であろうと荏苒《じんぜん》日を送るわけにはいかなくなっている。ソ連の対日参戦防止にはあらゆる方途を講ずる必要ありと、陸軍中央は躍起となる。これに海軍中央も同調した。

五月十一、十二、そして十四の三日間にわたる最高戦争指導者六人（首相・外相・陸相・海相・参謀総長・軍令部総長）だけの会議の席上で、なんと海相米内光政大将が珍しく積極的に論じたほどなのである。

「海軍としては単にソ連の参戦防止だけではなく、できればソ連から軍需物資、とくに石油を買い入れたいとすら考えている」

東郷は愕然となった。

「ソ連という国を知らないにもほどがある。今日の情勢下でそこまで求めるのは無理以外のなにものでもない」

が、外相は存知なかったのである。いや、鈴木首相すら知らないことをすでに海軍は実行していた。米内の使いとして軍務局第二課長末沢慶政大佐がソ連大使館を訪ね、残っている軍艦の全部である戦艦長門、重巡利根、空母鳳翔と雪風など駆逐艦五隻とひきかえに、ソ連の飛行機を、燃料つきで交換しようと申しこんでいた。もちろんだれにも報告せずに、である。しかし話はひきのばされ、その後、ソ連大使館になんど足を運ぼうが、ただウォトカを振舞われるだけであった。六人だけの会議は、沈痛な空気のうちに、ひとり外相だけが反対論をのべつつ活発な議論がくりひろげられた。

陸相、参謀総長さらには海相からも、対ソ工作を放胆果敢に実行するように迫られた東郷外相の判断は、今日の時点でみても非常に正確なもので、大いに賞揚されてしかるべきであろう。ノモンハン事件当時の駐ソ連大使だけに、ソ連のことを体験的に過《あやま》たずに、よく知っていたのである。

「ソ連の対日動向は、厳正中立以上にわが国にたいし好意的態度をとらしめるようなことは、戦局の推移が格段に有利とならないかぎりはほとんど不可能である。ソ連の行動は現実的で辛辣《しんらつ》であるので、その好意的態度を見越して指導方針を決定するようなことは厳に慎むべきことと考える」

「米英対ソの確執にかんする見通しは、ソ連も米英側も、戦後の平和維持の可能性、したがって戦勝の結果を確保しうべき可能性は、かかって三国間の協調の持続にありと認識しているので、太平洋戦争継続中にこの協調が破局に陥るようなことは、容易には期待できない」

　にもかかわらず、最高戦争指導会議は外相を説き伏せて対ソ哀願的国策を決定した。幻想、独善、泥縄的な発想は日本人の常なのであろうか。

　最後に結論を下したのは首相である。

「ソ連の積極的友情をうることはすでに遅すぎる、という外相のご意見は正しいと思う。しかし、日本に有利になるような、なんらかの方法においてソビエトを利用しないのは賢明な策ではないようです。とにかくソ連のハラをさぐりつつ運んでみることにしましょう。スターリン首相という人は、なにか西郷南洲に似ているような気がする。やってみましょう」

　こうして六人の最高戦争指導会議は「連合国との一般的な講和を締結する上で、ソ連に仲介を頼む」という国策方針を決定する。そして、

「ともかくソ連と交渉するからには、相当の代償を払わねばならないが、日清戦争前の状態にまで後退したんではあまりにひどいから、せめて日露戦争前ぐらいの線でとどめ

たい、というのがぼくたち（米内、梅津、東郷）三人の意見だ。そこで対ソ交渉者として広田弘毅さんにお願いして、ソ連大使館にコンタクトしていただこうと思う」

という記録に残された東郷の談話が示すように、和平仲介のソ連への代償がきめられた。ソ連は和平交渉において、かならず自身の要求をいいだすにきまっている。そのさい日本の率先した提案は、戦わずしてその要求を満たすことになるであろう。ソ連は戦わずして、その要求が満足されるならば、戦争を回避するにちがいない。それが日本の上層部の判断である。

（1）南樺太の返還　（2）北洋漁業権の解消　（3）津軽海峡の開放　（4）北満における諸鉄道の譲渡　（5）内蒙におけるソ連の勢力範囲の認定　（6）旅順、大連の租借を覚悟する必要あるべく、場合によりては千島北半を譲渡するもやむを得ざるべし。また南満洲は中立地帯とする……。

この政策決定をうけて六月四日からはじまった広田・マリク会談がなんらの進展をみせなかったことはあまりにも有名である。相互理解、信頼、友好の理念を強調しても、力と破壊と野望の政策の前にはなにほどの効果もない。

●「一部の労力を提供する」

日本帝国は悲しくなるほどけなげになっている。戦争においては不名誉は敗者にしか存在しないのである。政治と軍事のトップは、和平のため多くのものをソ連へ提供し、日露戦争以前の島国日本に戻ることを覚悟した。和平の終局の条件は国体の護持だけである。それ以外の条件はない。「十万の戦死者、二十億の国費」という明治いらいの根本的命題は弊履《へいり》のごとく捨てられた。したがって、国防の生命線としての満洲も、後方資源地帯としての満洲も、そして人口の流出先、開拓すべき新天地としての満洲も、不名誉この上ないが見捨てられる運命となった。対米英戦争は、「ハル・ノート」が突きつけた満洲を失うことは我慢がならぬと、清水の舞台から飛び下りてのことではなかったか。それをいまはすべて捨てる。ただひとつ、宿敵ソ連の対日参戦を防止するために、である。

政治や外交は本質的に揺れ動くものであり、条約が紙くず同然になることは十分に予想される。[*24]「中立条約の延長」はなしと通告された以上、残された期限が一年あるからといって、その一年間を全面的に頼るわけにはいかないことも承知している。そうではあっても、まさかそれよりも前に、ヤルタにおいて、米英に承認された十分な報奨つきで、スターリンが対日参戦を確約しているとは、日本の指導者たちは想像さえしていない。

六月二十四日、日本の首相によって西郷隆盛に擬せられたスターリンは、レーニン廟《びょう》の最高段に立って、ドイツ軍の攻撃四周年記念日を銘記するための、壮大な赤軍の勝利の行進を閲兵した。傍らにはノモンハン、モスクワ、スターリングラード、ベルリンの戦いを勝ち抜いたジューコフ元帥が立っていた。かれの前を行進する部隊はロコソフスキー元帥に率いられていた。どしゃ降りの雨の中に、数百旒《りゅう》のドイツ軍旗が行進する兵士たちの手によってスターリンの足元に投げ捨てられる。かれらは歴史に残る偉業をなしとげたという国家的誇りに胸を張った。そしてつぎの敵は日本陸軍であることをしらされた。

その翌々日の二十六日、スターリンは歓呼のうちに「ソ連邦英雄」として認められ、大元帥の称号を与えられた。[*25] それはスターリンを軍事的天才とする組織的な作り上げである。しかし、そのことを疑うものなど誰ひとりいるはずもなかった。

同じ日、大元帥としてスターリンは初の命令を発した。

「極東地区・ザバイカル地区・沿海州地区の各司令官宛て。

各司令官は、それぞれの役割を速やかに遂行し、日本の関東軍の占領する満洲および朝鮮半島を攻撃目標とする。

ただちに戦闘準備を整え攻撃態勢にはいるべし」

七月に入って、広田・マリク会談に見切りをつけた最高戦争指導会議は、直接にモスクワへ天皇の親書をもった特派使節団を派遣することを決定、その全権に近衛文麿をえらんだ。昭和天皇は喜んでこれを承認する。ソ連へ特使派遣となれば、満洲をへてシベリア鉄道ないしは空路を利用するほかはない。となれば、陸軍中央や関東軍にたいし、これを極秘にすませられるものでもない。こうしてソ連を仲介の和平工作は陸海軍にもひろく知られることになった。

七月十二日の夜八時五十分、外務省からモスクワの佐藤大使のもとに、長文の電報が送られた。

「天皇陛下におかせられては……戦争がすみやかに終結せられんことを念願せられおる次第なるが、大東亜戦争において米英が無条件降伏に固執するかぎり、帝国は祖国の名誉と生存のため、一切をあげて戦いぬくほかなく、これがため彼我交戦国民の流血を大ならしむるはまことに不本意にして、人類の幸福のため、なるべくすみやかに平和の克服せられんことを希望せらる。……」

モスクワには十三日朝着電。佐藤は特使派遣を伝える長文の電報を手にすると、長嘆息した。日本帝国が悲鳴をあげているように思われた。さっそく大使はモロトフに会見を申しこんだが、ポツダムへの出発準備に追われてその時間がないと断られた。やむなく佐藤は外務次官ロゾフスキーに会い、これは天皇の和平内意による近衛派遣であることを含みおかれたいと、はっきりといった。次官は鄭重である。

「スターリン、モロトフの両同志がポツダム到着後に連絡をとり、一日も早く返事をするでありましょう」

こうしてひとまずの手続きは終る。あとはソ連政府からの返事を待つだけとなった。

ちなみに、ニューメキシコ州アラモゴードで史上初の原爆実験が行われたのは、この三日後のことである。戦後の世界政略をめぐって、ポツダムで米英ソが複雑な政治交渉を展開するのは、さらにこのあとのことになる。

いっさいの情報がとどかない日本では、ソ連からの返報のあり次第ただちに出発できるように、近衛とともにソ連へおもむく和平交渉特使の随員がほぼきめられている。外務次官松本俊一、加瀬俊一、宮川ハルビン総領事、海軍から高木惣吉少将、陸軍から松谷誠大佐。そして酒井鎬次、富田健治、伊藤述史、松本重治、細川護貞たちの近衛の知友たち。それにソ連通の重光葵の名もあがっている。

そして和平仲介のための交渉案「要綱」も作成された。つくったのは酒井鎬次予備陸軍中将である。そのいきさつが酒井談として矢部貞治の『近衛文麿』に残されている。

「近衛は二、三日中に作ってくれと言ったが、酒井は六時間位で作った。……酒井は既に文書にしていたので、そこで二人で五、六時間に亘って論じ合い、近衛は酒井の原案を大いに修正した。それを又酒井が修正し、近衛が更にそれを修正するという様にして作った」

いずれにせよ、短時間でつくられたことがわかる。すなわち、酒井の手もとに用意の文書がすでにあったことが想像されるのである。ここで一八四ページに書いた、前年夏ごろの松谷誠大佐の研究報告を想起してほしい。酒井と松谷はよく知る先輩後輩なのである。しかも近衛特使の随員に二人はすでに内定している。

「要綱」の〝条件〟として書かれているなかの、注目されるところを引用する。

「(一)国体及び国土

(イ)国体の護持は絶対にして、一歩も譲らざること

(ロ)国土に就ては、なるべく他日の再起に便なることに務むるも、止むを得ざれば固有本土を以て満足す」

そして「要綱」に付せられている「解説」には、「固有本土の解釈については、最下限沖縄、小笠原島、樺太を捨て、千島は南半部を保有する程度とすること」と思いきったことが書かれている。沖縄、小笠原は捨てられているのである。

「(三)陸海空軍軍備

(イ)略

(ロ)海外にある軍隊は現地に於て復員し、内地に帰還せしむることに務むるも、止むを得ざれば、当分その若干を現地に残留せしむることに同意す

(ハ)(ニ)略」

「解説」はいう、「若干を現地に残留とは、老年次兵を帰国せしめ、弱年次兵は一時労務に服せしむること、等を含むものとす」。

さらに「(四)賠償及び其他」には、

「(イ)賠償として、一部の労力を提供することには同意す」

と、のちのシベリア抑留を認めているかのような文言が書かれている。ただし、念の

ために書くが、これはあくまで準備されていた「要綱」であり、知られているように近衛使節団はソ連政府からの拒絶でモスクワに行くことなく終った。また、今日までのところ、ソ連側の大戦資料からは関連文書は発見されていない。あるいは、だれかがクーリエとしてモスクワにおもむいたときに、これと似かよったような文書を……と疑う向きもあるが、少々邪推にすぎようか。[*26]

むしろ問題は日本の指導層に、満洲放棄といい労力提供といい、政治工作のためにはそれもやむなしとする空気、いや諦観、いや神経の鈍麻があったことである。名著『戦争論』のクラウゼヴィッツがいっている。「戦争の哲学に中庸論をもちこもうとすると、馬鹿をみる。戦争は一つの暴力行為であり、この暴力の発現には限界など存在しない」と。日本の指導層は最後まで、戦争の哲学に「ソ連へ傾斜する心」をもちこみたがっていたようである。そして、そのためには何を提供してもよいとする……。

それゆえに日本帝国はぎりぎりまでいじらしい努力をつづけた。近衛特使をソ連へ送ろうと、東郷より佐藤に打たれた電報は十一通、佐藤から東郷あてにきた返電は十三通。このほか佐藤のこの問題についての率直な意見電報は別に四通、すべて外務省に残っている。

たとえばその一通は、

「無条件降伏ハイカナル場合ニオイテモ受諾シ得ザルモノニシテ……敵ニシテ無条件降伏ヲ強要セントスルニオイテハ全国一丸トナリ敵ニ当ラントスルモノナリ」

と悲壮な決意を示しながら、そのような事態を避けるためにソ連の仲介を頼みたい、と説明する。そしてソ連にたいして相当の代償を用意していることをほのめかし、近衛特使の使命は平和仲介の依頼とともに、

「戦時オヨビ戦後ヲ通ジ、帝国外交ノ基本タルベキ日ソ間協力関係樹立ニ関スル事項ヲ商議スルニアリ」

と、その焦りを伝えるのである。東郷が七月二十二日に打った訓電である。

ここでちょっと後戻りとなるが、陸軍中央がこうした政治中枢のあわただしい動きをどうみていたか、ソ連の動向をどうみていたか、満洲の情勢にどう対処しようとしていたか、それを知ることも大事かと思える。そのための捷径《しょうけい》は、第十二課（戦争指導）の『機密戦争日誌』（原文は旧かな・片かな）の昭和二十年の記載を開いてみるのがいちばんいい。

四月十六日。

「二、ソ連は極東兵備を増強す。／チタ領事館員の三月一日に於ける目撃、伝書使の四月上旬に於ける視察に依れば、ソ連は極東に狙撃兵団並に相当数の飛行機戦車等を輸送開始せるものの如し。／独ソ戦の現況に基づき、対日戦兵備を既に準備中なりと第二部は判断しあるも、若し之が真実なりとせば由々しき問題にして、其の対日開戦の時期判断と、之が対応措置の急速なる完整とは、大東亜戦争完遂の致命的鍵として最大の関心を払うの要あり」

この期に及んでも「もしこれが真実なりとせば」との甘い判断には、開いた口がふさがらないが、第二部（情報部）はさすがに最悪を考えていることがわかる。しかし、その後の経過は、「対応措置の急速なる完整」が念頭からは消えて、別の方途が問題になっていく。

五月三十一日。

「1、ソ支米日の関係を東亜に於いて如何に立つるをソの為に賢明とするや。それが為にはソは日本を如何にするを可とするやの世界政策的政治論により、日ソ間の意見を一致せしむるを可とす。

2、其際ソ側の要求することとあるべきを予想し、其の譲り得べき限度を決定せり」

なにやらソ連を動かすための手前勝手な幻想を描きだしはじめたのであろう。「ソの為に賢明」の策を考えるよりさきに、思案をめぐらさなければならない緊要のことは、ほかに山積している。しかも、陸軍として「譲り得べき限度」を早々ときめている。

六月二十二日。

「午後三時宮中に最高会議構成員を召させ給う。／会議の内容不明なるも、対ソ外交に関するものの如く、……外務大臣説明し総理及参謀総長一言せるのみ、十五六分にて終れるものの如し。参謀総長は異常の決心を以て出席せるも、難なく終了せるを以て安堵せられあり」

「ソ連仲介による和平」を目的とする対ソ外交を正式に開始することを、国策として決めた日である。なにがあってもソ連を「敵」にしたくない。その切ない悲願がすべてに優先した。参謀総長の「異常の決心」とは、戦うためではなく戦わないためであることは書くまでもない。

七月十一日。

「一、午後最高会議臨時招集、対ソ問題を協議せるものの如し。杳《よう》として不明なるも難航にあらざるか」

対ソ外交の成り行きをしきりに案じている。

七月十四日。

「一、午後三時より首相官邸に於て総理陸海外相対ソ問題に関し協議するところあり」

近衛文麿特派について協議したのである。三日後の十七日にポツダム会談がはじまっている。

七月三十日。

「一、午後ポツダム宣言並東ソ兵力増送に伴う第五課の情勢判断を作戦室に聴取す。口を開けば、対米必敗を前提として対ソ外交のみに頼らんとするの風、第二部第一部特に五課二課に漲《みなぎ》りあるを以て、大喝作戦必勝への善謀善戦を強調す。此の内幕を国民知らんか、おそろしき事なり。逆に彼をして此の儘放置せんか赴くところを知らず、嗚呼。」

ちなみに第一部は作戦部、そのなかの第二課は作戦課であり、第二部は情報で、そのなかの第五課はソ連担当である。つまり、戦争指導課としては、肝心の部課が弱腰になっているのに、完全に頭にきたの図というわけである。

事実、この日、戦争指導課長の種村佐孝大佐はソ連課長の白木末成大佐と大激論を戦わしている。種村の意見は「ソ連はそう早急に参戦に踏み切ることはない」というもので、これに「ソ連の対日参戦はいまや時間の問題である」と考える白木が真っ向から対立した。出席の参謀たちの多くは種村の観察に同調した。それが陸軍中央を支配している考え方であったのである。それに作戦課の対ソ主任参謀の朝枝中佐が異を立てた。「ソ連はひと月以内に出てくる。そうなれば万事休すということになる。この際、なんとしても外交的にソ連が参戦しないように手を打つことが先決と思う」

これにも種村は激怒した。

「何たることを言うのだ。作戦だけを考えていればいい作戦参謀が国の外交政略を論ずるとはもってのほかだ」

『機密戦争日誌』は種村の筆になる。それだけに「嗚呼」に最大最高の慨嘆がこめられている。会議は「スターリンはすぐ出てくるほど馬鹿ではない。日本に永遠の恨みを買うような対日参戦は絶対にない」との種村の断言で幕を閉じたという。どんなに顕著な兆候が眼前にあろうと、「起きると困ることは起きない」という集団的確信のもとには、すべて無に等しいのである。その十日後にソ連軍は、日本人の永遠の恨みもへちまもない、全作戦正面から一斉に攻め入ってきた。

（24）ソ連の侵攻にたいして、いまなお多くの人は中立条約侵犯を厳しく告発する。本文中にその点については明確にしておいた。が、書きづらいことながら、昭和十六年夏「関特演」作戦計画の実施か否かが真剣に論議されたとき、陸軍中央も外務省もほとんど日ソ中立条約を考慮にいれていない。当時の軍や外交のトップは政治や外交は本質的に揺れ動くものであり、約束が紙くず同然になることは百も承知していた。それが世界政治の現実なのである。その非をソ連にだけ負わせるわけにはいかないのである。

紀元前一五〇〇年から紀元一八六〇年までのあいだに、八千四百の条約が結ばれたが、その寿命の平均は二年であった、という（ジャン・バコン『戦争症候群』）。この調査以後の百年、平均寿命はもっと短いかもしれない。不戦の誓いは脆《もろ》いのである。

（25）大元帥について一言。ロシア語でゲネラリーシムスという。ロシア史のなかでは、ピョートル大帝時代のシェイン将軍とメンシコフ将軍、それにロシア史上の最高の名将といわれ、世界戦史でもアルプス越えの勇将として知られるスヴォーロフ将軍の三人が、過去においてこの称号が与えられている。したがってスターリンは史上四人目となるわけで、「世界史的大勝利の偉大なオルガナイザー」として、ソ連のスターリン崇拝がいかに狂熱化していたことか、よくよく察せられる称号というわけである。

（26）高杉一郎氏の著書でもふれられているが、近衛特使がモスクワへもっていく予定であった「和平交渉の要綱」が、ソ連側近衛訪ソの拒否と関係なく、スターリンの手に渡っていたとする歴史家がいるようである。

「八月九日の日ソ開戦以前に『日本軍俘虜五十万以上受けいれる準備をせよ』というソ連内

務省の指示があったこと、九月十五日には早くも日本人俘虜のための『日本新聞』がハバーロフスクで創刊されたこと、集結地に集まった兵を千名単位の作業隊に再編成しろという命令がソヴィエト軍から日本軍に伝えられていたことは、近衛特使の『要綱』をスターリンがすでに知っていたことを裏書きするものだという歴史家もいる」

と、高杉氏は紹介している。このへんのところから、「要綱」のソ連伝播《でんぱ》を確信している人が多くいるようである。

九月の『日本新聞』や千名の作業隊については、後に書くスターリンの方針変更の事実から考えても、それほど問題にはならない。が、八月九日の内務省指示はかなり微妙なところがある。わたくしはこのことについては資料未見である。どこにあてた指示であったか不明であるし、かりにその事実があるにせよ、ソ連国策としては正式のものではなかったのではないか。ヤルタ・ポツダムで討議された人的賠償のことがあり、それに備えての案なのではあるまいか。いずれにせよ、「要綱」はソ連には渡っていなかった、という見解をいまのところわたくしはとっている。

●「子守唄で寝かせつける」

ベルリン郊外のポツダムで三大国首脳会談をひらこうと提唱したのはチャーチルである。しかし、かれは途中で総選挙に敗れ退陣し、英首相はアトリーに代わる。会談の期日をきめたのは、ルーズベルト亡きあと大統領となったトルーマンである。初めの予定よりのばしたのは、原爆実験の時間かせぎのためであった。

そして会談の場所を選んだのはスターリン大元帥である。三首脳のうちかれだけが不動であった。それだけに、たとえば会議室に入るとブリーフケースをテーブルの上に投げだすというふうに、終始優越感を示すかのように振舞った。そして絶え間なく紙巻タバコを喫った。人に印象づけようとするときだけ、イギリスのダンヒル製とわかる小さな白い点のついたパイプを気どってふかした。

スターリンは日本政府が和平を求めて悲鳴をあげているのを知っている。それを会談も大詰めになった七月二十八日になって、英米両首脳に知らせた。トルーマンは暗号解読でとうにその事実を知っていたから、渡された日本のメッセージの写しを読むふりをした。そのあとで、三首脳の間に、こんなやりとりが交わされた。

スターリン：この文書には何も新しいことは書かれていません。わざわざ回答する価値はありますか。

トルーマン：私は日本を信用してませんのでね。

スターリン：子守唄で日本を寝かせつけておくほうがよいかもしれませんね。特使の性格がはっきりしないと指摘して、一般的な、とりとめのない返事をしておきましょうか。

トルーマン：異議はない。
アトリー：賛成です。
スターリン：私がとくにお二人にお知らせし相談したかったのはこれだけです。

このスターリンの最後の言葉にはわずかながらも毒が含まれている。二日前の二十六日、英米両国がソ連になんら知らせることなく、ましてや相談することもなく、ポツダム宣言を発出したことにたいする怒りと皮肉を、スターリンが精いっぱいにこめていい放ったのである。

日本に降伏条件をつきつけたこの宣言の原案は、五月下旬にすでにトルーマンの手もとにあったのであるが、軍事上の理由から発表が延び延びになっていた。それを七月十六日の原爆実験の成功で、対日降伏勧告に原爆は実質的な力を与えうるとわかり、米政府は改めてとりだしてきた。トルーマンは、チャーチル、蔣介石の承認をえた上で、公表に踏切ることを決意する。ただしスターリンには完全に伏せていた。

戦後処理や対日参戦をめぐっての重要な会議の進行中の、日本の降伏問題にかんする突然の発表に、ソ連首脳が驚愕したであろうことは、想像するに難くはない。その夜も遅く、モロトフは国務長官バーンズに電話して怒りをぶちまけた。
「この宣言は、二、三日は保留温存され、協議の余地はあるのか」
「いや」とバーンズはつれなかった。「それはすでに世界に公表されてしまったのである」

翌日、さらにモロトフはぶっきら棒に、

「当然のこと、ソ連と協議すべきことであったと思う」

と口頭で抗議したが、バーンズは、

「ソ連はまだ日本との戦争状態にはない。影響をおよぼすような宣言に組み入れることでソ連を困惑させたくはなかった。それで相談しなかったのだ」

と軽くいなした。

スターリンは、ポツダム会談のはじまった十七日の午後、トルーマンたち米首脳との会食のとき、いともあっさりと、

「ヤルタで合意したように、八月十五日にソ連軍は対日戦に突入する」

と告げている。すでに作戦決定として「十一日進攻」ときまっていることを、少しくカムフラージュするごとく十五日といったのは、ひとつには蔣介石の国民政府の同意を求める中ソ会談が難航していることによる。

老獪《ろうかい》な政治家としてスターリンはいち早く、原爆の威力によって支配されるであろう戦後世界経営に目を向けている。その上にかれは、原爆完成の見込みをつけた米国が、ドイツ降伏後（五月上旬）から、ソ連の対日参戦を不必要と考えだしていることを見抜いていた。

事実、米政府はポツダム会談のはじまったときには、ソ連の対日参戦をそれほど歓迎

していなかった。にもかかわらず、対日参戦を拒否したりして、米ソ関係の険悪化することも望んではいない。ヨーロッパでの勝利の果実や、戦後の国際連合設立に向けての努力が、すべて水の泡になることを恐れていた。

　そうはっきりと推察されるゆえに、ポツダム宣言の発出はスターリンを激怒させた。アメリカの真意ははっきりした。対日戦の終結にソ連は不要なのである。ヤルタ会談の秘密協定を無視するほどに、アメリカ政府は国際的良心や政治的良識を失っていると。

　スターリンの苛立ちは高まった。みずからの軍事力で奪取できるものを、ヤルタ秘密協定を結んだがために、まずその前に中国との交渉の場をもたなければならないとは。その上に、日本帝国はいまや青息吐息で、いつ白旗をかかげるやもしれない。日本の降伏の近いことを、スターリンは肌で感じている。ましてや、日本への原爆投下の影[*27]が、すでにちらちらする状況下にあっては……。対日参戦は急がねばならない。ソビエトがアジアでえようとしている覇権は、軍事的作戦を通じてのみ確保されるのである。

　見方を変えれば、スターリンが急ぐ以上にトルーマンも急いでいた。ふつうならほとんど相容れることのできない利害や思想の対立も、戦火のなかにあるゆえにいままで棚上げにされてきた。しかも、戦後の準備をはじめようとするとき、協定がソ連によって簡単にくずされてしまうこともわかってきた。ドイツおよび東欧諸国の処理問題をめぐって、衝突があらゆる面ではじまっている。

　それゆえにポツダムでは、チャーチル以上にトルーマンは頑強にねばった。のちにチヤーチルと交代したアトリーも、なかなかに雄弁をふるって戦った。ポーランドの西側国境をオーデル・ナイセ線とすることに、やむなく合意したときも、米英首脳は、スターリンがドイツの賠償問題について両国の立場を受け入れる、という条件をつけた。しかし、スターリンも一歩も引かなかった。

ボルガ、モスクワ、レニングラードの線から、西部国境まで、すべて焦土と化し、都市は崩壊し、町や村は廃墟になった。工場も学校も病院も、あらゆる建物は瓦礫《がれき》の山となり、ねじ曲げられた鉄くずとなった。これらすべてを土台から再建しなければならない。

スターリンは真剣に訴えた。が、トルーマンもアトリーも、ソ連の立場を認めようとはしなかった。二人はドイツは賠償金を支払わなくてもよい、と主張したのである。

スターリンは不屈の人である。

「イギリスとアメリカは、われわれの首を絞めようとしている。まあいい。内戦にだって勝ったんだ。今度だって勝てるさ」

と、休憩時間のとき、スターリンはソ連の代表団にこっそり言った、とグロムイコの回想にある。

まさしく、アメリカとソ連とは、どちらが先に日本の降伏にゆき着くかの競争に入っていたのである。

そのとき日本政府は、よく知られているように、ポツダム宣言を〝黙殺〟するという立場をとったのである。宣言にスターリンの名のないことに注目し、ソ連仲介による和平に最後の、そのまた最後の望みを抱く。追いつめられて、国体護持の一点を守るべく交渉に夢をつなぎ、国際情勢の動きに注意を払う遑《いとま》もなかった。子守唄であやされているとは露ほども思わなかった、というほかはない。

(27)原爆投下命令は七月二十四日（アメリカ時間）に発せられている。参謀総長代理ハンディ中将より戦略空軍総司令官スパッツ中将あてに出された。その最重要な一部分を引いておく。

「第二〇空軍第五〇九爆撃隊は、一九四五年八月三日ごろ以降、天候が目視爆撃を許すかぎり、なるべく速やかに、最初の特殊爆弾を次の目標の一つに投下せよ。

（目標）広島、小倉、新潟および長崎。

爆弾の爆発効果を観測し記録するために、陸軍省から派遣する軍および民間の科学者を運ぶ随伴機を、爆弾搭載機にしたがわせよ。観測機は爆発地点から数マイル離れたところに位置せよ」

書かれているのは、「目視爆撃」であり、「八月三日ごろ以降なるべく速やかに落とせ」ということである。準備命令でもなければ、次の命令を待てというのでもなく、投下最終命令なのである。

●「狡猾な企みである」

対日参戦にあくなき執念をもつスターリンは、この時間的猶予を巧みに活かした。七月二十九日、モロトフがトルーマンを訪れて、重大なことをいいだした。スターリンの病気のため予定されていた会談は中止せざるをえないが、と前置きして、

「首相の希望をお伝えする。米英およびそのほかのアジア方面の連合国が、正式に対日参戦についてソ連政府に申し入れることが、最善の方法であるとソ連政府は考える。その根拠は、日本がポツダム宣言を拒否していることであり、ゆえにわが国の対日参戦が戦争の早期終結を願うゆえんともなる。なお、中国国民政府との協定は、対日参戦までに署名される予定である」

　トルーマンは考慮を約したが、内心ただ驚愕するだけである。『トルーマン回顧録』にあきれたように記している。

「ソ連がこの時期に至ってこのような申し出をすることは、ソ連の参戦を戦勝の決定的因子であるかのように見せかけようという狡猾な企みにでるものである。ヤルタで約束し、ポツダムでソ連が確認したことは、国民政府との間に話し合いをつけた上で、ドイツ降伏三カ月後に参戦するということであった。それ以外何らの条件がないのであって、ましてやソ連に対日参戦の理由を供与するように、米英が義務づけられる条件の如きは

存在しないのである」

ドイツ降伏以後、さまざまな局面で強引なソ連政略との対応にせまられてきた米首脳は、さすがに慎重かつ狡猾かつ巧妙になっている。スターリンが評したという「連合国は女のようなものだ。たたけばたたくほど惚れてくる」とは、大分様相を異にしてきた。女とはいっても相当にあばずれ女になっている。

日ソ中立条約は翌年四月まで効力を有する。アメリカが正当かつ十分な理由もなく、国際的協定および道義を踏みにじれ、などと依頼すべきではない。そうした意見が大統領周辺では圧倒的となった。といって「ソ連に対日参戦を思いとどまらせるには、ソ連と一戦争しなくてはいけないだろう」という意見もある。ではソ連の要求にどう回答すべきか。

二日後の三十一日、トルーマンは苦心の回答書をソ連に送った。しかも署名のない覚書という形で。その要点は、

「たしかに日ソ中立条約を結んでいるが、その条約でソ連が負わねばならない義務よりも、国連加盟国としての義務のほうが優先することになっている。もしソ連が対日戦争に入るならば、この国連憲章第一〇三条を理論的根拠にして、日ソ中立条約を侵犯する大義名分とすることができる」

と悪知恵を示唆するだけのものである。

つまりは、まだ批准されていない国連憲章をもちだして、これを条約侵犯のための法

的な理論的根拠にしたらどうか、と米国はもちかけた。「あらゆる条約より国連の決定を優先する」と。もっと平たくいえば、この覚書は事実上スターリンの要請を無視したのである。日本と交戦しているわれわれとともに戦えと、トルーマンはスターリンに要求はおろか依頼さえしようとしなかったのである。[*28]

スターリンがこの覚書にどう反応したか、感謝したか怒ったか、それを明らかにする資料は、いまのところない。たしかなのは、ソ連の対日宣戦布告書のなかに国連憲章第一〇三条の関係事項は採用されていない、ということである。ただし、その後のモロトフやソ連の新聞の声明では、対日参戦は同盟国にたいするソビエトの義務を遂行するために行われた、とつねに言明されつづけている。戦争に突入するものはその正当性はどうにでもつけうるのである。

あえていえば、スターリンはいまやジレンマから解き放たれたとみていいのである。米英と協調してその祝福をうけて進むか、それともアメリカおよび中国を無視して独断専行するかが、ずっとかれを縛りつけていた問題であった。また、この二つの道のどちらかをえらぶ自由をもっていたから、ヤルタで、ポツダムで、スターリンは大胆ともいえる政治力を駆使することができた。ヤルタではかれは協調の道をえらびつつきわめて有利な取引きをした。こんどはその取引きを現実のものとするためには、もはや第二の道をあえて進まなければならない。つまり、独断専行である。かれの野望を実現するためには戦争が必要なのである。スターリンはその政略戦略を中途半端に解決するような動きには、いっさい耳を傾けなかった。米英の思惑や打算を無視し、スターリンは新たな戦争に乗りだす決心をいっそう強めた。それはそれにともなう犠牲がとるに足らないものであることを確信したからである。満洲の曠野でソ連軍が日本軍と戦うのは、せいぜい一カ月であろうと考えている。

ポツダム会談は八月二日をもって幕を閉じ、スターリンは一日も早い対日参戦の固い決意を胸に急ぎに急ぎ、五日おそくモスクワに帰還した。モスクワには、日本の佐藤大使が和平斡旋申入れの近衛派遣にたいする回答を待ちに待っている。かれはそれを無視したが、無視できないのは六日午前二時（モスクワ時間）の米戦略空軍による広島への原爆投下である。こうなってはヤルタでかちえた収穫を日本が降伏する前に刈りとらねばならなくなった。

そして、そのとき関東軍は――。

七月五日に策定した作戦計画にそって、関東軍はその陣容をやっとととのえつつあった。しかし、部隊の転用、改編による変動はげしく、予定のように進展せず、その焦慮と不安とは説明する言葉もないほどである。それでも七月十日、青年義勇隊をふくめた在満の適齢の男子約四十万のうち、行政、警護、輸送そのほかの要員十五万人ほどをのぞいた残り約二十五万人の根こそぎ動員をかける。師団長には日本本土から予備役召集の老将軍が着任したりした。これによって関東軍は師団二十二、旅団八など七十万に達した。戦車は合計約百六十輛、飛行機は戦闘用のもの約百五十機。

しかし、真の戦力となると、根こそぎ動員兵には老兵が多く、銃剣なしの丸腰が十万人はいた。新京では、ガリ版刷りの召集令状に「各自、かならず武器となる出刃包丁類およびビール瓶二本を携行すべし」とあった。出刃包丁は棒にしばって槍とし、ビール瓶はノモンハン事件での戦訓もあり戦車体当り用の火焔瓶である。もっとも銃をもつのでさえも弾丸は一人百発と制限されている。

大本営の元参謀は苦笑まじりにいうのである。

「鉄砲をもたない兵隊でも、なんとなく大勢の兵隊がいて兵営を出たり入ったりしていれば、周囲にいっぱいいるソ連のスパイを騙《だま》せる、という高等戦術でしたね。しかし、スターリンがそのような案山子作戦に目くらまされるとは、ちょっと考えられませんでした。でも、ほかにとるべき方策はない」

それはそのとおりで目くらましにはならなかった。それでもソ連軍は万全の準備をした。日本軍の敗北は決定づけられていた。そしてこの根こそぎ動員が辺地の開拓民や居留民にもたらしたものは、無残この上ないものとなった。敗北はつまるところ怠惰、非現実、夢想の烙印なのであろう。

八月七日午後四時三十分、突然のようにしてソ連軍最高司令部は極東ソ連軍にたいして「各正面の諸軍は八月九日行動開始」の命令を発している。予定は早められたのである。

直前の八月八日午後十一時半ごろ（日本時間）、スターリン大元帥は極東ソ連軍総司令官を激励した。「君の勝利の戦いもぜひ映画にして観たいものだ」と。

それから間もなく、ソ連軍は国境をこえて侵攻を開始した。兵力は将兵百五十七万余、戦車・自走砲五千五百輛、飛行機は海軍の掩護もふくめて四千六百五十機である。

スターリンは絶対損をしない大博奕を打ったのである。

(28) 戦後の米ソ冷戦の起りをポツダム会談とするのは誤りである。トルーマンが大統領になったとき、すでにそのスタートが切られている。ただポツダムでは、自分がこれから相手にせねばならない男は何者なるかを知る最初の機会となったにすぎない。トルーマンは回想録に書いている。

「われわれは対日戦争にロシアが参戦することを熱望していたのであるが、ポツダムでの経験から、日本の統治にはロシアを一切関与させまいとの決心を固めた。ドイツ、ブルガリア、ルーマニア、ハンガリー、ポーランド問題でのロシア相手の経験はあまりにも大変だったので、危険は冒したくなかった。……ロシア人にわかるのは力だけである。いつの日にかロシアを説き伏せて平和のために動かせる望みはあるにしても、私はロシアを日本占領に参加させるべきではないことを知っていた」

このすでに開始された米ソの確執が、日本帝国の降伏を目前にした原爆と参戦との熾烈な競争であったのである。

第五章　天皇放送まで

●「敵が来たら突っ込め」

虎頭守備隊の『戦闘状況報告書』をふたたび長々と抄出することを許されたい。東京の政治・軍事の指導層が、ソ連仲介による和平というはかない夢想をものの見事に踏みにじられ茫然としていたころ、ソ満国境付近では日本軍の各陣地が、十倍余の火力と衆をたのむソ連軍部隊を邀《むか》え撃って必死の敢闘をつづけているのである。

「八月十日　晴

〇五〇〇過　九日夜に引続きソ軍警戒部隊に対する斬込戦闘は随所に展開され、虎頭街、官舎、八五一兵舎等各所に火災発生せり。

〇六三〇　我砲兵隊川崎中隊はソ領内陣地要点に対し、先制的に払暁射撃を実施、ソ軍重砲も我砲列、観測所等に対し射撃を開始し、彼我の砲声殷々《いんいん》たり。

一一〇〇　ソ軍軽爆四〇機我陣地上空に殺到、我砲列、野戦陣地施設等に対し徹底的銃爆撃を加ふ。

〈我方損害〉砲塔十五加〔15センチ加農砲《カノン》〕一門、野砲一門各々破壊。観測所二、大破。大口径重砲掩蓋一、小破。其他野戦陣地施設に大なる損害を蒙る。

一七三〇　対岸ソ軍重砲は陣地上周辺に対し猛烈なる制圧射撃を実施したる後、虎頭台南側、石切山、砂利取山付近に進出せる十五榴〔榴弾砲〕、野砲は我陣地に対し、近距離、確実なる射撃を実施す。

一八〇〇〜二〇〇〇　ソ軍狙撃部隊は右射撃の援護に依り一八〇〇第一回総攻撃を実施す。友軍は之を陣前に邀撃《ようげき》、肉迫斬込の反撃を以て之に報ひ、志気大いに揚り之を混乱状態に陥入れ、追撃を加へたる為、ソ軍は態勢挽回の遑《いとま》なく敗走し、第一回総攻撃は全く失敗に終る。

二二〇〇　我軍は数隊の斬込隊を編成し、虎頭台南側、鶯谷、砂利取山付近のソ軍本拠を奇襲し、尚陣内に残存ソ軍を掃蕩《そうとう》す」

すでに書いた戦闘第一日、ここに記した戦闘第二日、日本軍は、飛行機をともなう大軍を相手に、五分五分の戦いを挑んでいたことがわかる。しかもこの日の邀撃の斬込みの戦いにおいて、ソ連軍中尉を捕虜にして、かれらが三日三晩ほとんど寝ずに、昼夜兼行で国境線に送られ攻撃作戦に加わったという情報さえ手にしている。

『報告書』にあるように将兵の士気は旺盛であった。敵の攻撃がいかに熾烈であろうと、これを喰いとめなければならない。それを将兵は使命と心得ているからである。参謀本部も関東軍も作戦方針としてすでにして満洲の三分の二を放棄していた。それにもとづき軍主力は満洲南部の複廓陣地へ後退しつつあり、かれらはそれとも知らず、その時間かせぎのためのはりつけ部隊でしかなかった。近く援軍が到着するであろうから、それまでは何があっても頑張ろうと、兵士はもちろん民間人にいたるまで、要塞内にあるものだれもが考えている。

東猛虎山陣地にあった速射砲中隊の生き残り、筒井寿一等兵の手記を引こう。中隊長の命で、筒井は地下室に診療所をひらいている衛生兵の指揮下に入っていた。

「ここは衛生兵や患者、看護婦、地方人〔退避してきた民間人のこと〕ばかりで指揮者がはっきりしていなかったのか、その夜穹窖《きゆうこう》〔洞窟〕の外に出てたこつぼを掘ろうという話合いが行なわれた。誰かが『敵が襲撃して来たらどうするか』と言ったら、間髪を入れず『敵が来たなら突っ込めばよい』と看護婦さんの声があった。白衣の天使は勇敢であった。皆んな円匙《えんぴ》をかついで外に出て、たこつぼを懸命に掘った」

虎頭陸軍病院関係の名簿には、戦死者として外科病棟附に森、内科病棟附に木谷の二人の看護婦の姓が記されている。生存者名簿にはない。名も知られぬままに彼女たちは地下陣地内で、味方の救援の近いことを信じつつ勇敢に戦い、散っていったのである。

書くまでもないと思うが、開戦前に虎頭街にいたすべての居住邦人が永久要塞陣地のいずれかに入ったわけではない。陣地に入ることを希望せず、独自の行動をとったものも多数あった。あるいは戦線から脱出後退の道をえらんだもの、あるいは虎頭付近の山中などに退避しただけのものと、上を下への混乱のなかにも人びとはそれぞれの道をえらんでいる。

虎頭を中心に、とくに満洲東部の東安省、三江省、牡丹江省には、北部の黒河からハルビンにいたる地域とともに、開拓団や青少年義勇隊[*29]がもっとも濃密に居住していた。そしてこの満洲東部は、沿海州に集結したソ連の有力な第一極東方面軍が国境線の全面にわたって一挙に、津波となってなだれこんできたところなのである。

ソ連の侵攻とともに、虎頭のような強力な要塞陣地のあるところはともかく、国境線に近く居住した多くの居留民や開拓団にとっては、軍や県公署の指示のないままに、生死の関頭に立って、自分たちで今後の行動をきめなければならなかったのである。しかも全財産を捨て、生命とも頼んだ開拓地を捨てるのである。

もっとも公刊戦史によると、ソ連参戦とともに関東総軍はとりあえず国境付近の日本人の退避について、関係方面軍、各軍の司令部に〝東部の東安・東寧・牡丹江方面は図《と》們《もん》をへて北部朝鮮へ、北部の黒河・チャムス方面はハルビン経由で新京へ、西部のハイラル・チチハル方面は奉天および四平街へ、南西部の熱河方面は南満洲および関東州を目標に、それぞれ後退せよ〟との意図は通達したとある。しかし、これは単なる机上の作文以外のなにものでもない。

また、総参謀長秦中将が命じ、九日午前四時すぎにラジオで全満洲に、日ソ開戦を報じて退避方向を示す放送をさせたともいう。それをどれほどの居留民や開拓団が聴いたものか。当時全満洲のラジオ台数は六十万台と推定されている。主として公共機関と都市住民の一部がもっているにすぎなかった。

結果として居留民や開拓団は無警告・無防備のまま放りだされた。しかも屈強の青年層はもちろん、一家の大黒柱ともいえる父親が〝根こそぎ動員〟で関東軍に召集されている。辺境の開拓地にとり残されたのは老人や婦女子ばかり、というところが多かった。

こうして各地の開拓団や青少年義勇隊や居留民は八月十日ないし十一日、それぞれの逃避行動を開始する。離れがたい〝自分の土地〟を捨てる。各開拓団が相談の上で統一行動をとったわけではない。早くいえば、お前が行くならという群集心理も働いてまとまって動きだしたといえる。どの開拓団が何十人、何日に、どのようなコースをたどったか。それを正確に示すことはほとんど不可能である。多くの人が必死になって人のあとをついていっただけなのであるから。

虎頭要塞のあったひろい地域（東安省宝清県と虎林県）に散在していた開拓団でいえば、関東軍の指示にあるように虎林線の鉄路にそって南下して、林口から牡丹江そして朝鮮北部へ逃れるのが理想的であったであろう。が、虎林線がいきなりソ連軍の攻撃によって寸断されてしまった。いくつもの開拓団の人びとは南下をあきらめ、西へ西へとあとさきになりつつ、満洲東部の曠野をあてどなく歩いていくことになったのである。

それがのちに多くの悲劇をうんだ。しかもいち早く後退作戦をとった関東軍は、ソ連軍の急追撃をおそれ、計画どおり諸方にかかる橋を破壊した。結果的には、あとから逃げてくる老人や婦女子たちの進路と速度とを妨害したことになる。それがいっそう悲惨をよんだのである。

(29)本文では余り触れることがなかった故、ここで満洲開拓青少年義勇隊について少しく書いておく。昭和十二年に日中戦争がはじまり、ただの移民ではなく、屯田兵的な、いざとなれば戦える移民の重要性が考えられた。そこから十六歳から十九歳ぐらいの青少年の移民が計画されるようになる。これが十四年より送られるようになった青少年義勇隊である。いわば国境線に配備された関東軍予備軍といっていい。派遣された人数については正確を期すことはできないが、八万七千人から十万一千人の間と考えられる。ソ連軍侵攻時には、根こそぎ動員で兵士になったものもあり、総数がどれほどであったかつかみづらい。昭和二十八年の外務省調査によれば、百二中隊、二万二千八百二十八人となっている。そして残された一つの資料によれば、義勇隊員の死者は三千七十七人、未引揚者二千二百十八人であるという。

●「今すぐ飛行機で東京へ」

戦闘二日目の八月十日朝、新京の関東軍総司令部では重大な二つの決定が、きわめて当然のこととしてなされている。

その一は、総司令部は明十一日夜に予定どおり南部の通化に移転する。それはこの日早朝に正式に下達された大陸命と、それにつけられた大陸指「関東軍総司令官は、作戦の進捗に伴い、適時その司令部を作戦地域内における爾他方面に移動することを得」にもとづく合法的な作戦行動である。と書けば聞こえはよいが、要するに「退却行動」といえようか。

その二は、大空襲や新京防衛戦が数日後に予想されるゆえ、居留民婦女子を急いで後送し、同時に満洲国皇帝と満洲国政府とを通化に移すことである。

一部の参謀たちは「新京から居留民を後送するのは賛成だが、総司令部が退るのは時機が早すぎる」と反対したというが、「総司令官の決裁に服さぬというのか」の怒声のもとに押し切られた。満洲を放棄し、持久戦によって朝鮮を防衛せよ、という大本営命令は軍人にあってはいまや絶対なのである。[*30]

この新京の居留民の避難輸送にかんして、消し去ることのできない歴史的汚点を残したことはよく知られている。その経緯をていねいに書くには厖大な紙数を要するから、要点だけにとどめるが、軍官の要人会議できめられたはじめの輸送順序は、たしかに民・官・軍の家族の順であったようである。そして第一列車はその日の午後六時出発ときめられている。

実は、そこに問題が残った。会議決定は正午少し前であり、そのことが新京にいる邦人の一軒一軒に知らされるためには多くの時間がかかる。それとこのときになっても新京を離れたがらぬ人も多かったであろうし、また避難準備が手早くゆかない人もあったであろう。そこで、軍人の家族は緊急行動になれているし、警急集合が容易であるから、これをさきに動かして誘い水としようとした。軍の責任者はのちになってそう弁解する。ところが、事実は、第一列車が小雨降るなかを出発したのは遅れに遅れて十一日の午前一時四十分なのである。避難民集合の不手際のためではなくて、列車編成と輸送ダイヤを組むのに時間がかかったからである。目的地は平壌。となれば近道は新京から四平街—奉天—本渓湖—安東—平壌であるが、このコースは満洲南部の複廓陣地築城のための軍需物資集結に使っていた。そこでやむなく新京—吉林—梅河口—通化—平壌へのコースをとることになった。ダイヤの組み直しに時間がかかったのもやむをえない。そうであるから、時間はたっぷりあった。一般市民に決定をくまなくゆきわたらせることもできたのではないか。

さらにいえば、軍人家族には、午後五時に忠霊塔広場に集合、の非常指令が早く伝えられている。これは当初予定の第一列車出発のわずか一時間前。輸送順序で軍人家族が最後であるというなら、動かない市民を動かすための誘い水としても、あまりにも早すぎる呼集ではあるまいか。

そして会議できまった避難順序がいつの間にか逆になるにつれて、こんどは軍人家族の集結・出発を守る形で、ところどころに憲兵が立った。自分らも、と駅に集まった市民は、なぜか憲兵に追いはらわれるようになった。

こうして十一日の正午ごろまでに十八列車が新京駅を離れた。避難できたものは新京在住約十四万のうちの約三万八千人。内訳は軍関係家族二万三百十余人、大使館など官の関係家族七百五十人、満鉄関係家族一万六千七百人。ほとんどないにひとしい残余が一般市民である。

十一日も昼すぎになると、新京駅前広場は来るはずもない列車を待つ一般市民で次第に埋まってきた。駅舎に入りホームにあふれ、怒号、叫び声そして泣き声が入りまじって異様な熱気にあたり一帯が包まれた。かれらは口々に、軍人の家族や満鉄社員の家族の優先にたいする不満と怨みの声をあげたのである。

こうした軍部とその家族、満鉄社員とその家族が、特権を利し列車を私した、という非難と責任追及の声は現在でも大きく叫ばれている。たいして少しは理のある弁明や言い訳もないではないが、およそ耳をかす人はなく、通用しないといっていい。悲劇の体験記のほとんどすべてにおいて、その事実が告発されている。「牡丹江市では、軍の家族の引揚げにしげきされて、こんどは満鉄がお手のものの列車を仕立てて家族の引揚げをはじめた」とあり、「私たちが午後四時東寧駅に着いたとき、避難列車はとっくにでてしまったと聞かされた。……奇妙なことに私たちが『もう列車はでない』といわれて東寧駅を離れたあと、午後七時三十分、第二次の避難列車が東寧駅を出発した。これには東寧の野戦鉄道司令官をはじめ軍人その家族など約千名が乗った。……午後十一時三十分、さらに第三次の避難列車が発車した。この列車には東寧県庁や県職員約五十人をはじめ、軍人、その家族、満鉄社員の残り全員……」とあるなど、例挙に遑がない。書いているとその卑劣さには反吐《へど》がでそうになってくる。

幸いに列車で新京をあとに国境を越えることができた人たちのその後を待ちうけていたのは、苦難な平壌での生活で、多くの家族が結局は飢えや伝染病で死んだ。しかし、そんな不運をのちに知ることがあっても、しばらくはだれも信じようとはしなかった。

その上にまた、関東軍総司令部は参謀本部からの指示もあって、長年かかって鍛えに鍛えてきた軍団らしく、必要な処置をてきぱきと打っている。ソ連軍侵攻とともに、直接作戦に関係のない関東軍軍楽隊、関東軍化学部[*31]、防疫給水隊、毒ガス研究部隊、軍馬防疫廠などをいち早く後方に移動させている。作家井出孫六氏の取材した話によれば、八月二十七日の釜山港からでたチャーター船の乗客は、防疫給水隊すなわち細菌戦用の七三一部隊（別名石井部隊、加茂部隊）の関係者ばかりであった、という。

最近になって入手した、石井四郎軍医中将が八月十日に新京によばれて、口頭でうけた参謀総長の指示（要旨）は、つぎのようなものであったという。

「①貴部隊は速やかに全面的に解消し、職員は一刻も早く日本本土に帰国させ、一切の証拠物件は、永久にこの地球上より雲散霧消すること。

②このため工兵一個中隊と爆薬五トンを貴部隊に配属するようにすでに手配済みにつき、貴部隊の諸設備を爆破すること。

③建物の丸太は、これまた電動機で処理した上、貴部隊のボイラーで焼いた上、その灰はすべて松花江（スンガリ河）に流すこと。

④貴部隊の細菌学の博士号をもった医官五十三名は、貴部隊の軍用機で直路日本へ送

還すること。

その他の職員は、婦女子、子供たちに至るまで、満鉄で大連にまず輸送の上、内地に送還すること。このため満鉄本社にたいして関東軍交通課長より指令の打電済みであり、平房店駅には大連直通の特急（二千五百名輸送可能）が待機されている」

毒ガス研究（在チチハルの小野部隊）も、ガス弾の使用厳禁、その焼却処分をいち早く命じられている。

また、八月九日のその日、満洲国皇帝溥儀《ふぎ》の弟溥傑《ふけつ》に嫁した愛新覚羅浩《ひろ》が外からうけた電話の内容も、まことに興味深い。

「私、今すぐ飛行機で東京へ出発しますが、なんなら一緒にいらっしゃいませんか。できなければ、貴重品だけでもお預かりして参ります」

わざわざ電話をかけてくれたのは「宮田さま」夫人である。これが参謀竹田宮の変名で、宮田参謀は参謀本部に転任となって七月に去っていたが、宮妃は新京に残っていた。宮田夫人のために応急に東京への飛行機の手配はきちんとなされていた。それを指示したのは、関東軍の鋭敏な参謀のだれかであることは間違いのない事実である。東京への飛行機の傭雇など、なまじのものにできるものではない。

「帰れるんですか」

と愛新覚羅浩がきくと、

「ちゃんと軍が手配してくれましたから」

と宮田夫人が答えたことが、愛新覚羅浩の回想録『流転の王妃』（文藝春秋刊）にある。

このことにかんして、インタビューの折に瀬島龍三元参謀に問うたことがある。元参謀の答は、

「竹田宮妃殿下のことは、私は初めて聞きました。関東軍参謀だった竹田宮殿下は私と交代して内地へ帰っていますが……」

というまことにつれないものであった。私は知らぬ、記憶にないといわれればそれ以上聞きようがないのである。

なお、関東軍が指弾される風聞の一つに、総司令官山田乙三大将の夫人のいち早い日本への帰国の噂がある。ソ連軍侵攻と同時に、特別仕立ての飛行機で飛んでいったというのである。しかし、この件については真相はすこしく異なるようである。山田夫人が新京を出たのは八月十日、他の総司令部の要員の家族と一緒に列車によって、朝鮮の平壌まで二日がかりでいった。その平壌で折もよく本土から飛んできた重爆撃機があり、それに便乗して八月二十一日に日本へ帰ったのである。この飛行機は満洲国皇帝を日本へ迎えるために本土から飛来し、ずっと待機していた。が、皇帝はソ連軍に逮捕されついに姿をみせなかった。それならば最高齢の夫人を、ということで、日本へ運んだ。それが事実のようである。

たとえそうであろうと、風聞とどれほど違うか、と問われれば、答には窮する。軍はまことに勝手気儘《きまま》に振舞っていた。

（30）関東軍総司令部の早期の通化移動については、満洲国政府の主要官吏（日本人）ほとんど全員が反対であったという。第一、通化には通信設備はもとより、何の準備もされていない。そんなところへ移っては、中央官庁としての任務は何ひとつ遂行できない。第二、いまなすべき任務が山ほどある。地方官吏への適切な指示、奥地の日本人の救出、各都市在留邦人の安全など、一刻もゆるがせにできない。こうした緊急のときに、軍の命令だといって、唯々諾々と、通化の山奥にわれわれ中央官庁だけが引っ込んでしまうことなど、どうしてできようか、と。

文官ですらこの常識的判断があった。が、関東軍総司令部にはこれくらいの常識すらなかったとは。

（31）新潟市の宮山武さんという読者の方からのお手紙によると、チチハルにあった関東軍化学部の建物などは、すでに五月に爆撃によって廃墟と化していたという。宮山さんがそこを訪ねたのは六月中旬で、「宮前小学校前の踏切を渡り、いつも見慣れた化学部の赤い煙突を、と思って見ても何も見えず、庁舎前で見たものは瓦礫の山。人っ子一人見えず、実験動物も一匹もいず、ただ茫然とするのみ。急いで駅に引き返して聞けば、五月に私達の部隊が去った二日後に、爆撃で破壊し尽くされたとのことでした。また化学部の隊員の行き先も不明でした」ということなのである。

が、建物や設備などがそうであるなら、関東軍総司令部が特に配慮しなければならなかったのは、化学部に所属していた将兵をいち早く本国へ送る、ということになるのは改めて書く要はなかろう。

●「落城を弔うがごとく」

婦女子や子供の後方輸送の問題は、新京在住の一般邦人の怨恨をかったが、それ以上の憤激、というより市民をア然とさせたのは、早々とした関東軍総司令部の新京からの離脱のほうである。

いまから考えれば、たしかに東京からの十日に下達された大陸指（二二九ページ）があった。軍隊は命令によって動くゆえに、作戦の要求に立脚したことであり、合法性のもとに実行された転移ではあるのである。問題は「作戦の進捗に伴い」と「適時」との解釈にある。八月九日夕刻になって、総司令部での作戦会議では、ノモンハン方面から急進中のソ連の有力機甲部隊は「約一週間」で新京に達する、というそれまでの推断が修正された。

「ホロンバイル草原は機甲部隊にとって、絶好の進撃路であります。あるいは敵は三、四日以内に新京、奉天に迫りくることも考えられます」

という情報参謀の判断が空気を決定的に支配したのである。

このとき、大陸指とともに下達されている大陸命の「来攻スル敵ヲ随所ニ撃破シテ」のほうは奇妙なほど忘れられてしまっている。関東軍総司令部は、正確な戦況を知るまでもなく、通化を中心とする山地帯に軍の主力を最終的に集結して、大持久戦を行おうとする基本方針にしがみついてしまったようなのである。

たとえば、チチハルから命によって後方の奉天に移され、南西部国境線に展開していた第三方面軍司令官後宮《うしろく》淳大将の意見具申がある。大将は、このうえさらに後方の、準備のほとんどできていない通化地区に大軍が拠って持久戦を行うことは、作戦上困難きわまりないと考えたという。それにもまして、新京付近以南の圧倒的に多数の居留民の保護を重視した。このさいは、居留民の前面に極力立ちはだかって戦い、少なくとも軍は居留民と共生共死すべきであるとして、後宮は十日朝、方面軍の全戦力を新京・大連間の鉄道沿線地区に結集し、西から来攻するソ連軍を邀撃する決意を固めたのである。

しかし関東軍総司令部は、第三方面軍の措置の変更を認めなかった。後宮の大軍団が決戦にでることによって消耗した場合、朝鮮防衛の長期持久の根本方策が崩れてしまうことを恐れたからである。既定の作戦方針にそって、所要の兵力を通化方面にどんどん後退させる処置をとるように強く要望した。

関東軍総司令部が日露戦争いらいの重要書類を焼却しはじめたのは、八月十一日である。書類の焼却は敗北の覚悟の表明である。秦総参謀長の手記には、

「烈日のもと、炎々と燃えさかる炎は熱風を呼び起こし、濛々と立ちこめる黒煙はあるいは高く空に冲《ちゅう》し、また激しく大地をなめ凄絶そのものである。炎は夜となく昼となく、あたかも関東軍の落城を弔うがごとく猛り狂うように燃え続けた」

と、いとも文学的に表現されている。戦闘がはじまったばかりですでに「落城」を予

期している。「転進」と敵に背を向けることを決意したとき、軍人の闘志は人一倍萎《な》えてしまうのであろうか。東京の陸軍中央がそれをしたのは、天皇の最後の「聖断」が下った八月十四日午後からである。それにくらべても、戦う前から案山子《かかし》の関東軍は〝撃破〟を投げていた。

ソ連侵攻の予期せぬ大混乱のさなか、関東軍総司令部だけではない、軍の指揮官・参謀たちの情けない卑劣そのものの行動を語るエピソードがほかにもある。

満洲国中が大混乱にあったとき、「関東軍の上級将校が家族ともども列車を仕立てて、大連へ向かうという情報を予備士官学校の候補生が摑んできました。軍人たる者が何事かッ、学徒出身の私どもは怒りました。守備隊の武器庫から重機関銃を持ち出しまして通過駅の大石橋のプラットフォームの両端に一基ずつ据えました。果たして情報通りでした」

とは、柏原健三氏（大阪教育大学教授）の語る終戦秘話である。読売新聞大阪社会部編『戦争8』「ああシベリア」に載っている。

結果はどうなったか。下級将校たちの厳しい検問に、列車からは金ピカの参謀肩章を吊った佐官クラスの士官たちが降りてきた。「惨めな居留民や開拓民を見捨てて逃げるとは何事か」と詰め寄る血気の学徒出身将校たちを前に、参謀たちは平然として言いはなった。

「本官らは身を賭して本土防衛の任に赴くものである。それを何だ、貴様らの行為は抗命罪だぞ」

　この一言に、残念ながら、下級将校たちの一斉射撃の決断は突如として萎えてしまったという。もちろん、本土防衛に赴くなどはペテンもいいところである。列車内には参謀たちの妻子がいた。それで決戦場への急行もないものである。しかし、まだ命令系統と階級序列は生きている。敗軍であればあるほど、軍紀は守らねばならないのである。「それにしても、なにゆえに女子供連れでありますか」ぐらいの、皮肉の一言を浴びせることも忘れて、空しく列車の立ち去るのを見送ってしまったことに、柏原氏はいまも地団太を踏んでいるという。

　参謀たちの正体ならびにその後は不明である。ちなみに柏原氏たちはシベリアへその後送られている。氏が帰国したのは昭和二十四年のことである。

　しかも、こうした不甲斐なさのいっぽうで、関東軍総司令部は同じ十一日になると、満洲国政府をとおして「政府および一般人の新京よりの避難は許さず。ただし応召留守家族のみは避難を予想し家庭において待機すべし」という命令を発している。敗戦思想から余計な混乱の市内に起ることをいまになって防止することを考えたのである。

　そして、総司令部そのものは「作戦の進捗」を的確に見定めることもなく、予定どおりにあわただしく、新京を捨てて小型飛行機で通化へ飛んでいく。このとき、全軍に一片の命令を発した。

「総司令部は通化に移動する。各部隊はそれぞれの戦闘を継続し、最善をつくすべし」

無責任きわまりない。

くり返すが、移動というより、全般の態勢からして「退却行動」にひとしい。十二日午後二時に山田総司令官、松村知勝参謀副長および作戦主任瀬島参謀たち。その夜十時には、満洲国皇帝溥儀とその家族たちが、特別列車で新京を離れ通化へ向かった。皇帝の蒙塵である。十三日には秦総参謀長、作戦班長草地参謀以下。

瀬島元参謀の『幾山河』には「全関東軍の作戦をここで指揮し、最後は総司令官以下、城を枕に討ち死にする決意で南満山岳地帯の中心である通化に移った」ときれいごとが書かれている。

なぜなら通化はそのようなところではなかった。その年の六月ごろから北部国境にいた第百二十五師団をさげて、陣地構築に当らせていたが、それもその緒についたばかり、司令部の建物は急ごしらえで建てられていたが、縦深陣地はいうまでもなく、通信設備など指揮中枢の設備さえできていなかった。このため前線の各兵団と総司令官との連絡は杜絶した。秦中将の手記をもう一度引用すれば「防空設備はもとよりできておらず、駐屯の第百二十五師団は急遽周辺の地区に対戦車壕を構築中で、正に泥棒を見て縄をなう感」が深かった、という状況なのである。

評すれば、作戦上の予定がどうであったにせよ、総司令部の過早の通化移動は有害無益であった、というほかはない。新京付近の居留民が、われわれを置き去りにして総司令部が〝逃げた〟と怨むのは当然である。そして戦後、満洲各地にあって生命からがら逃げのびて、帰国することのできた人びとがこの事実を知り、唇を震わせて怒ったのも無理はない。全満各地に居住していた日本人は、だれもが関東軍が守ってくれるものと信じ、関東軍の庇護を唯一の頼りにしていたからである。それがさっさと「退却」したなどとは、考えてみもしなかった。

ヒトラー自決後の、敗亡のドイツの総指揮をまかされた海軍元帥デーニッツの回想録『10年と20日間』を想起せざるをえない。すでにドイツの敗北を予見していたかれは、海軍総司令官の権限で、降伏の四カ月も前から水上艦艇の全部を、東部ドイツからの難民や将兵を西部に移送するため投入していた。ソ連軍の蹂躙から守るためである。こうして東部から西部へ運んだドイツ人同胞は二百万人を超えている。

敗戦を覚悟した国家が、軍が、全力をあげて最初にすべきことは、攻撃戦域にある、また被占領地域にある非戦闘民の安全を図ることにある。その実行である。ヨーロッパの戦史をみると、いかにそのことが必死に守られていたかがわかる。日本の場合は、国も軍も、そうしたきびしい敗戦の国際常識にすら無知であった。

だが、考えてみれば、日本の軍隊はそのように形成されてはいなかったのである。国民の軍隊ではなく、天皇の軍隊であった。国体護持軍であり、そのための作戦命令は至上であった。本土決戦となり、上陸してきた米軍を迎撃するさい、避難してくる非戦闘員の処置をどうするか。この切実な質問にたいし陸軍中央の参謀はいったという。

「やむをえん、轢《ひ》き殺して前進せよ」

そうした帝国陸軍の本質が、満洲の曠野において、生き残った引揚者に「国家も関東軍もわれわれ一般民を見棄てた。私たちは流民なのであった。棄民なのであった。ソ連軍の飽くなき略奪と凌辱、現地民の襲来、内戦の弾下の希望なき日々」(村岡俊子氏)とつらい叫びをあげさせるもといをつくったのである。そして、こうした国家と軍の無知蒙昧そして無策とが、スターリン大元帥の思う壺だったのである。

●「まなざしで頑張れと」

関東軍総司令部の命令の下に、主力兵団はつぎつぎと防衛線を後退させている。国境付近にあった監視廠や防御陣地は勇戦しつつ、そのかんにソ連軍によって蹂躙されていく。いくつかの山頂要塞陣地が包囲され孤立化しながらも、懸命の抵抗をつづけている。しかし、両翼の日本軍要塞陣地からの挟撃の恐れのなくなったところから、ソ連軍の主力機甲部隊が満洲の曠野へと大きく展開しつつ侵攻をすすめていった。

西部国境線より攻めこんだザバイカル方面軍の総司令官マリノフスキーが、その手記『関東軍壊滅す』に書いている満洲東部の、牡丹江市付近における日本軍の防御戦闘のさまは、字義どおり壮絶の一語につきる。

「多くの決死隊員はとくにソビエト軍将校を目標とし、白刃をかざして襲った。彼らはしばしば爆弾や手榴弾を身体にしばりつけ、高い高粱《コーリヤン》の下にかくれながら、戦車やトラックの下に飛び込んだり、ソビエト兵たちの間に紛れ込んで自爆したりした。時には多数の決死隊員が身体に爆弾や手榴弾を結びつけ、生きた移動地雷原となった。牡丹江入口で日本軍が反撃に出たときは、地雷や手榴弾を身体中結びつけた二〇〇名の決死隊がおい茂った草の中を這い回り、ソビエト戦車の下に飛び込んでこれを爆破した」

日本側のわずかに残された記録をみても、牡丹江付近の最前線で、ソ連軍を邀撃した第五軍の各部隊の決死の戦いぶりは、敬意をもって特筆しないわけにはいかない。たとえば、石頭にあった予備士官学校の候補生によって編制された特設荒木歩兵連隊の麾下の第一大隊（長・猪股繁策大尉）のソ連軍重戦車を相手とする肉薄攻撃がある。連隊主力は後退して第五軍主力の指揮下に入り、掖河に複廓陣地を急築して敵を全面的に邀え撃つ、その築城の時間かせぎのために、連隊主力から離れて大隊は一歩も退かず、孤軍奮闘しなければならなかった。

身を挺した戦闘は八月十三日正午ごろからはじまり、十四日夜までつづいた。歩兵砲中隊（長・梅津慎吾中尉）は、擱坐《かくざ》した敵戦車を分捕ると、その搭載砲を使って敵戦車を射つ、という離れ業まで示している。捕獲した敵の武器を使う、将棋好きの分隊長らしい妙案であった。

その果敢な戦闘ぶりを石頭予備士官学校第十三期生の記録『楨幹』が活写している。

「……侵入してきた戦車に対し、小銃射撃、手榴弾投擲《とうてき》、肉攻を繰り返し、食わせたアンパン（吸着爆雷）の爆発音に驚き、急停車して搭乗員が戦車を捨てて満人部落に逃げ込んだ。／梅津中尉は該戦車を分捕り、中にあった乾パン等の食糧を、付近の候補生に分配するとともに、歩兵砲中隊の鈴木秀美候補生、一瀬候補生および本部の和泉技術伍長を戦車内に入らせ、砲を反転して、敵の接近を待ち、零距離砲撃を行わせた。／沈着な行動により、弾は一発必中で、たちまち五、六台の敵戦車を擱座させた。後続戦車群はこのため一時後退、ソ連の侵入を一時完全に阻止した。台上にいた者一同、蛸壺から出て『万歳』を叫んだ」

しかし、長くはつづかない。鈴木候補生戦死。頼みの速射砲一門も戦車砲により破壊される。十四日が明けるとソ連軍はふたたび攻勢に出てきた。

「午後四時ごろ、猪股大隊長が戦死した。／大隊長死後、梅津中尉の指揮下にあった速射砲の残員三〇～四〇名は蛸壺内に待機し、薄暮を期して、台地東北方山頂の敵歩兵に対し、楠木戦法で攻撃した（この戦法は綱を張り、草をゆさぶって敵の注意を向けさせ、主力は迂回して側面から攻撃する）。この戦法により、敵歩兵はマキシム式重機関銃一・食糧・弾薬を放棄して後退したので、これを分捕って陣地に帰った」

勇戦力闘もそこまでである。午後十一時ごろ、孤立無援となった隊をまとめ、梅津中尉は少数の生存者とともに、ひそかに戦場より離脱していった。

戦後、復員船のつくたびに舞鶴港の岸壁で、還《かえ》らぬ息子の姿を求めて立ちつくす老母の姿を多くの人がみとめている。歌やドラマにもなった「岸壁の母」端野いせのひとり息子新二軍曹も、この猪股大隊の玉砕組の一員であった。

東部戦線ではこのように力戦がつづいた。そして西部戦線では——。マリノフスキーが苦闘のあとを残しつつ、誇らしげに書いている。

「敵は退却しつづけた。わが軍は満洲から日本占領軍を追い払いながら、一歩一歩、前進した。……灼けついた空気の中に濃い砂塵が円をなして舞い上がり、太陽を遮った。隣を走る自動車の姿を見分けることも困難だった。ラジエーターの水は沸騰しはじめた。大体、蒙古草原には行軍路などないのだ。それは草のおい茂った平原に新しくつくられつつあった。丘から丘へ向かって、砲兵隊、戦車隊、自動車の列が進んだ」

全軍の総司令官ワシレフスキーの『回想録』はすべてにわたって胸を張っている。東部戦線についての部分を引く。

「極東第一方面軍は進撃困難な山岳地帯を通過し、〝マンニェルゲイム線〟として記憶されている強力な防衛線を突破し、きわめて軍備の強固な地域を占領するとともに、満洲の奥深く百二十キロから百五十キロも突き進み、牡丹江付近での戦闘を開始した」

そしてこの東部戦線において、国境線にとり残されたまま、まったく後方の味方と絶縁しつつも、虎頭要塞の第十五国境守備隊将兵の悪戦苦闘はなおもつづいている。そのことを忘れるわけにはいかない。その状況は、山西栄少尉の手記を引くのがいちばんいいであろう。

「八月十三日。すでに中猛虎山の観測所は破壊され、このころから、敵の戦車、火砲、狙撃兵が、猛虎山一帯に出没するようになった。午前中のソ連軍攻撃により、わが軍の逆襲口からの手榴弾による邀撃もむなしく、西猛虎山頂、つづいて中猛虎山頂が敵によって蹂躙された。

山頂に侵入したソ連軍は、地下陣地の煙突・換気孔などから、ガソリン状のものを注入し、これに点火したため、地下陣地内では多量の一酸化炭素が発生し、中毒患者が続出した。このとき以来、ソ連軍は、この戦法を繰り返し加えるようになった。

午後、奪われた陣地・山頂を奪還すべくわが軍は斬込みを敢行、かなりの成果を収めたが、西猛虎山頂の奪還はならなかった。

敵が一番高い所を狙って攻撃し、これを占拠して赤旗を揚げると、小隊は下の方から攻めて奪回する。幾度となく繰り返されるすさまじい白兵戦の模様は、猛虎山から砲隊鏡を通して手に取るように見えた。私のよく知っている兵がつぎつぎに倒れていくさまを見て、私は、いても立ってもいられなかった」

こうした悲劇ははりつけとされた軍隊ばかりではなかったのである。頼みの軍はさっさと後退し、その上に県公署、警察なども急速に機能を失った。放りだされた一般居留民や開拓農民の予期されていた悲惨は、いよいよ現実化していく。鉄道や自動車を利用することのできた一部の軍人家族や官吏家族なんかとは違って、かれらは自分の足を唯一の頼りに歩くほかはない。そのあとを急速な、ソ連軍機甲部隊が追撃してくるのである。しかも、すでに記したように、屈強のものたちはすべて根こそぎ動員で奪われている。

開戦当時、ロシア語習得の語学隊員（幹部候補生）として北満の黒河特務機関にいた志田行男元軍曹が、最新刊の著で書いている母子の姿がなんともあわれで忘れられない。ソ連侵攻の報に語学教育隊は、合流してきた守備隊などのものも加えて、命令のもと退避行動に移った。実に五百キロの行程を歩きとおして嫩江《のんこう》に集結する予定であったという。その間にある小興安嶺を越えねばならないのである。

「黒河を出てから四、五日後になって、ふと気付くと、日本人一家が必死になって歩いていた。われわれ兵士の隊列と前になったり、後になったりしながら、数日間も遠方で、あるいは間近にその姿を見せていた。会話を交える余裕は双方になかったので、まなざしで頑張れと挨拶するだけだった」

一家は、三十代後半ほどの母と、七、八歳と四、五歳の男の子二人、それに母の背には乳呑子、それと元使用人かと思われる中国人の老爺であったという。立ち止ったとき、背中の子供に乳をやり、男の子二人にも何やら食物を与えていた母の姿を望見したりした。

「彼女は、兵隊さん、一緒に連れていってとは一言も口にすることなく、数日の間、われわれと同じ道を辿っていた。だが、いつしか視野から消えてしまった」

志田元軍曹は「国境線近くに取り残されて連絡のなかったこの母子一家の不安と苦しみを想起するとき、われわれ兵士は発すべき言葉を知らない」といまにして嘆く。それにしても、なぜ「一緒に連れていって」との一言がなかったのか。辺境の居留民はソ連参戦の報さえ知らされていなかった。ほんとうに国にも軍にも見棄てられたのである。ひとりで生きぬこうとする強い母には、その無慈悲の軍に、いまさら信をおくべくもなかったのであろうか。

そして、この母子四人のその後はだれも知らない。いまたずねだすことも不可能なのである。

●「従来の任務を続行す」

八月十四日正午に近かった。天皇はその言葉を何度となく中断し、落ち着きをとり戻してはまたつづけた。

「国体護持についてはいろいろ危惧もあるということであるが、先方の回答文は悪意をもって書かれたものとは思えない。要は、国民全体の信念と覚悟の問題であると思う。このさい先方の回答を、そのまま、受諾してよいと考える」

昭和史が涙によって新たに書きはじめられたときである。宮中の地下防空壕でひらかれている御前会議の席にある二十三人の日本の指導者は、深く頭を垂れ、嗚咽《おえつ》し、眼鏡をはずして涙をぬぐった。

「……国民が玉砕して君国に殉ぜんとする心持ちはよくわかる。しかし、わたくし自身はいかになろうとも、わたくしは国民の生命を助けたいと思う……」

大日本帝国が、ポツダム宣言の条項を無条件に受諾し、ただし国体護持については特定の諒解をえたものと了承して、降伏を決定したときである。ポツダム宣言ははじめ米英および中国の三国の宣言（会談に欠席の蔣介石は電報で署名）であったが、のちソ連も対日宣戦布告のなかで、宣言への加盟を明らかにしている。ということは、日本のポツダム宣言受諾は、ソ連をも連合国の一員とみなして、その申し入れを承諾したことになる。

満洲全土のなかで、〝東京に大きな動きがあり、ポツダム宣言受諾ときまった模様〟という情報をまず手にしたのは満洲国通信社であったという。十四日正午すぎのこと。通信社はすぐ新京の関東軍総司令部に伝えた。これを受けた留守居の情報参謀野原博起中佐は、通化の総司令部に電話を入れた。

「東京に重大問題あるらしく、ぜひ総司令官には新京に帰還せられたい」

参謀たちがやっと机上に満洲国全図をひろげ、今後の関東軍の全般指導についての研究にとりかかろうとしたときである。電話はもはや一刻の猶予もならぬ急を告げている。また、その後にも「明十五日正午、天皇陛下の御放送がある」との連絡もとどけられる。山田総司令官はこうなってはと、とるものもとりあえず、秦総参謀長をはじめ松村、草地、瀬島の主要幕僚ともども、飛行機でその日の夕刻（日没ごろ）には通化から新京に帰還している。

それとほとんど前後して、東京から参謀次長河辺虎四郎中将が新京に新司令部偵察機で飛来し、山田と秦の関東軍両首脳と総司令官室で会談、用がすむとそそくさと東京へ戻っていった、という挿話がある。ほとんどの資料にはこのことは残されていない。ただひとつ、関東軍高級副官の泉大佐の回想にある。

「今思うと東京の状勢を詳細に伝えられ、善処を要望されたものと思われる。……従って放送の内容が降伏であることを満洲で初めて知ったのは、勿論この二人の将軍だったと思われる（参謀次長の来満はその外の人は誰も知らぬ）」

と泉元大佐は記している。

これが事実とすれば、河辺の来満は「降伏」決定の知らせだけではなく、その日の午後二時四十分に決議された「陸軍ノ方針」をも、しっかりと山田乙三大将に伝えにきたものであろう。この方針はもともと河辺の発案によるものであった。

「皇軍ハ飽迄御聖断ニ従ヒ行動ス」

ただこの一行である。署名者は阿南陸相、梅津参謀総長、土肥原賢二教育総監、杉山元第一総軍、畑俊六第二総軍、河辺正三航空総軍の各軍司令官の六名。これによって承詔必謹が全陸軍の方針となり、これに反するものは叛逆者となり、叛乱軍となるのである。

陸軍中央はその上でより万全を期した。陸相と参謀総長の連名で「帝国の戦争終結に関する件」という軍機親展電報を、関東軍、支那派遣軍、南方軍、第二総軍（広島）の各総司令官、第五（北海道）、第十（台湾）各方面軍、第三十一軍（太平洋）の各軍司令官、小笠原兵団長あてに午後六時すぎ発信した。各軍から受領の返事がそろったのは午後八時半ごろ。

それは「御聖断すでに下る。全軍挙《こぞ》って大御心に従い、最後の一瞬まで光輝ある伝統と赫々たる武勲とを辱めず、我が民族の後裔《こうえい》をして深く感佩《かんぱい》せしむる如く行動すること緊要にして、一兵に至るまで断じて軽挙妄動することなく……」と名文句で綴られていた。問題を残すのは第三項にある。

「御聖断に従い、政府及び大本営は逐次具体的処理を進めらるべきも、停戦に関する大命の発せらるるまでは、依然従来の任務を続行すべきものとす。念の為」

この念押しに従えば、戦闘行動停止の大陸命がでるまでは、軍は戦闘をつづけねばならないことになる。深謀遠慮で、第一線軍の気持の荒立ちをなだめる意味もあったのかもしれないが、抜いた刀はまだ鞘《さや》に入ってはいない。承詔必謹とはいいながら、軍が銃を置いて無条件に降伏することには想像を絶する困難さがあったのである。

●「マッチの軸が潰され」

そこは満洲西部興安嶺のふもと、興安総省の省都興安の東南、約四十キロの白温線葛《かっ》根《こん》廟駅付近の小高い丘の多い草原である。

興安街から徒歩で、白城子をめざして避難してきた婦女子を大半とする二千余の日本人居留民が、そこで新京をめざして急進中のソ連軍機甲部隊に追いつかれてしまった。ソ連軍の指揮官が、戦争はもう終結の一歩手前まできていることなど承知しているはずはない。これから予想される精鋭関東軍を敵とする激戦を前に、戦車砲と機関銃の試射と、日本人恐るるに足らずの自信を部下にもたせるためには、絶好の目標と見えたのかもしれない。

それに総力戦と名づけられたこの第二次大戦においては、国民全体が戦闘に参加し、戦争が国民全体の責任とみられるようになっている。つまり市民と軍人の区別はかぎりなく消えているのである。そして、いかに非人間的な野蛮な行為であれ、それを軍が要求するのであれば、正当な作戦行動となる。苛酷なヨーロッパでの戦場体験をもつ指揮官は、敵味方の差なく、そう考えるものが多かった。

「成功に導くものであれば、女、子供であろうと、手段をえらばず、無制限にやれ。それが正当であり、軍隊の義務でもある」

ドイツ国防軍の代表的将軍カイテル元帥のこの言葉は、そのまま多くの戦闘指揮官たちに承認されていた。その思想がアジアの戦場にもちこまれ、このときのソ連軍の指揮官もそう考えているひとりであったようである。かれは躊躇《ちゆうちよ》することなく「射て!」と命じた。

八月十四日の昼近くである。東京で、天皇が「国民の生命を助けたい」と二十三人の男を前に降伏の決断を下したときと、ほとんど時を同じくしている。歴史はなんとも無残なことをする。

飢えと疲労で何日も歩きつづけてきた人びとは、中型戦車十四輛に蹴散らされ、轢《ひ》き潰された。最後尾の興安小学校の児童たちが戦車の轟音を最初に聞いたときには、もう殺戮《さつりく》がはじまっていたのである。遮蔽物がなにもない草原は最高の射場と化した。向かいの丘からそれを眺めていたソ連兵士は、

「まるでマッチの軸がはねられ潰されるようであった」

と証言している、という。

殺戮はそれだけですまない。後続の自動車隊から降りてきたソ連兵が、幼児といえども情け容赦もなく、それが既に冷たい屍《しかばね》になっていようが見境いなく、マンドリン（自動小銃）を射ちこみ銃剣で止《とど》めを刺した。先を急ぐソ連軍機甲部隊にとっては、とぼとぼと動く難民の列は前進を妨げる障害物以外のなにものでもなかったのか。

当時小学校下級生で、幸運にも生き残った田中忍という女性の手記がある。ほかにもいくつかの生存者の回想が残されているが、ここではこの手記を長く引用する。

「誰も口を利かない長い行列は、丘から丘につづいて、その先は見えない。食糧をつんだトラックと馬車が何台も通り過ぎ、その上に日焼けをした老人とおなかの大きい人が乗っていた。

母は背中に、もうすぐ四歳になる弟《ママ》をおんぶし、私は二人の弟《ママ》の手をひいて、母のあとをいそいだ。焼けつくような太陽が照りつけて、道端に捨てられた荷物も段々とふえ

ていった。突然『ピューッ』と弾丸の音がした。父が大声で『かくれろ!!』と云ったので、皆で溝の中に身を伏せた。銃声と戦車の音はきびしく、上の方で何がおこっているのかわからない。その時父が起ち上って動こうとした。『お父さん、動いてはダメ』と私は父の足をつかんだ。だが父はどこかに行ったまま、私たちの所には帰ってこなかった。

銃声はひどくどの位時間がたったかわからない。男の人が『集まれ!!』と号令をかけた。

私たち親子五人が歩いて行った先には、行列の三分の一位の人がいたように思った。そこに銃声が近づき、自動小銃を持ったソ連兵にとり囲まれた。

自動小銃が鳴り、護身用に持ってきた手榴弾があちこちではじけ、母と九歳の弟は息が切れた。私も腰から血をふき前に倒れた。

『お姉ちゃん』と（ママ）妹と弟が大粒の涙をこぼしながら、血の海の中を這ってきた」

ソ連軍が去ったあと葛根廟の丘を、やがて赤い夕陽が、なぶり殺しにされた千数百人の鮮血で染めたかのように赤く照らし、いつものように沈んでいったという。

●「降伏命令が書けるか」

八月十五日正午、天皇放送はあらんかぎりの努力が払われて、アジア一帯の全軍隊に送りとどけられた。

「……今後帝国ノ受クヘキ苦難ハ固《もと》ヨリ尋常ニアラス爾臣民ノ衷情モ朕善《よ》ク之ヲ知ル然レトモ朕ハ時運ノ趨《おもむ》ク所堪ヘ難キヲ堪ヘ忍ヒ難キヲ忍ヒ以テ万世ノ為ニ太平ヲ開カムト欲ス……」

新京の関東軍総司令部では、ラジオのある部屋ごとに将兵が集まり、姿勢を正して放送に聞き入った。各部屋は水を打ったように静まりかえり、わずかに涙の床に落つる音が聞きとれたという。

八月十五日の時点におけるソ連軍の満洲進出状況は、大要つぎのようなものであった。西からのザバイカル方面軍は主力が大興安嶺を踏破して、ようやく満洲中部の平原に兵を集めはじめていた。しかし機甲部隊はガソリンと水の大不足に悩まされ、進撃は足ぶみ状態になりつつあった。ハイラルの日本軍の要塞陣地の抵抗はなお激越で、攻撃続行のソ連軍はもてあまし気味である。

東からの第一極東方面軍の主力は、牡丹江付近をどうやら制圧し、つぎの作戦に移ろうとしている。国境線の虎頭、東寧の勝鬨などの永久要塞はいぜん闘魂をもやし頑張り、ソ連軍も執拗に攻撃をくり返している。

北からの第二極東方面軍は、松花江を遡《さかのぼ》った兵団はやっとジャムス（チャムス）に迫り、黒河方面から侵攻した赤旗第二軍はまだ小興安嶺を越えたばかりである。

つまり作戦上から早めに後退行動をとった関東軍主力は、天皇放送のあった時点では、

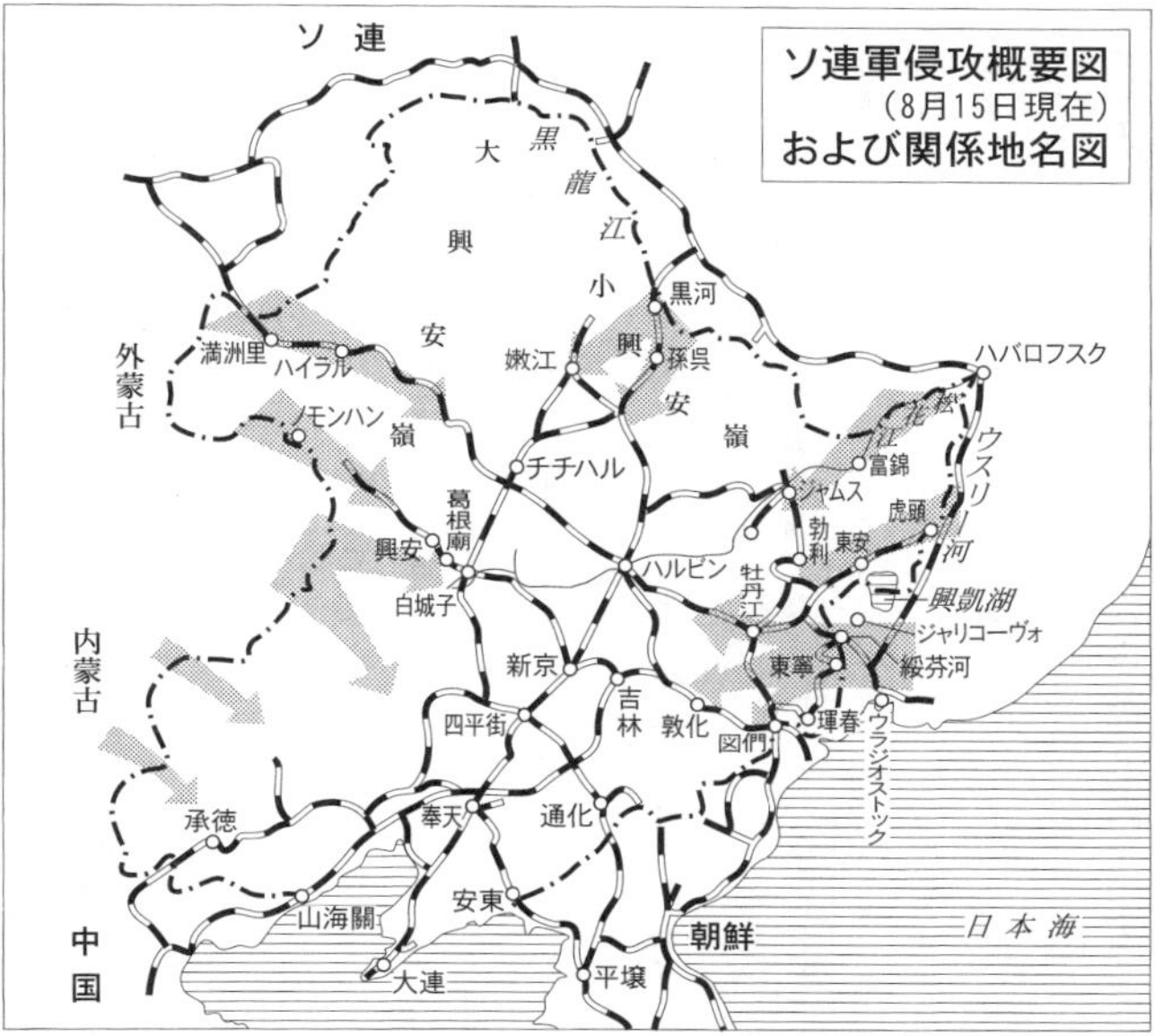
ソ連軍侵攻概要図
（8月15日現在）
および関係地名図
ソ連
外蒙古
内蒙古
中国
朝鮮
日本海
大興安嶺
小興安嶺
黒龍江
松花江
ウスリー河
興凱湖
満洲里
ハイラル
ノモンハン
嫩江
黒河
孫呉
ハバロフスク
富錦
ジャムス
チチハル
葛根廟
興安
白城子
ハルビン
勃利
東安
虎頭
牡丹江
ジャリコーヴォ
東寧
綏芬河
新京
吉林
敦化
図們
琿春
ウラジオストック
四平街
通化
奉天
承徳
安東
山海關
大連
平壌

まだソ連軍と正面からの交戦はしてはいなかったのである。ほとんど戦わなかったにひとしい。もちろん東部戦線の第五軍の一部や要塞陣地での激闘はつづけられている。そうした殺戮の場では天皇放送どころではない。しかし、あえていえば関東軍のほとんどの部隊は三八式歩兵銃を一発も射たず、決戦らしい決戦もせずに、無条件降伏しなければならない状況に追いこまれている。

しかも、戦争終結の「聖断」は政治上の決定であって、まだ統帥命令はでていない。正式の停戦命令がこない間は、和戦の選択は現地軍の権限ではないか。天皇放送の興奮や失望からおのれに返ると、関東軍の若い参謀のなかに強硬意見がでてくる。それならば「大本営に連絡に行って実情を確かめてはどうか」という意見が自然にでてきた。秦総参謀長の命で、参謀副長松村少将が急遽飛行機で派遣されたのは十五日午後。河辺次長との会談で万事を知っているはずの秦が、あえて松村派遣をきめるあたり、関東軍総司令部内の空気がただならぬものであったことがわかる。

しかし松村が東京の参謀本部内でみたものも、冷静であるべき作戦課が混乱あるいは虚脱し、そして逆上という新京と同じような状況であったのである。松村が作戦課長天野正一少将と会い「手続き上の大本営命令がないかぎり、関東軍は戦争をやめられない状況にある」とつめよるのをそばで聞いていた若い参謀が、

「降伏命令が書けるか。俺は書かんぞ。陸大でそんなもの習ってはおらん」

と、聞こえよがしにうそぶく、という緊迫した状況をみせている。

天野は、「ともかく、適宜、当面のソ連軍と停戦交渉を行ってくれ」と、まるで無責任そのものにして無策のことをいい、病後の松村の健康を心配して「すぐに命令はだす。だからもう休め」という。松村はそれを信じ、作戦課の部屋を出ようとするとき、天野が憮然《ぶぜん》としてつぶやいたのを耳にした。

「降伏命令をだれも書こうとはせん。結局、俺が書かねばならないか」

天野は少将、将軍である。将軍が命令案を書くことなどほとんどありえない。わびしくも情けない独語と松村は聞いた。松村にしろ天野にしろ、帝国陸軍軍人としてこれほどみじめな気持で市ヶ谷台に立つことになろうとは思ってもみなかったにちがいない。

しかし当然の酬《むく》いというべきであろう。昭和六年の満洲事変いらい、みずからの野心と横暴と不誠実と無反省とで国策躍進をほしいままにし、その結果として日本陸軍はこの屈辱を甘んじてうけねばならなくなったのである。しかも慨嘆している暇はない。一刻も早く、大本営命令によって戦いをやめねばならないときなのである。

しかし、簡単にそうはならない。それはあに陸軍ばかりではない。海軍もまた同じ戦闘集団なのである。軍令部参謀柴勝男大佐と海上護衛総司令部参謀の大井篤大佐の、十五日午後、芝の水交社での大激論がその象徴といっていいであろう。柴は大井が麾下部隊に戦闘停止命令を独自に発令したことに激怒した。

「まだ統帥命令は出ておらん。ただちに撤回せよ」

大井は厳しく撥《は》ねのけた。

「天皇が戦争をやめられたのだ。軍隊が戦闘行為を停止するのは当然のことである」

しかし、柴も負けていない。声をますます荒らげて言った。

「天皇が戦争をおやめになったのと、大元帥が戦闘行為をやめられるのとは、まったく別のことだ。貴様はその根本のところがわかっていないんだ。統帥命令を簡単に解釈していいのかッ」

大井はさらに大声をあげた。

「なにを言うか。大元帥は天皇の家来にしか過ぎん。天皇の命令こそ絶対のものなのである」

このやりとりでみられるように、開明的といわれた海軍にしてなお、一敗地に塗《まみ》れたという事実を認めることは容易なことではなかった。帝国陸海軍軍人たちは、まだ闘志満々であったのである。

要するに、軍は負けることをそれまで考えてこなかった。つねに不敗でなければならない軍部に、降伏の図など想像することさえできない。それゆえに降伏命令は遅れに遅れた。いや、有史いらいはじめての亡国にさいし、軍部だけを責めるのは大局を誤ることになる。このとき、日本の政治家や外交官もそれ以上に責められねばならない大きな過ちを犯している。かれらもまた、降伏にさいして国際法的に厳密に、かつ緊急につきとめなければならないことについて、素通りというより無知と錯覚で見すごす、という許されざることをやっている。それが満洲にある日本人すべてになにをもたらすか、やがて明らかになる。

そしてこの八月十五日午後、ワシレフスキーはカムチャッカ防衛地区司令官グネチコ少将にたいし、千島列島占領の上陸作戦命令を発している。書くまでもなくスターリン大元帥よりの突然ともいっていい命令にもとづいている。日本の降伏が決定したあとになお、スターリンが武力占領を意図した。かれ独特の猜疑心による、とみるよりも、すでにして米英にたいする不信の深さを物語る、とするほうが正しいであろう。千島への米軍の進駐を、スターリンは本気で恐れていたのである。そうなると十全たる作戦策定も何もあったものではなかった。ただ武力占領あるのみなのである。

結果、八月十八日から十九日にかけての、千島列島北端の占守島《シムシュとう》上陸作戦で、ソ連軍は三千人に及ぶ大損害をだす。以後、苦労に苦労を重ねて千島列島を順次占領していく。そして南千島のウルップ島および北方四島が完全占領されたのは九月三日である。満洲にのみ視点を合わせたので、これら千島列島の歴史的事実については省略する。書けば一章を別に立てねばならなくなる。

八月十五日も暮れる。その夜、新京では満洲国禁衛隊が叛乱を起した。これをきっかけに、満洲国軍の脱走、叛乱がつづき、日本軍との間に交戦が早くもはじまった。さらに満人の暴動も計画されはじめ、漢字新聞は翌日の朝刊の一面に「東洋鬼を皆殺しにしろ！」の大見出しを用意した。「王道楽土」も「五族協和」も、日本人中心の虚偽にみちた作文でしかなかったことが明らかになりはじめた。がっちり押さえつけていた日本軍の武力が崩れるとき、さまざまな形で背反が起るのは当然のなりゆきである。

虎頭要塞では八月十五日のこの日も、終日激闘がつづけられた。『戦闘状況報告書』は最後をつぎの一行で結んでいる。

「二〇〇〇〔午後八時〕見習士官を長とする我軍の斬込隊は虎頭街のソ軍戦闘指揮所を攻撃し、兵舎二棟を爆破炎上」

意気なお旺《さか》んである。将兵は天皇放送など知るべくもなかった。

第六章　降伏と停戦協定

●「戦闘行動ヲ停止スベシ」

その朝は前日と同じように朝食のあと庭にでて、バルコニー前の花壇に、その人はゆっくりと如露《じようろ》で水をやった。軍服から背広姿になっているほかは、ほとんど変ることのない動きである。みずから何度も如露に水をいれて運び、静かに水を撒《ま》く。八月十六日、史上初の降伏をもって戦争を終結した翌朝の、これが昭和天皇の姿であった。上空を、しかも低く米軍機の編隊が威嚇するように飛来し、去っていったが、天皇はそれを見ようともしなかった。

今日になっても、戦時下を生きた多くの日本人は、八月十五日の、朝からの灼熱の太陽と、汗まみれの姿で聞いた天皇放送と、沁《し》みいるような蟬の声を憶えている。しかし驚くべきほど翌十六日の記憶を失っている。のちの米戦略爆撃調査団の報告「敗戦直後の国民意識」が語るように、本土にあった日本民衆の大多数は、空しさ、悲しみ、惨めさ、無念さ、衝撃、幻滅、そして将来の不安をもって敗戦を迎えた。いままでの世界観が崩壊し、白けきり、気力のない日を迎えたものに、記憶にとどめるべきことのあろうはずはなかったのかもしれない。

　天皇だけが、いつもの時間に起き、いつもの朝のスケジュールをこなし、いつものようにお文庫の執務室でなすべき仕事に向かっている。そのような感じがしてくるのである。

　この日、はたして日本国政府と軍部は、どうであったであろうか。なすべき仕事をしたであろうか。

　昭和二十年八月十六日の朝日新聞は二面のトップに、「二重橋前に赤子の群／立上る日本民族／苦難突破の民草の声」という見出しで、次の記事を載せている。

「（前略）群衆の中から歌声が流れはじめた。『海ゆかば』の歌である。一人が歌ひ始めると、すべての者が泣きじやくりながらこれに唱和した。『大君の辺にこそ死なめかへりみはせじ』この歌声もまた大内山へと流れて行つた。（中略）土下座の群衆は立ち去らうともしなかつた。歌つては泣き泣いてはまた歌つた。通勤時間に、この群衆は二重橋を埋め尽してゐた。けふもあすもこの国民の群は続くであらう。あすもあさつても『海ゆかば…』は歌ひつづけられるであらう。民族の声である。大御心を奉戴し、苦難の生活に突進せんとする民草の声である。日本民族は敗れはしなかつた」

　この終りの一行の背景には、日本本土に陸軍二百二十五万余、海軍百二十五万、計三百五十万、それに特攻機陸海合わせて六千機に及ぶ大兵力の温存、という現実があった。

そして大和民族は不敗の歴史をもつ、という意識がなお脈々として生きていた。新聞の書く「敗れはしない」の言葉は負け惜しみではなく、国民感情のある側面を代弁していたのである。

そして陸海軍中央にとっては、これら日本本土の大兵力の復員解体こそが、焦眉の急を要する難問であったのである。「神州不滅」を誇号する部隊が武器を捨てずにがんばっている。軍中央が、関東軍や支那派遣軍や南方軍の武装解除そして降伏の大問題を、現地解決に託した、いや、託さざるをえなかったのも、やむをえない一面があったわけである。

この日早朝、米国政府は、速やかなる停戦と、連合国最高司令官にマッカーサー元帥が任命されたことを、正式に通告してきている。この通告に合わせたように、マッカーサーは、天皇・日本政府・大本営にあてて命令第一号を発した。

「連合国の降伏条件を受諾せるにより、連合国最高司令官は、ここに日本軍による戦闘の即時停止を命ず」

そして〝降伏条件を遂行するために必要な諸要求〟を受けとる使節を、翌十七日にマニラへ派遣するようにと命じてきた。

このように連合国軍の動きはてきぱきとしている。対して日本の政府も大本営も、容易に敗戦の虚脱からは脱けきっていなかったようなのである。大本営が陸海軍全部隊にたいし停戦命令を発したのがやっと午後四時。混乱する時局収拾のために、なにより優先させねばならない戦闘の全面的な即時停止を命じるのに、なにほどの時間をかけなければならなかったのか。十四日の降伏決定から実に二日間の空白ができ、これが各方面の前線部隊にいかほどの徒死を強いることになったことか。しかも、

「……即時戦闘行動ヲ停止スベシ。但シ停戦交渉成立ニ至ル間、敵ノ来攻ニ方《あた》リテハ、止ムヲ得ザル自衛ノ為ノ戦闘行動ハ之ヲ妨ゲズ（以下略）」

と、自衛戦闘を許すあたりにも不徹底さがうかがえるが、とりあえず、このことを連合国最高司令官に通告する。

「天皇陛下におかせられては八月十六日十六時全軍隊にたいし即時停戦の大命を発せられたり」

政府も大本営もこれで手続きは十分と考えた。連合国軍はすべてこれを承認したものと考え、降伏は完成したときめてしまったようなのである。しかし、それはとんでもない誤解であり大誤断であった。

その一つは、ポツダム宣言受諾による降伏といっても、連合国にとっては、日本の降伏の意思表示にすぎなかったということ。つまり、国際法上の正式の「降伏」を完了させるには、すべての降伏条件をみたす正式調印をまたなければならなかった。

第二の錯覚は、アメリカが連合国の代表であり、連合国最高司令官はマッカーサーと信じきったことである。実はそうではなかった。ソ連はそれを認めてはいなかった。それゆえに、マッカーサーに停戦の正式通告をなそうともそれと関係なく、満洲の曠野で

は、なおソ連軍の猛進がつづけられている。一方的な猛攻をうけて、停戦しようにもできない日本軍各部隊はやむなく自衛反撃し、いたずらに死傷者をふやしていった。

なぜ、この無法が許されるのか。理由は実に簡単なことである。八月十五日正午いらい日本政府と軍部とがそうと信じた「降伏」とは、すべて、降伏文書調印（九月二日）以後に実現することであったからである。マッカーサーが最高指揮権をもつのもそれ以後のことなのである。もっと明確にいえば、トルーマン大統領命令が通告されたときは、米国とソ連との間では、わずかに管理占領の最高司令官にマ元帥が任命される、そのことについての了解があったにとどまるのである。

降伏関係文書「一般命令第一号」を受けとりのためマニラへ飛んだ日本代表は、八月二十日、最後の打ち合せで、降伏すべき相手国の件で連合国参謀長サザランド中将にたずねた。

「降伏実施にたいしてソ連軍と日本軍との間に、なにかトラブルが起きるような場合には、連合国最高司令官として、必要な指示をされるか」

サザランドは答えた。

「それに関してはわが方になんらの権限はない」

国際的な政治力学というものは、酷薄であり非情なものである。満洲事変いらい長くアジアの孤児でありつづけた日本に、それだけの国際感覚をもてというのは、あるいは無理な要望であったであろうか。それに日本の無知と無力の舞台裏で、日本占領後の占領地域の区域わけをめぐり、米ソはすでに熾烈な冷戦を戦いはじめていたのである。

スターリン大元帥にとって幸いなことは、日本軍部のこの無知であり無能である。想像力の欠如である。八月十六日、モスクワの総司令部から極東ソ連軍への通達命令はこうである。

「八月十四日の日本の天皇による日本の降伏にかんする通告は、無条件降伏の一般的声明にすぎない。日本軍にたいする戦争行為中止命令はまだ出されておらず、日本軍はいぜんとして抵抗しつづけている。したがって、日本軍の実質的降伏はまだ存在しない。日本の天皇がその軍隊にたいし戦闘行為を中止し武器を捨てることを命じ、かつこの命令が現実に実行されたときに初めて、日本軍は降伏したものと認めることができる。以上の理由からして、ソ連軍は極東で日本への攻撃作戦を継続するべし」

こうしたソ連軍の絶え間のない攻撃にたいして、八月十六日の虎頭要塞は変らぬ頑張りで応戦している。両軍とも戦闘停止など考えようとせぬ勇戦激闘下にある。

「一七〇〇　我十五加は猛虎山々上のソ軍に対し榴弾射撃を行ひ之を駆逐するも、グラフスキー重砲再活し、我同砲兵に対し報復射撃を実施。

一七三〇　ソ連重砲射撃終了後、狙撃部隊は再び猛虎山頂を奪取せんとする態勢にあるを看取、之に逆襲を加へ駆逐す」

そのころモスクワでは、スターリンがクレムリンのいちばん奥まったポテシュヌイ宮殿の自室にあって、いくらかカリカリと神経を苛立て、憤慨しながらペンをとっている。心おだやかならざる理由は、日本軍のあっけない降伏なのである。おそらく一カ月はねばるであろうと目論んでいたものを、参戦後わずか一週間で「最後の一兵まで」を呼号していた日本軍が手をあげるとは、およそ考えてもいないことである。

かれが日本軍にたいする怒りと失望とをよりまぜた気持で書いているのは、トルーマンあての親展秘密の手紙である。それは日本軍隊の降伏区域などをきめる「一般命令第一号」の米国案にたいする要望を告げるもので、その内容は最近では有名になっている。が、長文であるがゆえに抄出が多い。労を厭《いと》わずここでは全文を写すことにする。

「『一般命令第一号』を付したあなたの書簡をうけとりました。命令の内容には、だいたいに異存はありません。このばあい遼東半島は満洲の一部であるということを、考慮にいれているのです。しかし『一般命令第一号』につぎのような修正をくわえることを提案します。

一、ソビエト軍にたいする日本国軍隊の降伏区域に千島列島の全部をふくめること。千島列島は、クリミア（ヤルタ会談）の三大国の決定によれば、ソビエト同盟の領有へ帰属すべきものです。

二、ソビエト軍にたいする日本国軍隊の降伏地域に、樺太と北海道のあいだにある宗谷海峡と北方で接している、北海道島の北半をふくめること。北海道島の北半と南半の境界線は、島の東岸にある釧路市から島の西岸にある留萌市にいたる線を通るものとし、右両市は島の北半にふくめること。

この第二の提案は、ロシアの世論にとって特別の意義をもっています。周知のとおり、一九一八―一九二一年〔シベリア出兵〕に、日本軍は、全ソビエト極東をその軍隊の占領下においていました。もしロシア軍が日本本土のいずれかの部分に占領地域をもたないならば、ロシアの世論は大いに憤慨することでしょう。

私は、上にのべた私のひかえめな希望が反対をうけることのないよう、切にのぞんでいます。

一九四五年八月十六日」

全文をあげるのは、歴史的文書という意味からだけではない。この極秘書簡が、多くの日本人にとっては忘れようにも忘れられない「シベリア抑留」へとつながっていくものであるからである。

●「容赦なく殲滅せよ」

八月十七日、スターリン書簡をうけとったトルーマンは仰天する。ソ連は北海道の北半分を乗っとろうとしている。それは許すべからざる野望としかかれの目には映らない。またしても、ひげの独裁者はつけあがってきた。トルーマンは大統領就任このかたスターリンにまったく信をおいていなかった。それればかりではなく、ポツダム会談でむしろ完全な敵視へと変った。

それ以前にもこんなことがあった。日本占領軍の連合国最高司令官としてマッカーサーを任命し、八月十一日、その旨をソ連政府に知らせたとき、外相モロトフは、暫定的にワシレフスキーとマッカーサーと二人の最高司令官を任命すべきだ、と主張したのである。これを聞いたハリマン米大使は大憤慨し、そんな案は考えるだけでも腹立たしい、と一蹴した。翌十二日、モロトフ提案をひっこめ、スターリンは渋々と、かつ恩きせがましく「日本の降伏を受理し統制コントロールする」最高司令官としてマッカーサーの任命に同意する。しかし、任命された最高司令官の権限の範囲や、連合国政府との関係の問題をあえてはっきりさせようとはしなかったのである。

それだけに、トルーマンはスターリン書簡にたいし、怒りをあらわに燃やした。この独裁者にたいして譲歩することは、戦争で敗者になるにひとしいとすら思った。千島列島全部の日本軍が極東ソ連軍総司令官に降伏する、という提案には同意する。が、ついては千島列島のどこかに、アメリカのための航空基地を設ける権利をもちたい、とぬけぬけと勝手な要求をしたあと、スターリンあての極秘書簡にペンに力をこめてはっきりと書き記した。

「北海道島にある日本武装兵力がソビエト武装兵力に降伏することにかんするあなたの提案についていえば、私は、日本本土のすべての島、すなわち北海道、本州、四国、九州にある日本武装兵力はマッカーサー将軍に降伏するものと考えていますし、これにかんして措置がとられています」

真っ向からの手きびしい拒否である。さらに記者会見をひらいて、占領地域を分割することは日本の場合はまったく不必要である、と念を押す力の入れようを示すのである。

ただし、十七日の時点では、これらはモスクワのスターリンの耳目をゆるがせるまでにはいたっていない。むしろスターリンは、トルーマンから色よい返事のあるものと期待していたとみられる。なぜならワシレフスキーに命令して、日本軍捕虜のソ連領内への移送は行わず、捕虜収容所は武装解除を行う現地にそれぞれ設置せよ、という指示を行っているからである。勝利者として、ポツダム宣言にある「日本国軍隊は完全に武装解除せられたる後、各自の家庭に復帰し平和的かつ生産的の生活を営むの機会を得しめらるべし」（第九項）を、かれもまた大らかな気持で実施しようとしていたことは、明らかである。

しかし、スターリン大元帥は、満洲の曠野における極東ソ連軍の侵攻の手を、毫もゆるめようとはしなかった。米国案「一般命令第一号」の区域わけの基準は、それぞれの連合国軍の現在位置（降伏調印時）が第一におかれている。ソ連軍の達すべき目標と地点は「関東軍の破砕、全満洲、北部朝鮮、南樺太、千島の解放」であり、それを降伏文書の正式調印までにやりとげねばならない。

戦場にあるソ連軍の将兵は激励されつづけた。

「諸君！　敵は憐れみを乞うている。しかし、敵は狡猾で奸智に長《た》けている。いつ、何をやるかわからない。警戒を忘れるな。速やかに前進せよ。降伏しないときは容赦なく殲滅せよ」

これにたいして関東軍総司令部は、前夜の大本営からの停戦命令をうけ、麾下の全部隊に十七日早朝、停戦命令を発信下達した。

「(一) 速やかに戦闘行動を停止し、おおむね現在地付近に軍隊を集結。大都市にあってはソ軍の進駐以前に郊外の適地に移動すべし。

(二) ソ軍の進駐に際しては、各地ごとに極力直接交渉によりその要求するところに基づき武器その他を引き渡すべし。

(三) 破壊行動は一切行わず。(以下略)」

しかし、通信網はずたずたの混沌たる状況にある各部隊にあっては、これが徹底されることがなく、戦闘はつづけられた。関東軍は十六日夜から懸命に極東ソ連軍総司令部との連絡をとろうとしているが、さっぱり要領をえない。えないまま、猛攻を一方的にうけつづけた。

マリノフスキーの手記には、十七日の午後になって山田総司令官が極東ソ連軍総司令部と接触する措置をとりはじめた、とある。また午後五時、関東軍総司令部が日本軍全部隊に向け、やっと即時停戦命令を発した、とも書かれている。あるいはまた、別の資料によれば、山田が新京のラジオを通して、ワシレフスキーにたいし、戦闘行動停止を申し入れている、これもソ連軍はたしかに傍受しているのである。

しかし、なおかつソ連軍は進撃をやめなかった。なぜなら、とソ連戦史はいう、「いまになっても、武器を放棄して投降する用意については、何ものべていない」「無条件降伏を避けようとした極東侵略者の試みは、徒労にすぎない」と。ソ連側の目からみれば、関東軍総司令部は、戦闘行動中止の用意にかんする宣言だけは惜しまなかった。しかし実際のところ、戦線の多くのところで日本軍は抵抗をやめなかった、ということになるのである。

十七日の夜、ワシレフスキーは山田の放送を通じての呼びかけにたいして、やっと電報をもって答えた。

「本官は、八月二十日十二時以降、全戦線にわたってソ連軍にたいするいっさいの戦闘行動を停止し、武器を棄て、投降するよう、関東軍総司令官に提議する……」

同じころ、東京の外務省はフィリピンのマニラにあるマッカーサー司令部に、必死の訴えを行っている。

「すでに停戦の大命発せられたるところ、ソ連軍はいまなお積極攻撃を続行中にして、在満日本軍の停戦実施に多大の困難を感じつつあり。貴司令官においてソ側にたいし即時攻勢停止を要請せられんことを切望す」

日本政府がこの時点では、マッカーサーにはソ連側をも拘束する権限があると、誤解していたことが歴然としている。現実には、すでに七月二十六日、ポツダムでの米ソ軍事協定によって、ソ連軍の占領地区はきめられていた。この協定地区内でソ連がいかなることを行おうと、マッカーサー司令部はそれを制止することはできなかったのである。

同じ十七日、朝から北海道・函館では、身震いさせられるような流言蜚語《ひご》が飛び交っている。午後か明日には函館に早くもソ連軍が上陸してくる、というのである。朝まだきより列車はそのため一般乗客を乗せないことになっている。空にして待機し、上陸してきたロシア兵を札幌方面に送るための措置なのだ、という誰が言い出したともない理由が、いっそう確信を深めさせることになった。

しかし、正午のラジオ放送が、室蘭とか稚内とかに連合国軍が上陸するというのはデマであるから、信じてはならない、という道警察部の注意を懸命にながした。それならばソ連軍の函館上陸もデマであるに違いない、とやっと市民は胸をなでおろしたのである。

●「戦闘の停止と降伏だけ」

関東軍総司令部が、ワシレフスキーとの間の直接交渉の糸口を、懸命になってたぐり寄せて、ソ連側との会談をひらくことができたのは八月十九日午後三時三十分である。場所はソ満国境にほど近い興凱湖の南にある一寒村ジャリコーヴォの、伐採したばかりの丸太で造られた小屋。そこは第一極東方面軍の戦闘司令部であった。

会談の席にのぞんだのは、日本側が秦総参謀長、瀬島参謀、通訳としてハルビン総領事の宮川舩夫の三名、ソ連側はワシレフスキー総司令官、第一極東方面軍のメレツコフ軍司令官、それに極東空軍司令官ノヴィコフ元帥、太平洋艦隊司令官ユマシェフ元帥の四名、そのほか幕僚若干名がうしろに控えた。

開け放しの窓から、付近の丘でソ連兵の弾くアコーディオンの音が、いつまでも流れこんでいた。マリノフスキーの手記によれば、極東パルチザンの歌のメロディであったというが、秦総参謀長の手記にはその記述がない。敗者の心の余裕のなさとはそういうものであろう。

瀬島参謀も『幾山河』で書いている。

「我々が入室しても、ソ連側は座ったままであり、我々は最初、立ったままだった。勝者と敗者の立場を免れることはできなかった」

その敗者の立場からしても、交渉は予想以上になごやかなうちにすらすらとまとまり、ソ連側は終始「寛容」な姿勢を示したという。秦の手記にもある。

「私は、関東軍の一般状況を説明した後、日本軍の名誉を尊重されたいこと、及び居留民の保護に万全を期せられたいことの二点を特に強調した」

これに瀬島手記を加えると「将兵の本国帰還も強く要望した」ことになるが、ワシレフスキーはこれらにたいし「自分の権限外のこともあるので本国政府に報告する」と誠実に答えたということなのである。そして、

「日本軍人には階級章および帯刀（帯剣）を許す」

と立派なことまでいったという。ただし、マリノフスキーの手記にはない。そこにあるのは、

「秦将軍はいらだたしそうに肩紐をまさぐり眼鏡を拭いた。『――次のことを忘れないで下さい』ワシレフスキー元帥はつづけた。『日本軍は、将校とともに、秩序よく投降すること。また、最初の数日の兵士の食糧は日本軍将校が配慮すること。各部隊は食糧持参で投降すること』。秦将軍は、同意のしるしにうなずいた」

と、いわば一方的な命令といったものである。おかしいのは、マリノフスキーは列席していないのに、なぜか列席していたかのように書かれている点だ。

また秦は、武装解除後の日本将兵の食糧について、米食でなければ体力を保持できぬゆえに、白米を給与させてほしい、と要望し、

「関東軍は二年間分の米を保有している。自給ができますから」

と説明した。これにソ連側は強硬に反対する。理由は、関東軍の軍需物資はソ連の戦利品とみなされるから、という。いくらかの主張の交換がつづいたのち、ようやくワシレフスキーが裁断した。

「半々にしよう。一日黒パン三百グラムと米三百グラムだ」

こうしていくつかの応酬があったのち、この日相互のあいだに協定が成立した、と日本側は考えた。陸軍中央が二十一日午前十時半の発信電報によって受けとった協定の内容は次のとおりである。電報綴が残っている。

一 武装解除に当りては都市等の権力も一切「ソ」軍に引き渡す。
二 後方補給のため、局地的のものを除き、軍隊、軍需品の大なる移動を行わず。
三 (「ソ」軍は)日本軍の名誉を重んず。これがため将兵の帯刀(剣)を許可し、また武装解除後の取扱いも極力丁寧にす。解除後の将校の生活はなるべく今迄同様とす。
四 満洲内の要地に於ては、「ソ」軍の進駐まで日本軍が警備を担任し、「ソ」軍の進駐後、日本軍は自らに於て武装を解除する。
五 関東軍総司令部は全軍隊の武装解除後に武装解除する。この間、通信機関、連絡用飛行機、自動車の使用は差しつかえなく、また要求ある場合には「ソ」軍の飛行機を日本に差し出す。
六 武装解除後の日本軍隊の給与は自隊において実施する。食糧運搬の自動車の使用及び給与の定額は概して現在程度とする。
七 鉄道は速かに赤軍管理に移し、食糧輸送のため必要時には(……以下未着)

これが真の停戦協定ならば、ソ連軍首脳の交渉態度はきわめて理解ある堂々たるものであり、日本側としても満足すべきものといえよう。しかし、三項にある「日本軍の名誉を重んず」云々には、なぜか微苦笑を禁じえない。この期に及んでなお体面にこだわっているとは。

もっとも、全軍降伏という未曾有《みぞう》の事態に際し、不可思議なほど甘い認識をもったのは、何も関東軍総司令部だけではない。陸軍中央幕僚のそれもまことにお粗末であった。八月十八日に軍事機密として発せられた「四国政府ニ対シ陸軍ノ希望開陳ノ件」という極秘文書がある。それを読むと、最悪の段階に臨んでもいかに陸軍中央が攻撃一辺倒の精神主義にこりかたまっていたか、国際感覚ゼロであったか、想像力の欠如した独善的な考え方をもっていたか、あるいは夜郎自大の無反省集団でありつづけたかに、一驚しないわけにはいかない。

幾つかの項目を拾うだけでも、それが了解されることであろう。

「整々確実ナル撤兵　特ニ武装解除ニ関シテハ　帝国政府ニ於テモ提示セル如ク最モ苦慮シアル所ナルモ　之カ実施ハ相互協定ニ基キ飽ク迄日本軍自ラ自主的ニ処理ス」

「皇軍意識ニ徹底シ　特ニ皇室ノ御安泰保持ニ関シテハ　如何ナル事態ニ於テモ身命ヲ顧ミス　玉砕ヲ期ス」

「敵軍ノ命令ニ対シテハ　如何ナル場合ニ於テモ服従セス」

「名誉ヲ重ンシ　特ニ俘虜トナルコトヲ拒否ス」

「本土タルト外地タルトヲ問ハス　撤収、武装解除、復員、移動、輸送、軍需品並之カ生産施設ノ処理等　軍事関係措置事項ハ其ノ完結迄一切軍ノ現機構ト軍隊的組織ヲ以テ処理セシメラレ度」

粛々たる降伏を完了するための止むをえない「希望」とみることもできる。けれども、甘い観測に基づく本音の部分はいかにしても隠せない。「日本軍の名誉を重んず」は、ジャリコーヴォでの関東軍総司令部の意識とまったく同一である。

しかし、この希望もジャリコーヴォの〝協定〟もすべて一顧だにされなかったことになる。「軍隊、軍需品の移動は行わない」どころか、関東軍将兵は捕虜としてソ連全土のラーゲリに移動させられ、強制労働につかされるのである。ラーゲリとは正しくは「矯正・労働・キャンプ」という意である。また「警備を担任」どころか、各地で日本軍は無統制に武装解除された。秩序ある停戦はおろか、非戦闘員が凌辱されるのを無抵抗で見ているほかのない悲惨に直面させられる。さらに通信機関も交通機関も差し押さえられた。関東軍総司令部は内密の無電機を使って東京との連絡をとったが、それもたちまちに切られる。満洲全土の様相は協定とは裏腹にどんどん重苦しいものとなっていく。

なぜなら、正式の「停戦協定」というべきものではない、とソ連側は主張する。せいぜい「停戦交渉」でしかなく、こちらは努力を約しただけで、なんら具体的な結論がでたわけではない、とソ連戦史はいう。

第一極東方面軍司令官であるメレツコフ元帥が当時の感想を記している。

「関東軍総司令官は停戦を交渉したいといってきたが、降伏した日本の軍隊である関東軍が行わねばならないのは、戦闘の停止と降伏だけであり、ソ連軍に交渉を求める立場にはないはずである」

戦いをやめたければ、敗者の関東軍がまず両手をあげることが先決、「協定」も「交渉」も論外である、ということであろう。事実、降伏にかんする正式の協定を結びたいのなら、日本政府・大本営が天皇の全権委任状をもった使節を送らねばならなかったのである。

戦争は国家間の闘争である。軍隊はその一手段にすぎない。戦争終結を軍部だけで締結することはありえない。停戦協定は国家行為である以上、政府の参加しない協定はないのである。そう正確に考えれば、ジャリコーヴォの協議が停戦協定であるべくもない。くり返しになるが、日本政府は、ソ連と停戦協定を結ぶことなど考えてもいなかった。ソ連は連合国の一員であるから、停戦協定はマニラの連合国司令部と結べば事足りると思っている。であるから、ジャリコーヴォに政府代表を派遣することなど全く念頭にない。政府の判断は根本的に誤っていた。

瀬島龍三参謀にたいする誤解はそこにある。ジャリコーヴォ協議に関する限り、瀬島は単なる軍部代表の随行者ないし補助者にすぎない。政府を代表しない下ッ端参謀が賠償の話などもちだせるわけがないし、発言権のあろうはずもない。日本人の国際法にたいするその種の無理解は覆うべくもない。

しかし昭和の日本軍は、日清・日露の戦いのときのように、どの軍にも国際法の専門家を配置する、という従来の教訓も無視していた。昭和日本の指導者というのは、一言でいえば、それくらいに夜郎自大であったのである。手前勝手であり自己過信に陥っていたのである。が、ひとたび敗北の悲運に遭うと裸の王様の情けなさを示すほかはなかった。

ワシレフスキーの回想録には、そのへんのさびしい様子が活写されている。

「この会談の間、秦彦三郎とかれの随員の幕僚は、まったく意気消沈したような表情を示していた。大和魂をもった豪気な面持ちはどこにもなかった。満洲における昨日までの支配者はおとなしくなり、われわれの一撃であわてて頭を下げ卑下さえしていた。かれらは精神的に参っていた」

瀬島元参謀はその著に書いている。

「会見終了後、こちらの承諾もなしに写真撮影があった。『関東軍最後の日』として宣伝用に使う不名誉な写真と思われ、言い知れない屈辱を感じた」と。

敗軍の将は兵を語れない、敗者の屈辱と無念だけがにじみでている。

●「五十万人を選抜せよ」

ところで、いかに頑強な抵抗の許されない敗者の立場にあったとはいえ、ジャリコーヴォの「協定」はそれなりの成果を日本側にもたらしたことは注目されていい。田原和夫氏の満洲での体験にもとづく著書にはこうある。少なくとも、当初の第一線部隊の降伏の手順は、ソ連軍の厳重な監視と管理下におかれながらも、旧関東軍の組織、指揮系統をしばし存続させ、それを利用しながら実行されていた、という。
「はじめのうちは、捕虜は移送しない、いいかえれば現地の捕虜収容所で（関東軍の全責任で食糧を自給しつつ）収容をつづけ、その間《かん》になんらかの帰国の方法を見出して帰国させるという含みで、日本軍部隊の集結、武装解除の手続きがすすめられた」

この体験記は正しい。極東ソ連軍総司令部はそのように行動している。はじめのうちはジャリコーヴォの「協定」も、そして「黒パン三百グラムと米三百グラム」も、どうやら活きていたのである。

しかし、突如として変った。大元帥スターリンが変心する。松岡洋右の言ではないが、「英雄は転向する」。ある日突然に、国際法も「協定」もふみにじる大決断をかれはやってのけた。正確には八月二十四日から、といっていい。なぜか。

ここで十六日付の、北海道北半分をよこせと要求したスターリンの手紙と、それにたいしてきびしくはねのけたトルーマンの返事を想起してほしい。十八日付のこの手紙を、スターリンがうけとったのは十八日以降のことである。そのとき勝利の自信にあふれたこの独裁者が、どんな心理的状況に陥ったか。いまは資料を探してもみつからない。

しかし少なくともスターリンは、ヨーロッパで、アジアで、戦争終結にあたっては、明快な政治戦略をもち、それを冷厳に追求した政治指導者なのである。勝利だけが目的ではなく、はっきりした政治的、経済的、心理的な諸目標をもっている。とくに対日参戦にさいしての軍部や反スターリン派やソ連国民の厭戦感情を熟知している。スターリンはかれらに有無をいわさないだけの強固な立場を獲得せねばならないのである。それには戦勝の獲物がいくら過大すぎてもそれで十分ということはない、そうすることでますますその器量をあげ、脅威や尊敬をまし、神に近い存在になる、とそう考える絶対権力主義の軍事指導者でもあったのである。

八月二十二日、スターリンはトルーマンに返書をしたためた。残されている書簡の日付ではっきりわかる。こんどはかれがきびしく大統領にしっぺ返しをする番なのである。これも全文をあげる。

「八月十八日付のあなたの書簡をうけとりました。

一、あなたの書簡の内容を、私は、ソビエト軍にたいする日本武装兵力の降伏地域に、北海道の北半分をふくめてくれというソビエト同盟の要請をかなえることが拒否されている意味に解します。私と私の同僚たちは、あなたからこうした回答を期待していなかったと、言わなければなりません。

二、三大国のクリミア決定〔ヤルタ会談〕にしたがって、ソビエト同盟の領有に帰属すべき千島列島中の一つに常設の航空基地をもちたいというあなたの要求についていえば、私は、これにかんし、つぎのように申しあげることを自分の義務と考えます。第一に、このような措置は、クリミアでも、ベルリン〔ポツダム会談〕でも三大国の決定によって予想されていなかったし、そこで採択された決定からは決して出てこない、ということに注意をうながさなければなりません。第二に、この種の要求が提出されるのは、通常、敗戦国にたいしてか、あるいは、自国領土のある部分をみずから防衛する能力がなく、そのために自分の同盟国にしかるべき基地を提供する用意を表明するような同盟国にたいしてなされるものであります。私は、ソビエト同盟をこうした国家の部類にくわえることができるとは考えません。第三に、あなたの書簡には、常設基地の提供にかんする要求の動機がなんらのべられていませんので、私も、私の同僚たちも、どういう事情からソビエト同盟にたいしてこうした要求が発生することができるのか、理解にくるしむと、率直に申しあげなければなりません」

このとき、この書簡を書きながら、ヤルタでもポツダムでもおよそ議題にすらならなかった「千島列島に航空基地を」、というトルーマンの大した動機のない要求にはげしく怒りをもやし、それならば俺も……と、はたして不屈の独裁者は考えなかったであろうか。

八月二十四日、スターリンはワシレフスキーにたいし極秘の、まったく新しい命令を発した。「捕虜移送にかんする実施要綱」である。それは十三項にのぼる詳細なものであるが、とくに重要な第一項目から、要点を摘記する。

「a・旧日本軍の軍事捕虜のうちから、極東とシベリアの気象条件のなかで労働可能な身体強健な捕虜を、最低五十万人選抜しておく。

b・軍事捕虜の移送を実施するまえに、各一千名単位の作業大隊の編制をしておく。

……各作業大隊には、ソ連軍が捕獲した戦利品のなかから、各捕虜に夏冬一着ずつの被服、寝具類、下着類、個人の生活用品（飯盒《はんごう》、茶碗、スプーンなど）および炊事設備付車輌を与えること。

c・移送のために軍用列車の必要車輌の増便をはかること。各梯団ごとに捕虜の人数に応じて、二カ月分の食糧を与えること」

そしてこの「実施要綱」には、五十万の日本軍将兵の移送先の場所、人数、職種などの割りあてが一覧表になって添付されていた。命ぜられたワシレフスキーの極東ソ連軍総司令部には、まったく考えてもいなかった捕虜の処置ゆえに、かなりの混乱と困惑と不手際があったことが想像されるが、ワシレフスキーの回想録にもマリノフスキーの手記にも、それらしい一行もない。

それどころか「シベリア抑留」にかんする記述は完全に欠落している。わずかにマリノフスキーが「日本将兵の列は将軍を先頭に、北へ、ソ連へ、歩みつつあった。彼らは捕虜としてではなく、征服者として、この行軍を夢みていた。だが、運命は意地悪く、しかも大らかに彼らを嘲弄《ちょうろう》した」と、美文的形容をもってさもいい気持そうに書くだけである。

日本政府というより日本陸軍は、ソ連軍の戦力およびその戦略戦術については、過去においてかなりの研究もし、情報も多く集めている。参謀本部の「対ソ戦闘法要綱」には、ソ連軍はときに奇想天外のことをすることがある、としている。あくまで戦場での話である。しかしソ連邦そのもの、その実態や政策や政略についてはおよそわかっていなかった。分析は不十分であった。ましてスターリンその人の研究においてをや。猜疑心が強く、あらゆることに不信と警戒を抱き、議論や術策や外交的洗練を軽蔑し、自分の利益を執拗に追求し、実行にあたっては情け容赦のない男であるとは、想像してもみないことであった。その野望がどれほどのものか、まったく無知といっていい。

いや、スターリンの野望の底の底までを見抜けなかったのは、敗亡にうちひしがれた日本帝国だけではなかったのである。戦勝の余裕のあったアメリカすらもソ連の意図するものに半ば以上気づかなかった。古代ならいざ知らず、世界戦史上、満洲でソ連が行ったようなことをした戦勝国はない。連合諸国も「まさかあそこまでは……」と予測のつかないことであった。

八月下旬、ソ連は満洲各地の工場などから機械そのほかを押収して、シベリアへ運びはじめる。中国をはじめ連合国はびっくりして抗議した。満洲における日本資産の処理は共同協議のうえ決定されるべきであると。ソ連は、日本の対ソ戦争準備のうちで満洲の工場は重要な軍需要素となっていたから、大砲や飛行機同様に戦利品をうけとっているにすぎない、と突っぱねた。

日本軍将兵〝捕虜〟のシベリア移送もやがて大問題となる。第一に捕虜とはあくまでも国際法的には戦時捕虜なのであり、戦闘停止後、停戦協定（ソ連はそんなものはないという）で武装解除となった将兵が、はたして捕虜なのか。

日本政府と大本営は、さすがにこの事実に直面してあわてて直接にソ連政府にたいして、武装解除後の将兵の安全保障、衛生、補給などについて要請したが、それも八月二十七日になってからである。しかし、そのときには〝戦時捕虜〟として五十六万二千余名の将兵、それに一般人一万一千余名のシベリア移送が、計画どおりはじまっていたのである。

●「スキ腹じゃ動きません」

――突然ながら、ここで視点をふたたび一九四五年二月のヤルタ会談にもどす。この会談で戦後のドイツや東欧、および日本の処理問題について、要は戦後の世界戦略について、ルーズベルト大統領、チャーチル首相、スターリン首相とが熱心に話し合ったことはすでに書いたとおりである。

同時にこの会談において、もちろん日本は知らなかったが、当然のことのように米英ソ三首脳の間で、戦後の賠償問題について話し合われている。このとき、領土の変更はなしとする大西洋憲章を無視するかのように、スターリンは野望をむきだしにした。まず「ドイツが戦争期間中に連合国に与えた損害を、金銭はもちろん金銭以外でも支払わねばならぬ。その協定をこの会談で定めたい」といい、金銭としては総額二百億ドルの賠償額をソ連は要求する、と頑強に主張したのである。

事実、ドイツを敵としての国家総力戦がソ連邦にもたらしたものは、字義どおりすさまじいものがあった。戦いにはたしかに勝つことができたが、国家としてソ連が目にしたのは、歓喜の裏にある戦慄といったものである。将兵の戦死は実に二千四百六十万人、一小国が全滅したにひとしい。

二十八回革命記念日のモロトフの演説によれば——千七百十にのぼる都市、七万以上の村落、つまり六百万以上の建物が被害をうけ、全焼あるいは半焼した。罹災者は二千五百万人におよぶ。四百万人の工員が働いていた三万千八百五十の工場が破壊された。一年間生産高が二千万トンを超えていた鉄鉱山が壊滅、一億トンの石炭を採掘していた一千百三十五の炭田が全滅、そして石油の油田三千が使いものにならなくなった、という。

（ジャン・バコン『戦争症候群』）。

ほかに破壊されたり、大被害を蒙ったのは六万五千キロメートルの鉄道線路、四千以上の駅、四万の病院、八万四千の学校、そして三万六千の郵便局と四万三千の公立図書館などである。対ドイツ戦の勝利は惨勝そのものなのである。

スターリンがヤルタで、頑強に二百億ドルの賠償を主張した裏には、とうてい甘受することのできない自国の壊滅的な数字があったのである。戦勝国といえない悲惨な現実が背後にあった。それだけに損害を説明するとき、スターリンの唇はめずらしく震えたという。

これに猛反対したのはチャーチルである。たとえソ連が広大な領域にわたって破壊されたにせよ、イギリスもまた大いに被害を蒙っており、フランス、ベルギー、オランダ、ノルウェーまた然り。しかも第一次大戦の苛酷な賠償が及ぼした結果（ナチス・ドイツの擡頭《たいとう》）をあらためて思い起すことが賢明ではないだろうか、といい、議論は白熱化した。

チャーチル「英国の世論は賠償という考え方に徹頭徹尾反対している。英国民は（第一次大戦の）ベルサイユ条約の顚末《てんまつ》を忘れてはいないからである」

スターリン「なるほど、ベルサイユは失敗した。ナチスの擡頭を導いた。しかし、あれは現ナマで高額の支払いを要求したからだ。われわれは生産財や原料といった現物を要求しているのだ」

チャーチル「そうかも知れん。しかし、馬に馬車を引かせようというのなら、まぐさを与えることからはじめなければ……。スキ腹じゃ動きませんぞ」

スターリン「いや、馬が向きを変えて後脚で蹴ったらどうするか。われわれは二度と蹴らないようにしようとしているのである」

チャーチル「馬の比喩はよくなかった（笑）。自動車にガソリンを入れないで、どうやって走れというんですかな」

ソ連外相グロムイコはこの場面をこう回想している（『グロムイコ回顧録』読売新聞社）。

「たとえドイツが二百億ドルあるいは三百億ドルを支払ったとしても、ソ連にとって大海の一滴にしかすぎない……。わが国の被害は、後に二兆六千億ルーブルと査定された。だとすれば、われわれの同盟国（米英）は、ソ連経済の早すぎる回復を許してはならないと考えていたのだろうか」と。

またグロムイコは、このやりとりで最も口数の少なかったのはルーズベルトだ、として、

「彼はまた、チャーチルとの対決姿勢をとることを避けていた。チャーチルは、ソ連に対する象徴的な儀礼程度の賠償を認めることすら妥協しようとしなかった」

と書いている。

このとき、ルーズベルトは病気で疲れはてていて、議論に加わる気力はなかったのである。いや、それ以上にヤルタでルーズベルトが緊急の最重要案件として合意を熱望していたのは、その理想とする国際連合の設立であり、米軍人の死傷を減らすためのソ連の対日参戦の確約、この二点であった。そのほかのことにたいしては、初めから大きな期待もなかったので、積極的に発言もせずに、じっと聞いていることが多かった。むしろ投げやりですらあったことが、戦後明らかにされたヤルタ会談の秘録から察せられる。

結果としての賠償問題はどうなったか。三巨頭の結論をえないままに、改めてモスクワに米英ソ三国委員会を設けて、討議を継続することになった。それもあくまでソ連の賠償請求（総額二百億ドルでソ連の取り分は五〇パーセント）を叩き台とするという条件で。

しかし結論がでなかったのは金額とパーセンテージについてである。スターリンの熱意に押しきられてか、あるいはそれもやむなしと判断されたためか、米英ソ三国は「クリミア会議の議事に関する議定書」（ヤルタ協定）で、賠償について、

「ドイツは、戦争中に連合国に対して生ぜしめた損害を、現物をもって賠償しなければ

ならない」

と明確にとりきめている。しかも現物賠償には（a）（b）（c）の三つの方式があり、その（c）には、はっきりと、

「（c）ドイツの労働力の使用」

と書かれているのである。

ここに、米英ソによってヤルタで承認された「ドイツの現物賠償に関する議定書」の第二項の全文を引いておく。

「現物賠償は次の三つの方式によってドイツから取り立てられる。

（a）ドイツ降伏後または組織的な抵抗の終息後二年以内に、ドイツ本土および同国の領域外にあるドイツの国民資産（設備、工作機械、船舶、鉄道車輛、海外投資、国内の工業、運輸、その他の株式など）を撤去する。これらの撤去は主としてドイツの潜在的戦力を壊滅するために行われる。

（b）今後定められる一定期間、日常的な生産物を毎年引き渡す。

（c）ドイツの労働力の使用。」

改めていうまでもなく、この（c）項がそのままにポツダムへと引き継がれた。そして日本軍捕虜のシベリア移送、労働力使用についての大義名分をソ連に与えた、といえるのである。

そしてヤルタからポツダムへ、賠償の金額とパーセンテージについては討議はそのま

まひきつがれた。ポツダムでの議論は数字だけのものとなり、いわば商取引きと化した。米ソ対立の高まりのなかで、賠償問題は相手を非難するための手ごろな道具と化し、結果としてそのことが意識的に、現実的に、そして決定的にドイツを分割したのである。しかし現物による賠償の一つとしての「労働力の使用」については討議されることなく、米英両国の承認ずみとして、そのまま厳然としてポツダムにも残されていた。そしてそれは日本軍にたいしてもそのまま適用されることになる。

スターリンにとっては、日本軍将兵の労働力は経済的にも政治的にも見逃し難いものなのである。戦争中に失った二千万以上の労働者と技術者のかわりになるものを、どうして手放すことができようか。しかもくり返すが、ヤルタ会談のさいにドイツ人捕虜を復興のために使用することについて、スターリンは米英首脳の同意をえている。それをポツダムにおいて日本人捕虜に援用しても、なんら不法行為とはならないではないか。トルーマンの「千島列島に航空基地を」の横暴な要求とは、根本的に違うのである。スターリンはそう考えたに違いないのである。

当時の日本政府も大本営も、そのような国際会議場裡の秘密協定など知りうべくもない。いわんや関東軍に於てをや、ということであろう。

されど、ジャリコーヴォの停戦交渉にのぞんだとき、ソ連は「日本軍隊を捕虜にとる」と明言していた。ワシレフスキーの回想録にも「我々は、高官にたいしてのみならず、すべての捕虜にたいして、人道的な態度で接することを保証すると告げた」とある。

少なくとも瀬島参謀は「捕虜」という言葉を聞かされ、それを承知していたはずである。そのわずかに知っている事実をもとに、ソ連に対しジャリコーヴォで交渉すべき何かがあったのではないか。

一九〇七年十月十八日、ハーグで結ばれた「陸戦ノ法規慣例ニ関スル条約」の第二章・俘虜の項の第二十条には、

「〔送還〕平和克復ノ後ハ、成ルベク速ニ俘虜ヲ其ノ本国ニ帰還セシムベシ」

とある。これを日本は批准し、一九一二年一月に公布、発効していた。[*32]また日本は批准はしていなかったが、一九二九年の「俘虜ノ待遇ニ関スル条約」〝送還規定の設置〟の項、第七五条にはこうある。

「交戦者ガ休戦条約ヲ締結セントスルトキハ右交戦者ハ原則トシテ俘虜ノ送還ニ関スル規定ヲ設クベシ」

ならば、ジャリコーヴォでせねばならなかったのは、捕虜送還にかんする手続きや規定について話し合うことでなければならなかった。これら諸条約とポツダム宣言の適用について強く主張し、捕虜送還の時期を明確にし、つまりはのちのちの事態に備えることであった。それでなくても、ドイツ軍捕虜がどんどんシベリア方面に送られていることを、すでに日本の新聞も報じていたはずであるから。

しかし関東軍の代表が交渉したのは、すでに書いたとおりのものなのである。停戦交渉の、中心テーマたるべき捕虜送還については、まったく放置されて、皇軍の名誉とか、

軍刀の保持とかが大事なことのように日本側から主張されているのである。

いや、何をいっても無駄、所詮は敗者、引かれものの小唄よ、という見方もあろう。たとえそうであろうと、主張すべきは主張せねばならなかったのである。瀬島元参謀を責めるのではなく、当時の日本人がいかに世界を知らなかったことか、悲しくも情けなく思えてならない。国際法に無知、というより無視、国際情勢にたいする理解の浅薄さ、先見性や想像力の欠如、外交交渉のつたなさ、それが今日のわれわれにそのままつながっているのではないかと、それを危惧するがゆえにそういうのである。

(32) 一九〇七年十月十八日、ハーグで各国代表によって署名された「陸戦ノ法規慣例ニ関スル条約」の第二章・俘虜の項の、とくに参考すべき条項を摘記しておく。

「第六条〔労務〕国家ハ、将校ヲ除クノ外、俘虜ヲ其ノ階級及技能ニ応ジ労務者トシテ使役スルコトヲ得。其ノ労務ハ、過度ナルベカラズ。又一切作戦動作ニ関係ヲ有スベカラズ。(中略)国家ノ為ニスル労務ニ付テハ、同一労務ニ使役スル内国陸軍軍人ニ適用スル現行定率ニヨリ支払ヲ為スベシ。右定率ナキトキハ、其ノ労務ニ対スル割合ヲ以テ支払フベシ」

(ただし労務は戦争続行中のこと)

「第二十条〔送還〕平和克復ノ後ハ、成ルベク速ニ俘虜ヲ其ノ本国ニ帰還セシムベシ」

ソ連邦はこれらを完全に無視したことは改めて書くまでもない。

●「卑怯なことはやらん」

八月十七日の大陸命によって〝無敵皇軍〟が、主力のなんら決戦にでないままに、戦場で無条件降伏しなければならない日が訪れている。海軍もまた然りである。[*33]

参謀本部は、天皇の意思を伝達し停戦の徹底を期すため、支那派遣軍には朝香宮、南方軍には閑院宮、そして関東軍には竹田宮各殿下を派遣することとした。これによって各軍総司令部は、天皇および陸軍中央の〝降伏〟の意思を確認する。もはや抵抗は許されない。涙をのんで即時停戦の決断を固めていく。

しかし、敵の姿をまだ見ない各軍総司令部と違い、アジア全域にわたっている戦場では、混乱がしきりに起った。停戦命令の確達しない地域はもちろん、大陸命にある「自衛ノ為ノ戦闘行動ハ之ヲ妨ゲズ」が、各部隊の即時停戦行動を躊躇させる結果をうんでいるのである。

戦闘を停止した部隊でも、これを一時的停戦であると思いこみ、戦後政略の条件を有利にするために、わざわざ前進して無用の流血をあえてするものもあった。また、武装解除をうけた部隊でも、そのまま捕虜とされることをとうてい信ずることができず、徒手空拳で抵抗し射殺される将兵が続出したりした。

有史いらい敗北を知らぬ〝皇軍〟に、無条件降伏の五文字の存在するはずはなかったのである。

参謀本部は、いたるところで続出する無用の犠牲を、責任上からも心から憂慮した。このため停戦命令を徹底させるべく、八月十八日、さらに大元帥命令（大陸命第千三百八十五号）を全軍に通達した。それはすべての作戦任務を解き（末端まで徹底の時間を考慮に入れて、日本内地八月二十二日、外地は八月二十五日）、同時期以降は自衛行動も含め、いっさいの武力行使の停止を厳命したものである。その上で大陸命は、将兵をさとすかのように、こう命令した。

「詔書渙発《かんぱつ》以後、敵軍ノ勢力下ニ入リタル帝国陸軍軍人軍属ヲ俘虜ト認メズ。速ニ隷下末端ニ至ルマデ軽挙ヲ戒メ、皇国将来ノ興隆ヲ念ジ、隠忍自重スベキ旨ヲ徹底セシムベシ」

「戦陣訓」などにより死すとも捕虜となるなかれ、と教育してきたものを、いまは「大元帥陛下の命令により光栄ある捕虜となれ」と大本営が説得するのである。哀れにも、日本軍隊の大いなる変身の日、といえよう。

そして、ここに国家が与えた日本軍隊にたいする義務は完全に解かれ、血気の将が念ずる「よき条件とののわざるときは戦闘再開」は夢のまた夢となったのである。実は、これこそが本来は十五日の天皇放送直後に、ただちに発出されるべき命令であった。

こうして後手後手とまわっている陸軍中央より、極東ソ連軍の戦略戦術のほうがはるかに手際よかった。八月十九日、ハルビン、新京、チチハルなど全満洲の主要都市に空中からソ連軍の先遣部隊が早くも飛来した。奉天飛行場で、満洲国皇帝溥儀が捕えられたのも、この日である。ソ連軍は、皇帝であろうと天皇の名代であろうと、容赦することなく〝捕虜〟として逮捕した。もう二、三日現地に残ると希望した竹田宮が、新京を無理矢理に出立させられたのはその前日、不測の危機からうまく離脱することができたことになる。関東軍の〝宮田参謀〟はソ連のA級のお尋ねものであった[*34]。

その新京には、正午ごろ先遣の軍使が飛来し、午後一時すぎにはザバイカル軍管区司令官カバリヨフ大将以下のソ連軍部隊が、同じく飛行機で降りたった。まず通信機関は完全に差しおさえられ、交通も制限された。在新京日本軍部隊の武装解除はその夕刻からはじまった。

関東軍総司令部が、ソ連軍から明け渡しを強要され、庁舎から去っていったのは、三日後の八月二十二日の午後。限りない威厳をもって全満に号令し、お城といわれていたこの庁舎に居を定めてから十年になる。その名残りを惜しむ遑《いとま》もなく、山田総司令官、秦総参謀長以下は、西広場の海軍武官府と敷島高女の校舎へ移っていった。乗り物としてただ一台のトラックだけが許されていたゆえに、山田以下の将官級がそれに乗った。あとのものは全員徒歩である。庁舎正面四階の菊花大紋章は、司令部の通化移転のときにはずされている。そのために間の抜けたようにも見える建物をふり仰ぎながら、若き参謀たちはそろって歩き、立ちさっていく。瀬島元参謀の『幾山河』には「誰もが目に涙をため、何度も総司令部を振り返った」とある。孤影悄然《しょうぜん》、落城の悲壮と哀切は、戦国の世さながらといえようか。

接収のため足音をとどろかせてきたソ連軍を迎え、明け渡し役として残っていた高級副官の泉大佐は、最後の処置として、八月十五日いらい半旗にしてかかげていた日の丸をおろした。待っていたようにソ連の国旗がするするとかかげられた。

泉大佐は、ソ連軍司令官の大佐を案内しひきつぎのため庁舎内をまわり、全室の鍵を渡した。それで儀式は終った。

「各室とも綺麗に整理されている。感謝にたえない」

「この整理の掃除のために、昨日は徹夜で皆が働いた。日本では昔から城を明け渡す時は綺麗にしてあとの人に渡すのが習わしなのである。山田総司令官もとくに心を配られたことを、貴軍総司令官にも伝えてほしい」

そんな会話をかわしたあと、ソ連軍の大佐は急に疑わしそうな目付きになって、

「綺麗なのは結構だが、何か庁舎に仕かけがしてはないだろうか。時限爆弾や、時限発火機といったものは、たしかにないのだろうね」

といった。敗軍の将の泉大佐は思わず噴きだしてしまう。

「そんな卑怯なことは、日本軍人はやらん。何の役にも立たん。ご心配はご無用である」

秦総参謀長の手記にこんな記述がある。

「この軍司令部の庁舎に、ただ一人の日本人が残された。それは、地下室のボイラー焚

きをしていた身寄りのない一老人であった。今や、戦い敗れて、安住の地を求むべくもなく、また他に世話をしてくれる人もないこの老人は、尽きぬ愛着と堪え難い悲しみを胸に秘めて、唯一人自らこの庁舎に残り、今宵から異国人の頤使《いし》に甘んじ、その情に縋《すが》って生きてゆこうとするのである」

泉大佐の回想によると、それはソ連軍の大佐の要望によるものであったという。夏のさかりに越冬を準備する用意周到さにあきれつつ、泉はくだんの老人の意思を聞いた。老人は「身寄りのないものゆえ、どこで死んでもいいから残ります」とはっきりと答えたというのである。ソ連の情にすがる気持などなかったことがみてとれる。

（33）海軍の停戦については、八月十九日付の、軍令部総長豊田副武大将の天皇へ提出した「奏上書」を、参考までに引用する。

「謹ミテ戦闘行為ノ停止ニ関スル事項ニ対シテ奏上致シマス

連合国軍ノ我本土ニ対スル進駐時機ハ比較的早期ニ予想セラレマスノデ　之ガ処理ヲ円滑整正ニ実施シマスニハ　為シ得ル限リ速ニ本土方面所在部隊に対シ一切ノ戦闘行為ノ停止ヲ御命令相成度　又先般陸軍軍人軍属ニ賜リマシタルト同趣旨ノ俘虜及降伏ニ関スル大命ヲ仰ギ度

右謹ミテ允裁ヲ仰ギ奉リマス」

以下は略すが、こうして十九日になって、やっと停戦命令が発せられた。日本帝国にあっては降伏もまた儀式であったのである。

（34）草地貞吾元大佐がその著に興味深いことを書いている。「竹田宮は個人的にもソ連のおたずね者だった。（中略）対ソ作戦準備に関し、誰よりも重大な仕事と責任を負託されていた」と、何気なく記すが、普通の参謀任務なら「おたずね者」になるわけがない。竹田宮すなわち宮田参謀の「重大な仕事と責任」とは、七三一部隊にたいするそれのようである。彼が関東軍司令部と七三一部隊との間の連絡係であり、同部隊への通行許可証の交付はすべて彼に任されていた、という。

ソ連側の裁判での、松村参謀副長の証言もある。「関東軍総司令部作戦部ニ提出サレタ資料及ビ宮田中佐ノ報告ニ基ケバ、一九四五年現在ノ状態デ、第七三一部隊ハ、細菌兵器トシテ使用スルニ十分ナ各種伝染病菌ヲ多量製造シ得ルノデシタ。当時迄ニ、最モ有効ナ細菌兵器使用方法トシテノ特殊爆弾ノ研究業務ガ強力ニ進メラレテイマシタ」。宮田参謀の任務がおのずから明らかになる。

皇族の一員が細菌戦に一時であれ関与していた、というのは大問題である。七月一日付の宮田参謀と瀬島参謀の交代人事は、そうしたことにたいする配慮によるものであろう。なお、ソ連侵攻にともなう七三一部隊の建物や証拠物件などの絶滅命令（二三三ページ）は、関東軍がだした説と、大本営が下達したという説とがある。いまのところ不明としておく。いずれにせよ全陸軍、いや日本帝国の〝汚名〟は機密裡に最速に処理されたのである。

●「チャスイ、チャスイ」

いっぽう日本本土では――。その前日の八月二十一日、日本政府は、マッカーサー司令部からの〝諸要求〟(「一般命令第一号」など)をうけとり、マニラから帰国した派遣使節の復命を聞いて、はじめて愁眉をひらいている。ドイツのように分割されないこと、国体は急激に変革されないことなどが、どうやら明白にされていたからである。

午後一時、使節代表は天皇にマニラにおける会見の状況を報告した。そして「一般命令第一号」にもとづき午後おそく、米軍進駐にかんする大元帥命令が発せられた。

「連合軍は八月二十六日以降本土に進駐を開始す。大本営の企図は、八月十四日詔書の精神の貫徹を図り、進駐する連合軍との紛争の生起を絶対に防止し、且帝国の信義を中外に宣明するにあり」

さらに各総指揮官あてに、各部隊の降伏すべき相手国を明示した指令が下達される。その主なものは、

・第十七方面軍司令官(朝鮮)

　北緯38度以北……極東ソ連軍総司令官

　北緯38度以南……米陸軍部隊最高司令官

・支那派遣軍総司令官

支那、台湾、北緯16度以北の北部仏印（北ベトナム）……蔣介石総統
香港……英海軍ハーコート少将
・関東軍総司令官
満洲全土……極東ソ連軍総司令官ワシレフスキー元帥
ほかに南方軍総司令官指揮下のビルマ、タイ、マレー、北緯16度以南の南部仏印（南ベトナム）などの各部隊は東南アジア連合軍最高指揮官に、ラバウルの第八方面軍は濠洲軍司令官に、それぞれ降伏するよう指示があった。そして大本営すなわち日本本土は、米陸軍部隊最高司令官マッカーサーの手にゆだねられる。
連合国にとっては、早くいえばそれぞれ獲物のわけ前の決定である。すべてはポツダムでの軍事委員会の合議にもとづいている。ここで悲劇となったのが、朝鮮と仏印（ベトナム）であることがわかる。その地にある日本軍を武装解除するための仮の分断線が、民族分割の線になろうとはだれも予想しないことであった。
幸いにも分割されないとわかった日本本土では、この二十日から燈火管制解除で、どの家も四年間も電燈や窓やガラス戸を覆っていた黒い布をはずした。天皇が前日、東久邇首相をよぶと三つの提言をした。娯楽を速やかに復興すること。信書の検閲を停止すること。そして、燈火管制を即時にやめて街を明るくすること。その提言どおり、その夜から電燈はあかあかと光を戸外にこぼし、町や村はいっぺんに明るく生気をとり戻した。

また東京都内では、大量に食糧の配給がはじめられた。本土決戦にそなえて軍の保有していたものの大盤振舞いなのである。缶詰が一人当り三個、乾パン、砂糖、衣料、つけもの、するめ。平和というものの有難さが、そのままこれらの配給品のうちにこめられているかのように、都民のだれもが感じた。

作家長與善郎の『遅過ぎた日記』にも興味深い記載がある。

「今日から、四年振りか、ラジオの天気予報が開始された。

小笠原方面――とかに低気圧がある、とか何とか遠くで言っている。久しぶりの懐かしい声のような感じがある。丁度久方ぶり天候あやしくなり、所々どす黒くなった空に、さっと夕立の前触れらしい秋風が吹き、木の葉を飛ばしている。悪くない」

日本本土には確実に、そして早急に平和と安息が訪れてきている。しかし満洲では、まさしくその正反対のことが行われようとしていた。ソ連軍進駐の日を境いに、大小都市や町で〝悪夢〟がはじまったのである。

たとえば、新京ではソ連軍を迎えると同時に、ソ連色一色にぬりかえられていった。新京は長春と旧称でよばれるようになる。大同広場はスターリン広場と変った。赤地に鎌と鶴嘴《つるはし》のソ連国旗が各戸にかかげられ、「歓迎英雄的紅軍」「斯大林《スターリン》大元帥萬歳」などのポスターが、塀や壁や電柱にはりつけられた。そして満洲人の呼称も中国人となった。

戦車隊を先頭にのりこんできたソ連軍の将兵は、惨憺《さんたん》たる服装をし、肉の落ちた面構えではあったが、軍歌を高唱しながらのお祭り騒ぎであった。戦車隊につづいて、愉快そうにジープを運転し、トラックに乗車した部隊が陸続としてつづいた。車輛の多いことと武器がよく磨かれていることに、居留日本人は目をみはった。しかも車輛は、ジープはもとより、トラックなどすべて米国製で、米軍の星のマークがそのままつけられている。かれらは無造作に裸になると用水槽で身体を洗い、そして口笛を吹きながら武器の手入れをした。傍若無人そのものである。*36

新京第一の公園である児玉公園で、まず最初の事件が起った。その入口には、愛馬にまたがり、右手で挙手の礼、左手で手綱をひいた児玉源太郎大将の銅像があった。大将は日露戦争を勝利にみちびいた名参謀長である。その大将の銅像の首がものの見事にはねられていたのである。首はどこへ持ち去られたものか跡かたもない。傷口は真新しく、無残によじれて裂けている。

それがあとにつづく悲劇の前ぶれのごとくに、市内の治安はその日を境いに混乱し、乱れに乱れていった。ソ連兵の乱暴狼藉《ろうぜき》はいまや目に余るものとなった。赤旗や青天白日旗をかざした一部の中国人（満洲人）も反日行動をあらわにしはじめた。かれらは争うようにして、日本人を襲った。殺人、婦女強姦、略奪、暴行はひんぴんとして行われだした。軟禁同様の関東軍は、もう完全な無力の存在である。軍人民間人を問わず、いまや日本人は丸裸の自然状態に放りだされたのである。

溥儀皇帝が奉天飛行場で逮捕されたというニュースや、大杉栄殺しで有名な満映理事長甘粕《あまかす》正彦が自殺したというニュースが、日本人のあいだをかけめぐった。ソ連兵は腕時計と万年筆を強奪するから外出のときに持ち歩くな、という注意もいち早く伝わった。それと知らず、白昼路上で拳銃を片手のソ連兵によびとめられ、

「チャスイ、チャスイ（時計）」

と、腕時計をひったくられる日本人があとを絶たなかった。しかもそのソ連兵の腕には十数個の腕時計が誇らしげにはめられている。

街頭ばかりではなく、日本人住宅に押し入って手当り次第に略奪するもののなかには、将校を先頭の部隊ぐるみのものもある。それも、ソ連軍はどんどん新京に入り、一泊してまた南へ下っていく。新規の侵入者が、新しい立場で押し入ってくる。腕時計や万年筆はもとより、布地、長靴などを、かれらは先を争うようにして奪いとっていった。

こうしたソ連兵の暴行、略奪は新京にかぎったことではない。満洲のいたるところの都市でも、容赦なく行われている。

八月十八日、ハルビン市の中心の大直街をソ連軍の巨大戦車数十輛が行進した。この日からこの市もソ連兵による強盗、略奪、暴行、強姦の街と化した。当時、ハルビンの日本人国民学校五年生であった俳優の宝田明がそのときの体験を、一九九八年十一月二十八日付の毎日新聞に語っている。

「女性と子供は丸刈りになり、日中でも一人で外出することは禁止になった。しかし、白昼、買い物に出かけた近所の奥さんが、マンドリンと呼ばれた自動小銃を抱えたソ連兵に捕まり、社宅裏の空き地で強姦されるのを目の当たりにした。／ソ連兵は、夜はも

ちろん日中も社宅を襲った。時計、ラジオを略奪していった。狙うのは日本人の家だけ。マンドリンを突きつけられれば、なすがまま、ただ出ていくのをひたすら待つしかなかったという。蓄えてあった食料も根こそぎ持っていかれた。／街に出て稼ぐしかなかった。ソ連兵相手の靴磨きを始めた。『カピタン・チース・パジャールスタ（兵隊さん、靴磨かせて）』／……そのころ、ハルビンの街に、奥地の開拓団の日本人が、引き揚げの指示を待ち切れず二十人、三十人の集団でやって来た。毛布やリュックサックを背負い、子供の手を引いて、『先に行かせていただきます。お先に』。そう言いながら、徒歩で南に向かった。／『あの人たちの大部分が、途中で殺されたり、畑の中を逃げまどったりしたんです。そして子供をどこかに預けていったんです』／……『近いうちに、また連れ戻しにきますから』。そう言って、子供を預ける親がたくさんいた。『お礼』にジャガイモをもらって。『親は飢えをしのぐ。子供も殺すより預けた方がいい。それで置いてきた子がたくさんいた。かわいそうで……』」

ここまで語った宝田は涙につまり、「あとは言葉にならなかった」と、記者によって書かれている。実は、彼の一家も後ろ髪を引かれる思いで、長女と三男を満洲に「置いてきていた」のである。二人とも戻っていない。

それはある意味では、対ドイツ戦線での習慣を満洲にまでもちこんできたものであったかもしれない。ドイツでは、老女から四歳の子供にいたるまで、エルベ川の東方で暴行されずに残ったものはほとんどいない、といわれている。あるロシア人将校は、一週間のうちに少なくとも二百五十人に暴行されたドイツ人少女に出会いさすがに愕然とした、という記録が残されている。

ドイツ戦線で、そして満洲で、ソ連軍将兵の素質の悪さについては、他にもさまざまな書物がこれにふれている。しかもその残虐行為は上からの指示によるとも伝えられている。スターリンの娘スベトラーナもこれを裏づける証言をしている。それによると、スターリンはヨーロッパを荒廃させることを奨励し、それに喜びを感じていた。その意図には、赤軍の暴虐さを許すことで敵国の嫌悪を買い、親しくなることで堕落しないようにしむけた、といった複雑性を含んでいたという。

シベリアのラーゲリで、作業係のソ連軍の上級中尉が酔っぱらって語った証言を書きとめている日本人もいる。それによると、スターリングラード防衛戦で有名をはせたロコソフスキー元帥は、囚人のなかから選ばれた軍人であるという。「彼はその部隊を全部囚人仲間から編制した。ウォトカを飲み放題に飲ませた。無鉄砲な囚人たちが酒の勢いで猛攻を重ねた」。そしてその軍隊が満洲に送られてきたのであるという。

しかも、ソ連戦車がドイツの民間人や避難民や婦女子を攻撃し、轢き殺しているという報告がスターリンのもとにとどいたとき、この独裁者は上機嫌でいった。

「われわれはわが軍の兵士たちにあまりにも沢山の説教をしてきた。少しくらいは自主性を発揮させてやれ」

つまりスターリン大元帥を頂点として、上級指揮者の黙認のもとに、ヨーロッパと同様に満洲でも略奪や暴行が行われていたとみられるのである。それも戦争一般にありがちの偶発的、個別的な現象ではなく、意図的かつ組織的な犯行である。よく言われるように、略奪は兵士への報酬なのである。戦場での勝利は、兵士たちに略奪、それも一日といわず数日間にわたる略奪を約束する。将軍たちは言う、略奪や暴行を放任することは、兵士に精神的な落ち着きを与え、つまりは軍隊の士気を高めることになると。戦争の許されざる〝悪〟と非情さがそこにあるというほかはない。

たとえば、良心の作家といわれるエレンブルグが一九四四年に書いた『戦争』のつぎの一節はどうであろうか。

「われわれは興奮しない。われわれは殺す。君が一日に最低一人のドイツ人を殺さなかったら、君はその日を無意味に過ごしたのだ。……われわれにとってドイツ人の死体の山より楽しいものはないのだ。日数を数えたり、距離を数えたりするな。君が殺したドイツ人だけを数えよ」

こうした人種的憎悪と破壊的精神だけで鍛えられた兵士たちが、満洲の曠野へ送られてきたのである。しかも関東軍は作戦方針に従って戦わず後退している。猛り立つ攻撃精神をぶつける相手は、無力な居留民や開拓民ということであった。

しかもソ連軍は実にあざといことをやっている。秦総参謀長の手記にある。ある百貨店がソ連軍部隊に襲われ、目ぼしいものはみなトラックで運ばれていった。そのあと中国人（満洲人）が蟻のように集まり、残った半端ものにむらがる。と、待ち構えていたソ連兵が空砲で威嚇射撃をして、かれらを追いはらう。この場面をソ連のカメラマンが丹念に撮影し、ソ連兵が必死に略奪を防止している、という証拠をつくるのである。略奪したのは中国人であり、ソ連兵ではない。まさに合法的な略奪というほかはない。

また、満洲重工業開発総裁であった高碕達之助が書いているソ連軍の略奪法は、巧妙というより詐術そのものである。突然ソ連兵が押し入ってきて、「この家には俺が入るから、三十分以内に立ち退け」といい、外で時計をみながら待っている。やむなく身の回りの品物だけをもって家を明ける。後に入ったソ連兵は、残された家具や装飾品などめぼしい品物を荷造りして、つぎつぎに駅から国へ送り出す。荷造りはもちろん日本人にやらせるのである。それだけではない。住むこと二日ほどで、こんどは家を満洲人に売り渡すのである。そして、これを買った満洲人は、戸や床板や柱など木材という木材を全部とりはずして、薪にして売り払う、という無残なことになったという。

東京はその事実を知らなかったのであろうか。いや、その悲惨な状況はおぼろげながら摑んでいた。関東軍総司令部が、通信を遮断したソ連軍の監視の目を盗み、わずかに交信の絶たれなかった第五方面軍司令部（在札幌）を中継ぎにして、密かに東京に急を告げてきていたからである。

八月二十二日午後十時、参謀次長あてに発信された苦悩にみちた電報が残されている。原文を引用する。

「ソ連軍首脳は日本軍・邦人に対する無謀行為を戒めるも、現実には理不尽の発砲・略奪・強姦・使用中の車両奪取等頻々たり。今や日本軍の武力全くなく、右に加へて満軍及び満鮮人の反日・侮日の事態の推移等、将兵の忍苦、真に涙なくして見るを得ず。関東軍総司令部は本二十二日夕、本庁舎をザバイカル方面軍司令部に譲り、旧海軍武官府に移転す。

願はくは将兵今日の忍苦をして水泡に帰せしめざるやうな善処を切望してやまず」

また、少しあとになるが、八月三十日付の、関東軍総司令官より重光葵外相にあてた電報も、悲惨な状況を訴えている。これも原文を。

「現在全満に推定五十万の避難民あり。わづかな手回り品すら略奪され、着のみ着のままにて食事すら事欠き、数日絶食の者さへあり（軍人を含む邦人約二百万、うち約九万は朝鮮・関東州に疎開）。目下食糧状況悪化、採暖用石炭の輸送は認可されず、冬季用衣糧住宅等を徴発略奪され、冬季に入りたる以後、飢餓凍死者の続出を憂へしめらる。本件ソ軍首脳の内意をただしたるところ、右は東京において取り決めらるべしとのことにて、ソ・支側にてはなんら措置せず、当方としては全く手のつけやうなし。ついては在外邦人に対し措置される時は事情御了察のうへ在満婦女子病人を優先するやう御援助あひ煩はしたく懇願す」

これらをうけて、日本政府と参謀本部は懸命な努力をつづけた。参謀次長あての電報をうけとった二十三日、ただちに終戦処理会議を発足させて焦眉の問題にとり組んだ。マッカーサー総司令部に必死になって実情を訴え、善処を要望する。マッカーサーがソ連軍にたいし、最高指揮権を発動することを心から望んだ。しかし、それは空しい努力となったのである。なぜなら、すでに書いたようにマッカーサーが連合国最高司令官として指揮権を縦横にふるえるのは、降伏文書の正式調印がすんでから、であったからである。

（35）挿話としては、日本も分割される危険性があった、という微妙な事実にふれておく。竹前栄治氏の研究によると、アメリカの三省（陸軍・海軍・国務）調整委員会は、早くから日本占領の統治政策についての討議を重ねていた。第一局面として、日本降伏後の三カ月間は、米軍八十五万が軍政をしいてゲリラなどの抵抗を完全に抑える。が、いつまでも米軍将兵を帰国させないというわけにはいかない。そこで第二局面となるつぎの九カ月間は、米・英・中国・ソ連の四カ国が日本本土に進駐し、これを統治する。この場合、日本本土を四つに分けて、関東地方と中部地方および近畿地方を米軍三十一万五千、中国地方と九州地方を英軍十六万五千、四国地方と近畿地方を中国軍十三万（近畿地方は米・中の共同管理）、そして東北地方と北海道はソ連軍二十一万が統治する、さらに、東京は四カ国が四分割して統治する、という決定をみたのである。そして、これが成文化されたのが、なんと、昭和二十年八月十六日のことであったという。

いうまでもなく、これは実施をみることなく、ファイルの中に閉じ込められてしまう。日本帝国の降伏が米国政府の予想よりはるかに早かったためである。それにつけても、あと二、三カ月も日本軍が無益の抵抗をつづけていたら、と思うと、歴史には「もしも」はないが、空恐ろしくなる。日本政府はぎりぎりのところでよく降伏を決断したものである。

（36）当時、関東軍特殊通信情報部に勤務し、数奇な体験をした林秀夫氏が長い手記を寄せてくれた。その一部、ソ連軍の新京進駐について、の箇所を引用する。

「……間もなく本隊が陸続と入ってきたが、その軍容をみた日本人はまず『アメリカには敵わなかった筈だ』と感嘆した。十トン積みのトラック、ジープには皆ＵＳＡの文字が書かれている。あとで通信機材から缶詰、懐中電灯までアメリカ製を使っているのをみた」

「……ソ連兵たちの体格の小さかったことにもびっくりした。ソ連の徴兵適齢期が十七歳で、少年のような兵士が多かったからであろう。ヨーロッパ戦線で汚れきった軍服の肩章を、押収した日本軍の軍服に付け替えて着ている兵士もときどき見たが、サイズはぴったりであった。彼らの口から、ドイツが降伏し案外早く帰国の列車に乗せられて大喜びしていたら、下車するはずの故郷の駅に停まらずに、来る日も来る日も列車は東へ東へと走りつづけてまた戦場に出された、というぼやきをきかされたものである。半年後、幾十万の日本兵の捕虜が絶望と不安のどん底で送られていった鉄路を、無数のソ連兵が落胆と懐疑と憤慨とを抱いて反対の方向へ送られていったのか、と思うと、歴史とは何と皮肉なことをするのかと、そんな思いだけがある」

「……われわれが奇異の目を見張ったのは、少佐以上ぐらいの将校が、全部ではないが、女性を伴っていたことである。彼女たちはフロントワヤ・ジェナー（戦場妻）とよばれていた。プロではない普通の女性であり、彼女たちは『ゲネラル（将軍）にあるのは食料だけ、マイオール（少佐）には食料もあればあれもある。レイテナント（中尉）はあれだけ』などといっていたという。彼女たちの愛の巣は、一時間後に明け渡せ、と日本人を追い出したあちらこちらの社宅であった。一方、下士官・兵には公営の慰安所が設けてあった。電電公社の社宅を一軒接収して、窓にピンクのカーテンなどをかけて、農婦のような頑丈な中年の女が何人かいて、腕まくりに裸足で薪割りや掃除をしていたが、兵隊が通ると、『タワリシチ（同志）お寄りなさいよ』と声をかけていた」

「……閉口したのは、ソ連兵が必ず紋きり型の唯物論の説教をはじめることである。『お前たちの国には神がいるだろう。わが国にはいないぞ』ともちかける。だんだんに慣れてきて面倒臭くなり、『ああ、いるよ。八百万いるよ』と答えることにした。彼らはびっくりして以後は議論をもちかけなくなった」

「……略奪暴行は、後から質のよくない部隊が入ってきて頻繁になった。将校も混じって組織的になった。実に多くの事実や噂があったが、噂のなかにはおかしなものもあった。ソ連の女性兵士による日本人男性にたいする性的暴行のそれである。ドイツや東欧の諸国でも同じことが行われたというが」

●「女の子は五百円」

満洲の大小の都市などの市民の苦難のことを概括的に書いてきたが、それ以上に忘れてならないのは、国境付近より脱出行をつづけている居留民や開拓団のことであろう。くり返すことになるが、都市の住民はもちろんのこと、たしかに一時期は辺境の居留民や開拓団も「優越民族」としての生活を、国境に近い町や村で享受していたことであろう。それも植民地支配のための関東軍の威力を背景にしてのことであった。しかし、ある日、関東軍の栄光の虚像は崩れ、惨憺たる敗走がはじまった。そのとき軍は足弱なかれらをあっさりと見捨ててしまう。昨日までの加害者のかれらは急転直下、今日の被害者へ追いやられたのである。開拓団は満洲全土のいたるところで無防備のまま放りだされ、最悪の路をそれぞれの判断で日本軍の保護を求めさまよい歩かねばならなくなった。

そのかれらをソ連軍が急迫してくる。さらに現地人が仕返しの意味もふくめて匪賊のごとく襲いはじめた。関東軍の敗退と、根こそぎ動員によって屈強のものがいないと知ると、「これまで親しんできた満洲人の友さえも加わって」暴徒化して、現地人がかたまって日本人難民に波状攻撃をかけてきた。かれらはときに日本製の銃をもっているものもあった。*37

男子なし武器なしの開拓団も、ところによってはレンガ、鍋、釜を割って投げつけたりして応戦した。なかには十五、六歳の子供たちが斬り込み隊を組織して戦い、最後は全員が自決して果てた熊本県来民《くたみ》開拓団のようなグループもある。

開拓団は逃げながら、日を追って、愛する祖国日本は降伏したにちがいないと考える点で、みんな一致した。そのことでいっそう絶望的にならざるをえなくなる。結果として、だれもが無慈悲になり、疲労困憊《こんぱい》者や負傷者がでたりすれば置いてきぼりにした。とり残されたものはやがてソ連兵や暴民によってみな殺しにされることも悟るようになった。かれらはあらゆる憐れみの感情を失い、何としてもソ連軍の攻撃からは逃れようという熱望から、ただ歩かねばならないと思い歩きつづけた。

なんどもなんども暴民や武装匪賊の襲撃ですべてを奪われ、乞食以下となった日本人の行列に、中国人や朝鮮人が「粟を買わんか」「とうもろこしは要らんか」と声をかけてくる。指導者が「決して買ってはならんぞ。この行列はまだ金があるとみたら、また襲ってくるに違いないから」と止めた。また、幼い子供をつれて歩いているものには、中国人が「子供をくれ、子をおいてゆけ」とうるさくつきまとい、ついには、

「女の子は五百円で買うよ。男の子は三百円だ、それでどうだ」

と値段をつけてまでして、執拗そのものであった。

この子供買いについては、俳優の故・芦田伸介氏の証言もある。芦田氏は当時、満洲電業のサラリーマンで、安東で終戦を迎えた。そして一カ月かかって奉天まで難民となって歩いたという。そのときのことである。

「途中でなんども略奪をうけた。赤ん坊のおむつまで盗られた。おむつ二、三枚ですね、残ったのは。娘の亜子が生まれて五カ月くらいですか。満人が子供を売れっていう。女の子が五百円で、男の子は三百円でした」

子供買いの値段が、いくつかの体験談のなかで奇妙に一致している。

それにしても、こうした逃避行において、もっとも悲惨であったのは、その誕生にもその生活の選択にも、いささかも責任のない子供たちであったことだけはたしかなので

ある。いまも残留孤児の報を聞くたびに、その思いを深くする。事実は、子供たちの多くは野垂れ死にしなければならなかったのである。生命を救われたのはそれでもまだましであったのである。

そして疲れはて追いつめられ絶望的になった開拓団の集団自決が、八月二十日を過ぎたころよりいたるところではじまった。生命を守ってくれる軍隊に逃げられ、包囲されて脱出の望みを絶たれた人びとにとって、最後に残された自由は死だけであった。諦め、無関心に陥り、みずから死を選ぶことによって救われようと思う。忍耐の限界を越えると、生きていることはむしろ無意味な苦痛となっていく。

信濃毎日新聞社が取材して伝えた満洲東部の勃利市近くの「佐渡開拓団あと」での集団自決は凄惨そのものである。

「涙でぐしょぐしょに顔をぬらしながらヒキガネを引いた。妻を、子供を、親を、知人を。これ以上のむごい現実がこの世の中にあるでしょうか」

数少ない高社郷開拓団の生き残りの人の告白である。この言葉にあるように、自決とはいい条、実は殺し合いであったのである。親が子を、子が親を、兄が妹を、夫が妻を殺して、最後はみずから生命を絶つか、生きのびるかである。どうしてもわが子を殺せないものは、友人の手をかりた。銃や、包丁や農具や、石や、何もなければ素手で。

「佐渡開拓団あと」の高社郷開拓団の悲劇のはじまりは、二十二日の早朝、ソ連の偵察機一機が近くの畠に不時着したことにあった。これを一部の開拓団員が襲撃し逃げる搭乗員の一人を殺害、機体を焼いてしまった。そのことが知れ渡ったことでいっそう集団自決の空気が高まったという。ソ連軍の報復攻撃を恐れたのである。「男は皆殺し」「女子供は乱暴され奴隷にされる」という確信にともなう恐怖が団員の胸を圧した。二十四日、団員のあいだには暗黙のうちに集団自決の方針が伝わっていた。

「八月二十五日午前四時すぎ。夜明けの空をふるわせて、自決の銃声がひびく。肉親に、知人に向けられる銃声は絶え間ない。〝火葬場〟にきめられた馬小屋は、しかばねの数を増していった。……『それでは、ひと足おさきに……』。子供を両手に、あるいは胸に、火葬場になる馬小屋へと立ち去る人の数がふえた。消えかかる星空に、同胞が同胞を撃つ銃声が鋭い。下田讃治氏（最後に自決）の読経が低く流れるなかを、自決者は、つづいた。髪を振り乱し、目を血ばしらせ、泣き叫ぶ子供を抱きしめて去って行く母親たち。……」

この「信濃毎日」が記す「佐渡開拓団あと」の地獄図はそれで終ったわけではない。二十七日には、この場所に集結し残っていた更級郷、阿智郷、南信濃郷など開拓団の人たち千数百人が、ソ連軍の包囲攻撃をうけてほとんど全滅に瀕している。ソ連機焼打ちの報復か、日本軍と誤ったのか、それは定かではない。しかし、ソ連軍の攻撃は徹頭徹尾苛烈なものであった。弾雨のなかで、青酸カリで自決する人、ちっぽけな武器をもって突撃して果てた人、砲弾に微塵となって散った人と、なんとか生きのびることを願いつつ、人びとは曠野の土くれと化していった。

生き残ってこの悲劇を語れる人は、もう奇跡としかいいようがない。その奇跡の人びとの口をとおして「佐渡開拓団あと」の真実がいま明らかになっている。集団自決そしてソ連軍と戦って死んだと推定される人たちは、高社郷開拓団四百二十人余、清和開拓団三百七十一人、更級郷開拓団二百九十四人、埴科郷開拓団二百十二人、南信濃郷開拓団百人余、笠間郷開拓団四十三人、阿智郷開拓団二十四人、計一千四百六十四人余にのぼる。一カ所でこれほど多数が死んだ例はほかにない。

こうして開拓団の悲惨な最期を綴っていけば、ページがいくらあっても書き尽くせるものではない。『満蒙終戦史』が、「その若干を示す」として消息を絶った開拓団を列挙している。それをそのまま書き写しておく。

(1) 三江省樺川《かせん》県、日高見開拓団（秋宮区・日出区一部）。八月十三日千振《ちぶり》に出たが、避難列車はすでに無く、やむをえず秋宮に引返えす。三四名中男子は一名のみ。八月十八日、全員四一名が最後の夕食を摂り、僧侶の法話を聴いた後服毒自殺した。

(2) 吉林省樺甸《かでん》県、八道河子開拓団協同組合（前甸子部落）。八月二十日、夜、部落の満鮮人を招待して訣別の宴を張る。翌二十一日、入浴正装し、各戸毎に幼児を毒殺し、その枕辺に花・菓子を供え、その後成人は全員一戸に集合縊死、最後の一名は自殺前石油に点火し火葬を図った。自殺者二六名うち男子一名のみ。翌日応召中の二名が帰宅して右の状況を知った。

(3)　吉林省扶余県王家站、来民開拓団。暴徒の襲撃に遭い、全員二七三名、婦人子供までが竹槍・棍棒を振い、煉瓦を投げて抵抗し、ことごとくが殺されまたは自殺した（一名脱出報告）。

(4)　三江省樺川県、第二次千振開拓団。宮城部落の婦人子供四二名、暴徒の襲撃を受けて、付近の飛行場地下格納庫に避難し、青酸加里によって自殺した。

(5)　吉林省舒蘭《じょらん》県、城子河開拓団。終戦後九月三十日まで惨苦の生活を続け、その間に自殺者五三名、病死者二〇名を出した。

(6)　浜江省木蘭県、歓喜佐久開拓団。殺された者一八名、自殺者三八名。

(7)　北安省慶安県、鉄驪《てつり》地区開拓団。九月十日匪襲を受け、二百数十名の犠牲者を出した。婦人自らわが子を殺し、自殺した者が多かった。

(8)　錦州省盤山県、与論開拓団。八月十九日匪襲を受け、翌日までに六〇名近くの自殺者が生じた。

(9)　浜江省資県、大泉子開拓団。哈爾賓《ハルビン》市において反乱逃亡した満洲国軍の襲撃を受け、八月十八日、殺されまたは自殺した者二五三名。

(10)　興安南省、仏立溝開拓団。ソ連軍と原住民暴徒に挟撃され、団長以下六〇〇余名中生還者はわずか三、四〇名。

　このほか県北満方面では、

(11)　東安省鶏寧県、哈達《はたが》河開拓団。団員約一、三〇〇名中殺されまたは自殺した者四二一名。

⑿　東安省宝清県、東索倫埴科開拓団。団員二六〇余名中二一二名が殺されまたは自殺した。

⒀　東安省饒河《じょうが》県、清渓義勇隊開拓団。ほとんど全滅。

⒁　三江省樺川県、中川村開拓団。団員五九三名中約三〇〇名が殺されまたは自殺した。

⒂　三江省依蘭県広富山、南都留郷開拓団。団員一六八名が行方不明。恐らく全員が殺されまたは自殺したものと思われる。

以上は開拓団遭難の一斑にすぎない。殺戮され自殺した者はいたる所に多数発生したが、自殺者の大部分が婦人であり、わが子を道連れにした場合が多く、誠にいたましい限りであった。（以下略）

さらに、もう一つの記録をあげておく。『満洲開拓史』の「事件別開拓団死亡者一覧表」によると、ほとんど全滅、あるいは犠牲者十五名以上をだした開拓団は七十七を数えている。犠牲者数は九千数百名である。十五名以下の自決者戦死者をいれると一万一千五百名に及んでいる。ちなみに書けば、昭和二十年五月現在で、開拓団は八百八十一団、約二十七万人であった。実は、日本帰国までのその後の苛酷な生活による病没と行方不明者をいれると、開拓団の人びとの死亡は七万八千五百人に達するのである。三人強に一人が死んだ。国家から捨て去られた開拓団の満洲での悲惨は戦後も長く、いつま

でもつづいていたことになる。それだけに、

「満洲移民が侵略だなどと、絶対認められない。認めたら現地で悲惨な死をとげた妻子たちが浮かばれない。犬死になってしまう」

「評論家や歴史家が旧満洲を語るとき、つねに上からの目で、『侵略の歴史』として見ることが多い。果たしてその人たちは下から満洲を見つめたことがあったのだろうか。異民族にまじり、ともに汗にまみれ油に汚れた日本人もいたことを知っていたのだろうか。大陸浪人や一旗組、威張り散らした官僚や軍人がいたことは事実である。だが大多数の人は、骨を埋める覚悟で海を渡ったのである。その国を愛さないで、海を渡ることができるであろうか」

生き残って帰った元開拓団の人の言葉は重く、心にいつまでも残る。

(37)この場合、現地人のすべてが、開拓民や居留民に敵対行動をとったわけではないことを指摘しておかなければならない。「主人」であった日本人を最後まで助けてくれた現地人も、決して少なくはなかった。結局、暴動の背景は土地や家屋をとりあげたり、不当な仕打ちを加えるなど、良き隣人ではなかったため、というところにあったようである。

●「悠久三千年の大義につく」

「佐渡開拓団あと」に、ほうぼうからたどりついた開拓団の人びとが、ソ連包囲軍の猛攻をうけていたとき、虎頭永久要塞にもいよいよ最期のときが訪れていた。

ここに拠《よ》った第十五国境守備隊千四百名にたいし、はたして停戦および武装解除に関する関東軍命令は下達されていなかったのか。たしかに各級司令部は関東軍総司令部よりの命をうけ、ありとあらゆる手段を講じ、一刻も早く各部隊に伝達しようとしている。しかし続行する激烈な戦闘、通信連絡の杜絶、ソ連軍の無統制などのため、それが容易なことではなかったのである。虎頭と同じように力闘をつづける東寧の勝鬨要塞には、やっと八月二十六日に特使が派遣され、停戦が伝達されたが、虎頭にはその特使すら行くことができなかった。

実は、いまになってみれば、虎頭の中猛虎要塞にあって全指揮をとる大木大尉以下の守備隊本部は、そのことについて知る機会があったことがわかる。

その一は八月十五日、本部のラジオ受信機が東京放送をキャッチした、というのである。天皇放送につづいて連合国軍に無条件降伏したことを、電波が告げたが、天皇の声を聞いたことのない幹部たちは真偽の判断に迷った。隊長代理の大木大尉が怒鳴った。

「天皇陛下のご放送なんかあってたまるもんか。第一に、第五軍からの停戦命令もない。

戦意をそぐためのデマにすぎん」

さらにもう一つは、惜しみても余りある機会を逸する事件となった。八月十七日、森虎頭在郷軍人分会長、川久保虎頭阜頭長たち、すでに虎頭街でソ連軍の捕虜になっていた五人のものが、ソ連軍からの軍使として「戦争の終ったこと」を伝えに白旗と日の丸とをもって要塞を訪れたのである。

かれらを中猛虎逆襲口から陣内に迎え、応接に出た本部の某中尉が、ソ連軍の降伏勧告状を受けとり、いったんは穹窖の奥に入った。やがて出てくると、

「よし、ソ連軍に伝えよ。わが軍はこの地を死守せよとの命令をうけている。われわれはこの地を死守し、大日本帝国悠久三千年の大義につくのだ」

といい、勧告状に赤線で大きく×印を書いて、森に手渡した。

事件はその直後に起ったのである。

「何を思ったのか森氏はただ一人さっと地下壕から走り出そうとした。待て、間髪をいれず中尉が怒鳴った。森、東方に向かってそこに座れ。中尉はただ一刀のもとに森氏を切り捨てたのだった」（須田茂幸『白尖の塔』）

逆襲口の外で、中尉が森分会長を斬首したこの様子は、山麓の日本軍の将兵や避難の居留民も目撃することができたという。もはやこの瞬間から、虎頭要塞に「降伏」の文字などなくなってしまったのである。

四人の軍使が戻ってこの報告をうけたソ連軍は、その後は降伏勧告はおろか停戦勧告

もしなかった。容赦のない猛攻につぐ猛攻をあえて加えてきたのである。換気口や破壊された壁の傷口などから、ガソリンなどを注ぎこみ、火焔放射器を発射してこれに点火、要塞内深く爆発を起させ、あるいは多量の一酸化炭素ガスを発生させて窒息死に追いこむ戦法をくり返した。

十八日には、猛威を誇った四十センチの大口径砲もその死を迎えた。砲身は炸裂、砲塔は崩れ落ち、そびえていたコンクリートの白いドームもまったく姿をとどめなくなった。

十九日の『戦闘状況報告書』の一部を引用する。

「〇八〇〇　中猛虎及猛虎谷砲兵陣地に対するソ連のロケット砲の射撃旺《さか》んなり。尚鶯谷附近より装備優秀なるソ軍狙撃三ケ中隊再び我陣地に肉迫、中猛虎一帯は再度ソ軍の手中に陥る。猛虎谷砲兵陣地に近接せる一部のソ軍は、我部隊の全員斬込を以て之を駆逐」

独ソ戦で活躍したロケット砲すなわちカチューシャが投入され猛威をふるったことがわかる。

各陣地との連絡はまったく杜絶した。中猛虎要塞内の守備隊本部はもはやこれまでと、自爆するため五十キロの爆薬を要所に装置することを指示した。そして十九日の午後八時、中猛虎陣地は壮烈な自爆を開始した。陣地内に布陣したまま、将兵は陣地もろとも自決をあえてしたのである。

虎頭要塞一つ一つの戦闘を、これ以上精細に描く要はない。いずれの陣地も最後の一兵までと覚悟して戦った。公刊戦史に記述されていることを参考に守備隊各隊の最期を略記すると、つぎのとおりである。


〈守備隊本部〉八月十九日に自爆、全員戦死し、脱出者なし。

〈歩兵第一中隊〉虎東山から十四日夜の斬り込みののち東猛虎山に移る。十九日、完全包囲下に自爆。脱出者は一名。

〈歩兵第二中隊〉虎嘯山陣地にあり、二十六日、最後の斬り込みを実施。脱出者十二名。

〈歩兵第三中隊〉西猛虎山陣地にあり、主力は二十一日までに斬り込みならびにガソリン攻撃で戦死。二十一日に残存の兵が最後の出撃を行う。脱出者十三名。

〈歩兵第四中隊〉虎北山陣地から、十七日に残存者は本部陣地に合流、十九日ほとんど全滅す。脱出者二名。

〈速射砲（歩兵砲）中隊〉主力は本部陣地に位置し、一部を虎東山、虎嘯山陣地に配属。二十六日までにほとんど戦死。脱出者十名（一説に二名）。

〈砲兵第一中隊〉猛虎原にあり、三十センチ加農砲と二十四センチ榴弾砲をもって戦う。十五日に玉砕。脱出者一名。

〈砲兵第二中隊〉四十センチ榴弾砲、十五センチ加農砲などで応戦。二十二日、砲を破壊して辛うじて十三名が脱出。

〈工兵隊〉本部陣地にありほとんど戦死。脱出しえたもの二名。
〈虎頭陸軍病院〉十九日、本部とともに全員自爆。生存者は陣地外にいた二名。
〈在留邦人〉脱出者二名のほか、本部陣地で十九日までに約三百名の全員戦死。別に約百五十名は虎嘯山西方陣地にあり、二十九日に脱出したが、清和駅付近でソ連軍の攻撃をうけ大部分が戦死した。

これでわかるように、最後まで残った虎嘯山陣地へのソ連軍の総攻撃は、八月二十六日早朝である。虎嘯山陣地は、重迫撃砲二十門、二十センチ榴弾砲四門、十五センチ榴弾砲六門、兵力二個大隊という重戦力による猛攻をうけて、午後三時半に潰滅した。なぶり殺しにひとしい総攻撃である。天皇放送いらい十一日後である。永久要塞はここに全滅した。

こうして関東軍が、いや日本陸軍が一旦緩急あるときに最大の期待をかけた国防の牙城ははかなく潰《つい》えたのである。残ったのは損傷した巨大な墓地、破壊された死の城だけである。厖大な量のコンクリートも巨大な鋼鉄も、何億トンの灰となって空しく空中に吹きあげられた。何十年もかけた日本帝国の夢が、強烈な爆発音と煙雲のなかで終焉した。

残されたのは真ッ黒な屍と死臭だけであった。

●「お望みどおりシベリアへ」

八月二十四日、日本本土——。

この日の新聞は報じている。米国の放送が広島・長崎に落とされた原子爆弾のことにふれ、人類が発明した最後の武器である、と伝え、こうも言及した。

「広島・長崎は今後七十年間草木はもちろん、いっさいの生物の生息は不可能である」

これを読んだ人びとは、原子爆弾の恐怖もさることながら、それゆえにいっそう戦争が早く終ったことを、そしておのれの生きのびたことの尊さを、あらためてしみじみと感謝した。

また、新聞はこうも報じている。

「米国は勝った。しかし日本は降伏していない。少くとも負けたと思っていない。ポツダム宣言受諾からこの十日間、米英新聞は大いに日本に向って不満を爆発させた。ソ連もこのころからこれに調子を合わせ、十九日プラウダ紙は、日本がぐずぐずして時を稼ぐのは、早くも帝国主義復讐戦の準備をなしつつあることだ　と見得を切っている」

（ストックホルム衣奈特派員）

この日、満洲・新京——。

満洲重工業開発総裁の高碕達之助は元軍人会館に、占領軍司令官カバリョフ大将を訪ね、今後の起るであろう諸問題について、話しあうことを決意した。案ずるよりも容易に大将は、総裁を部屋に通した。高碕は率直に言いたいことを口にした。

「日本人にはいま食うものがない」

「それは出来るだけのことはしてやろう」

「家もいるし、着物もいる。それから、略奪が多くて日本人は困っているのだが、日本人の生命財産を保護してもらいたい」

「よろしい、生命については保証しよう。しかし、日本人がソ連兵を一人殺せば、関係日本人を全部死罪とする。だから、君からソ連兵に危害を加えぬように徹底してもらいたい。財産については自分は責任は持てない」

高碕は、ぶっきらぼうな、農民のようにごつい感じの大将に親しみをすら感じた。そしてソ連軍がなお、一敗地に塗れた日本人の攻撃精神に脅威を抱いていることに、いくらかの可笑しさを覚えた。

八月二十五日、日本本土——。

早朝から、紺の機体に白く星を描いた米軍機が、東京を中心に関東平野を、低く這うようにして飛びはじめる。米軍の日本本土進駐にともなう監視飛行である。

その監視下で、この日から、内地軍隊の本格的な復員がはじまった。

その実行にさいして、天皇から陸海軍人にたいする勅諭が発布された。

「兵ヲ解クニ方《あた》リ、一糸紊《みだ》レザル統制ノ下整斉迅速ナル復員ヲ実施シ、以テ皇軍有終ノ美ヲ済《な》スハ、朕ノ深ク庶幾《しょき》スル所ナリ」

たとえ敗亡の軍であろうと、美しくいさぎよく散るのは、日本の武士の習わしである。天皇はそれを願ったのである。そうあってこそ伝統ある「皇軍」の名に価いするものであろう。

が、本土の「皇軍」はすでに現実に消滅してしまっていた。敗残の軍隊には規律も秩序もなくなっている。恥も面子《メンツ》も失われているのである。細川護貞の日記にその憐れむべき姿が写し出されている。

「朝、軽井沢に行かんとせるも、兵隊超満員にて行けず。兵は持てるだけの品物を持ちて帰郷す。誠に敗残の兵なり。軍律あることなし。軍富みて民貧し。而も官物と私物の区別だになし。是ぞ軍の実情にして、今日の禍敗を招きし最大の原因。夜、箱根へ車で行く。従来殆ど車影を見ざりしも、今夜はおびただしき車に出逢う。軍が油を放出したる為なるべし」

同じ日、満洲・興安嶺――。

日本本土では戦争は完全に終結している。海を隔てた満洲ではなおソ連軍の進撃を止めんと戦闘が続行している。そうした最前線の部隊には「皇軍」魂はいぜんとして烈々として燃え盛っていた。安部孝一中将指揮の第百七師団歩兵第九十連隊の、第七中隊の初年兵有働寛二等兵が戦後に書いた「手記」には、二十五日夕刻、第七中隊全員が斬り込み隊となって、敵陣に突っ込んだ悲壮な事実が記されている。

「……ワーッ、山河を揺がすような大喚声を三度して、同時に突入する。敵弾が集中する。一瞬、隊長以下伏せをする。又射撃して突入する。硝煙濛々として、敵影はおろか咫尺《しせき》も弁ぜず。だが隣の塩田二等兵が『天皇陛下万歳！』を叫んで斃れる。手榴弾にやられたらしい。自分も安全栓を抜いて投げつける。山頂の一角に取りついた。その時第一次の初年兵が、頭をうたれ『やられた』と叫ぶ。背後の今吉兵長が負傷、これを助けに行った杉上等兵が又負傷して、間もなく息絶えた。西山見習士官が若い命をおとす。戦争とは非情無情なものかと思ったりした」

八月二十七日、日本本土——。

この日、日本政府は、はじめてソ連政府にたいして、満洲における武装解除後の将兵の安全保障、衛生、補給などについて要請を行っている。また、居留民の安全や引揚輸送そのほかについても強く申し入れた。

同じ日、満洲・敦化《とんか》——。

要請した日本政府も、また要請をうけたソ連政府も、まさかその前夜から今朝にかけて、居留民の安全どころの話ではない悲惨が行われていようなどとはつゆ思わなかったことであろう。朝鮮との国境に近い延吉と、省都吉林とのちょうど中間にある敦化の五キロほど町はずれ、日満パルプ工場の独身寮の一室で、二十三人の日本女性が集団自殺したのである。その死はソ連兵にたいする「血の抗議」というべきものであった。

ソ連軍は進駐してくると、八月二十五日、ここに生活を営んでいた日本人の男と女とを分け、約百七十人の女性や子供たちを独身寮にまとめいくつかの部屋にわけて住まわせた。言わば監禁である。男たちは工場外の飛行場わきの湿地帯に拉致されていった。それが初めから計画されていたことなのかどうかは不明である。しかし、この強引な処置は初めから意図されたものとみるほかはない。そして、暴行はいかなる弁解も許されぬ集団によるものであった。それをまた、ソ連軍の幹部はまったく止めようともしなかった。

二十六日の夜明けにそれが起った。酔って欲望に狂ったソ連兵は、二、三人の集団となって波状的に各部屋に押し入り、マンドリン銃を空に向けて威嚇するように撃ちながら、「ジイ・シュダー（ここへ来い）」と、叫び容赦なく日本女性を襲った。力ずくで部屋から引きずりだした。一人の女性に一人の兵というわけではなかった。そして襲撃は二十六日の深夜にもまた行われた。女性たちの絶望の号泣と嗚咽もソ連兵の耳には、いや胸にはまったく届かなかった。犠牲者はもう全員に及んだ。

ソ連兵が去ったとき、ある部屋の女たち二十三人の決意はもう決まっていた。あどけない子供たちを道連れにすることにも何の躊躇もなかった。幸か不幸か、課長夫人が青酸カリを隠しもっていた。

二十七日の朝、巡視にきたソ連兵は茫然となる。駆けつけた将校の命令で、部屋には歩哨が立ち、また各部屋の日本女性たちは外を見ることを厳禁された。死体は日本人にみせないように細心の注意が払われて、どこかに運ばれていった、という。勝者は絶対的な権威と権力をもつ。事実の抹殺に良心の呵責《かしやく》などを覚えるはずもないのである。すべては闇の中となる。ソ連軍将校が恐れたのは責任を問われることだけであり、日本人女性の「血の抗議」にたいする反省と痛惜の念は微塵もなかった。

幸いに命をとりとめた人が、子供をいれて五人いた。この事実を書き残した日満パルプ敦化工場の元社員吉岡幾三の長男（当時小学生）が、幸運なるその一人であった。

八月二十九日、日本本土――。

前日、東京郊外の厚木基地に、米軍の重武装した先遣部隊が着陸した。まだ完全に武装解除されていない〝敵地〟に乗りこむのである。警戒態勢をきっちりとしいた米軍将校を迎えたのは、まったくかれらの予想すらしなかった笑顔の日本民衆であった。

そしてこの日、新聞に妙な求人広告がでている。特殊慰安施設協会の名で「職員事務員募集」と大きく打ちだされていた。これが占領軍相手の「特殊慰安婦施設」であり、職員ならぬ接客婦の募集であることは、大ていの人の目にも明らかである。

また、流言蜚語《ひご》もしきりである。米軍進駐にともない、やがて婦女子の一定割当てが行われるとか、婦女子は男装化せねばならないとか。接客婦千人を募ったところ四千人が応募して、係員を憤慨させたとか……。占領政策が不明のうちから、敗戦日本のほうがどんどん心理的に迎合し、さっさと変ろうとしているかのようである。

この日、昭和天皇は内大臣木戸幸一にたいし、聖断いらいはじめて自分の心のうちを明かしている。

「戦争責任者を連合国に引き渡すのは、真に苦痛にして忍び難いことである。自分がひとり引き受けて、退位でもして収めるわけにはいかないであろうか」

木戸があわてて、そして必死に押しとどめた。

「連合国のいまの心構えから察しますと、そのくらいのことで承知するとは思えません。また各国の考え方もいろいろであります。したがってご退位を仰せださるるということは、皇室の基礎に動揺をきたすこととなり、その結果、共和制にせよなどの論をひき起す危険もございます。……」

日本がはたしてどう変るか。なお未知数であり、だれにも確信がなかったのである。

この日、満洲・興安嶺――。

ソ連軍より届けられた要請「大興安嶺山中で、停戦に応じない大部隊がいる。至急、停戦させせよ」にもとづき関東軍の作戦班付臨時参謀の土田正人少佐が、飛行機で捜索し、この大部隊を発見したのは、この日の正午になろうとしているときである。安部孝一中将の指揮する第百七師団である。安部は与えられた命令「白河線興安トンネルその他を破壊して敵の前進を妨害し、なるべく速やかに新京付近にいたり、第三十軍司令官の指揮下に入るべし」を忠実に守り、ザバイカル第三軍の怒濤の猛攻をうけながら、山中を転戦しつつこの日まで、頑強に戦い抜いてきたのである。安部は正式の停戦命令が届いていない以上それを当然のこととした。結果、関東軍も第三方面軍も杳としてその行方、いや存在すらもつかめなくなっていた。戦略兵団たる一個師団が山中に消えたのである。

戦史上かつてないことである。孤軍になってまでも、それほど作戦任務の完遂に全力をあげていた安部も、土田から「終戦の詔勅」と正式な関東軍命令を受け取り、武器を捨てて武装解除される決意を固めた。

夕刻、日ソ両軍の師団長による停戦交渉が行われた。安部は、転戦中に捕獲したソ連軍の軍旗を、当然のこととしてソ連軍の師団長に返還する。こうして第百七師団は矛を納めた。関東軍の戦闘は、やっとこの日にすべて終ったのである。

八月三十日、日本本土——。

午後二時五分、予定より一時間も早く「バターン号」は厚木基地に着陸した。〝青い眼の大君《たいくん》〟マッカーサーは、カーキ服にサングラス、丸腰で、コーンパイプを手にむんむんする夏草の上に降り立った。

「メルボルンから東京までは長い道のりだった。……降伏は不必要な流血の惨をみることなく無事完了するであろうことを期待する」

この瞬間から、日本本土では「マッカーサーの日本」が幕をあけた。この日、焼け残った松竹系の映画館は、戦前に製作してあった五所平之助監督の「伊豆の娘たち」を封切った。長くつづくであろう占領下の苦しみもどこ吹く風と、娯楽に飢えた人びとで映画館はどこも満員となった。

八月三十一日、同じく日本本土——。

作家山田風太郎の日記を引く。

「安西、柳沢を雨中、駅に見送る。待合室内に兵士数名座る。襟章に星一つ。戦闘帽になお徽章あれど、帯革、剣、銃なく丸腰の惨めなる姿なり。ただ背には何やら山のごときものを背負う。解散に際し軍より半ば押しつけられ、半ば掠奪的に運び来るものなるべし。米俵、馬、トラックまで貰いし兵もありときく。八十年、日本国民が血と涙しぼりて作りあげし大陸軍、大海軍の凄じき崩壊なり。兵一人一人がこれくらい貰いても不思議にあらず」

日本本土の復員は、航空部隊、鉄道および船舶部隊、化学戦ならびに諜報など特殊勤務部隊を優先することがきめられていた。航空部隊が最優先とされたのは、米軍進駐に危険ありとみられたからである。

そしてそのころ満洲では――。

日本本土の将兵がなつかしの故郷へ急いでいるのとは正反対に、〝捕虜〟となった将兵たちの北進がはじまったのである。スターリン大元帥が発した「日本軍捕虜五十万の労働利用について」の命令のもと、ワシレフスキーはいよいよ極秘裡にその実行に踏みきった。

兵士たちのシベリア移送のさいの苛烈な状況については、多くの体験が語られている。何をする気力もないままに、ソ連軍の指揮官の言に従った。「牡丹江からウラジオストックに出て、そこから日本に帰してやる」とかいう……。

案内役のソ連の警備兵もそう信じこんで、日本とはどんな国なのか、自分も一度行ってみたいと思っていた、などと嬉しそうに話しかける。日本兵はなおさらのことで、これで故国へ帰れるかと、帰りたい一心で、長い道を文句もいわず歩いていく。作業大隊千人についてわずか二、三十人のソ連警備兵であったが、驚くことに一人の日本兵の逃亡者もいない。

志田行男『シベリア抑留を問う』に行進をはじめたころの不安と期待のいりまじった兵士の心境が書かれている。

「このままシベリアの寒村送りとなるのか、あるいは噂通りに浦塩（ウラジオストック）から帰還できるのか誰にもわからない。いわば目的意識のない何千、何万の大部隊が、先頭を行く道案内役、ソ連兵のあとから緩慢な歩調でトボトボとついていった。交戦しなかった部隊だけに、敗残兵のみじめさとは無縁だった。……日本軍兵士の気分は緊張と楽観の両極端にまで振幅を大きくし、形容しようもない不安定さのなかを右往左往していた」

そして日常会話の冒頭にはかならず「ダモイ・トウキョウ（東京へ帰る）」について語りあっていたという。

同じとき、いっぽうでソ連軍による市や町や村での〝人狩り〟がはじまっていた。関東軍から提示されてきた兵力推定数と、捕虜の実数とが合わないことにとまどった上での緊急な措置である。スターリンの指令どおり日本軍捕虜五十万のシベリア送りを完了させなければならないのである。

前線司令部はこの五十万以上の屈強な男子を確保するため、日本軍将兵にかぎらず、二十歳以上四十五歳ぐらいまでの日本人男性を、いきおい片端から拘束することにした。通行中の男子を捕え、民家に押し入り探しだして引っぱってきた。〃人狩り〃はびしびしと実行された[*38]。

こうして毎日、毎日あらゆるところから、六十万人に近い大部隊がシベリアに送られていった。ある地点までくると貨車にのせる。貨車にのったが最後で、どこへ連れて行かれるか、ソ連軍の綿密な計画に従うほかはなかった。待っているのは重労働と飢えと寒さの、苦難の長い歳月であるとは、ほとんどだれもが予想さえしなかった。

ラーゲリでは、のちに警備のソ連兵がよくからかったという。

「ヒトラーがウラル山脈までのヨーロッパを狙い、ミカドがウラルまでのシベリアを狙った。おかげで君たちはお望みどおりシベリアで働いているわけさ」と[*39]。

（38）極東ソ連軍総司令部がモスクワへ、最初に報告した日本軍捕虜の数と実数とが合わないため、員数をそろえるのにソ連軍は各地で無茶苦茶な無理をやった。「軍隊経験者は申告せよ」の命令がでる。正直に申告したものに数日後「防寒具と食料をもって集合せよ」との命令がくる。期日に出かけてそのままシベリア送りになった不運の人も多かった。また、ハルビンでは「明朝六時までにこの町を退去しない日本人将兵はことごとく捕虜とみなす」とのマリノフスキー元帥署名の布告が、ロシア語と中国語で電柱という電柱に張りだされた。

読めない日本人男性は片端から文句なしに逮捕された。さらには、どこの町でも、歩いている日本人が手当たり次第に軍服を着せられ、捕虜の兵士に仕立てられたりした。およそ無計画の、場当り主義で史上かつてない暴挙が実行されたのである。

(39)戦争終結と同時に、ソ連軍の占領下におかれた満洲・北朝鮮・千島・樺太と、日本本土との通信はまったく杜絶してしまった。その地の日本人がどんな状況に置かれているのか、情報把握の手段が完全に失われた。このため外務省が日本兵のシベリア送りの事実を知ったのは、なんと、昭和二十一年三月末のことという。それもAP通信が「日本兵捕虜はシベリアへ送致。目的は不明」と報じたことからなのである。さらに、同年五月末にモスクワより佐藤駐ソ大使が帰国し、その報告で、シベリア鉄道沿線で多数の日本人捕虜が労働に従事している事実を知らされ、日本政府は間違いないものと確認したという。つまり戦後半年以上もの間、シベリアの六十万人の日本人は全員幽霊同然であったことになる。

日ソ間の、日本人捕虜の送還にかんする交渉がはじめられたのは、遅ればせながらその後のことである。一応の協定は二十一年十二月に成立した。が、それもソ連側は守ろうとはしなかった。

そして、同じ十二月、イルクーツクの『プラウダ』がはじめて、日本人捕虜がソ連のここかしこで労働に従事している、との報道をかかげている。日本とドイツの征服計画が粉砕されたことを改めて強調し、「中央アジアで会うという日独の夢は、日独の捕虜がシベリア鉄道と道路の建設のために働くことによって実現された」と誇らしげに報じたのである。

第七章　一将功成りて

●「汚名のそそがれるとき」

九月二日、東京湾に入った戦艦ミズーリ号上で、最終降伏文書調印式が行われて、戦争は終った。ソ連邦の署名者は、およそソ連国民にもよく知られていないデレフヤンコ将軍である。

この日、モスクワにあるスターリン大元帥は「国民にたいする呼びかけ」という勝利の演説を、ラジオをとおして行った。聞く人によっては奇妙な感じを抱かせる内容である。スターリンは異常なほどに、こんどの対日戦争の勝利は日露戦争敗北の報復、雪辱であると強調したのである。日本帝国は旅順港のロシア海軍に無通告攻撃をしかけた。それは三十七年後の真珠湾攻撃とほとんどそっくりな不法な攻撃であった、と説明した上で、

「この戦争でロシアは敗れた。その結果、日本は南サハリン（樺太）をかすめ取り、千島列島にどっしりと腰をすえ、かくしてわれわれの太平洋への出口を閉ざしてしまった

のである」

と、口惜しさをあらわにした。

「この戦争での敗北は、わが国民の記憶のなかに苦い思い出となって残った。またこの敗北はわが国に汚点をしるした。わが国民は、日本が粉砕され、この汚名のそそがれるときが来ることを信じ、ひたすらそのときを待ちつづけてきた。四十年間、われわれ古い世代のものは、この日を待ち望んだ。そして、いまここにその日が訪れたのである。本日、日本は敗北を自認し、無条件降伏文書に調印した[*40]」

そして結論として、もうドイツにも日本にも脅かされることはなくなった、とスターリンは誇らしげにいったのである。

その夜、モスクワの空を彩って対日戦勝利を祝い花火が打ちあげられた。赤の広場に集った群衆は拍手で喜びをわかちあったが、対ドイツ戦勝を祝った五月九日にくらべ、半分にもみたなかった。

心あるソ連人は、スターリンの放送を聞き花火を見上げながら、レーニンが書いた日露戦争論ともいうべき、『旅順の降伏』の一節を想起していたかもしれない。

「(日露戦争で)恥ずべき敗北に陥ったのはロシアの人民ではなく、ロシアの専制なのである。ロシアの人民は専制の敗北によって利益を得た。旅順の陥落はツァーリズムの降伏の序幕である」

スターリンには、この書に目をとおす機会がなかったのか。

翌九月三日、ワシレフスキー元帥が新京に入城してくる。そしてもとの関東軍総司令部において、山田乙三大将から、満洲における日本軍の停戦および武装解除の進捗状況についての報告を、勲章をきらめかせながらうけた。〃敗軍の将〃山田はこの機会をとらえて、

「日本軍将兵は、ソ連軍側において捕虜として扱われている以上、国際法規にしたがって適時送還されるでありましょうが……」

といった。あっぱれな言葉である。ワシレフスキーは黙っていた。山田の知らぬうちに、すでに日本軍将兵のシベリア送りがはじまっていることなどおくびにもださなかった。

山田はつづけた。

「一般居留民にたいしては、国際法規による保護も与えられていないゆえ、この点いろいろな面における懸念が大であります。しかも冬季を間近にひかえています。この点、とくにソ連側の好意ある取り扱い、すなわち在満二百万の邦人の早期本国帰還方を切望してやまない次第であります」

この懇請に、ワシレフスキーは理解ある態度を示しはした。が、その後の経過をみるとき、山田の申し入れにたいする措置としてはなんらみるべきものはない。

山田乙三大将以下の関東軍総司令部の主要職員が、ソ連領内に拉致されたのは、昭和二十年九月六日のことである。いらい彼らはいっさいの情報から遮断された。九月に入

ってからも、悲惨を重ねることになった居留民や開拓民が、関東軍を非難し、その無責任を責めても、その日以後は何とも致し方なかった。関東軍は解体というより、消滅してしまったのである。それでも山田以下はワシレフスキーに嘆願書を提出するなどして、日本人の保護と、一日も早い帰国方を請うという精一杯の努力をしている。

が、山田の名義による請願書ということからいえば、実は、問題の一書が残っている。居留民および軍人の処置について日本側の意見をのべた「ワシレフスキー元帥ニ対スル報告書」で、八月二十九日付のものである。居留民については「其の希望者はなるべく駐満の上、貴軍の経営に協力せしめ、其の他は内地に帰還せしめられ度い」といい、軍人についても同様に、希望者は駐満、その他は逐次内地帰還を懇願している。しかもその上で、日本軍人の場合は「右帰還迄の間に於きましては極力貴軍の経営に協力する如く御使い願い度いと思います」と記している。先にも書いたとおりスターリンが捕虜五十万のシベリア移送方針を決定したのは八月二十四日であるから、直接的には関係ないというものの、日本側からその「使用」を申し出たと受けとられかねない文面である。

この裏側には、陸軍当局の浅はかな構想が存在している。満洲に残ることを希望する居留民や開拓民、ならびに軍人を内地に戻さなくてもすむのではないか、可能なら満洲にこのまま土着させたい、という希望的観測、いや、幻想を陸軍はもっていた。明治以来、最大に恐れていた仮想敵国ソ連に、どうしてこんな甘い夢想が抱けたのか、不思議の域をこえている。しかもその地満洲の主権者は中国なのである。そのことを完全に忘却、いや無視している。こうなると、ソ連側の非情だけを責めるわけにはいかないのである。

また、その後東京に設置された連合国の対日理事会も、「アジア各地にあった日本将兵の送還はポツダム宣言の条項により行われるものだが、一般日本人の送還は連合国最高司令官の義務ではない」とはっきりいっている。これゆえに、満洲にある一般居留民や開拓団はまったく放置された。国家という大きな力が失われたとき、これらの人びとは侵略や搾取の手先であり、保護するものなき孤立した民族の集団にすぎなくなったのである。まったく裸のまま敵地と化した曠野に放りだされた。日本に帰るまで、殺人、暴行、略奪にさらされ、言語に絶するような恐怖の日々を、かれらはなお送らねばならなかったのである[*41]。

前にも書いたが、満洲国という巨大な〝領土〟をもったがために、分不相応な巨大な軍隊を編制せねばならず、それを無理に保持したがゆえに狼的な軍事国家として、政治まで変質した。それが近代日本の悲劇的な歴史というものである。司馬遼太郎氏がいうように、「他人の領地を併合していたずらに勢力の大を誇ろうとした」、その「総決算が〝満洲〟の大瓦解で」あったのはたしかである。いまはこの教訓を永遠のものとすることが大事である。曠野に埋もれたあまりにも大きすぎた犠牲を無にしないためにも、肝に銘ずべきことなのである。

九月五日朝、カバリヨフ大将が山田総司令官と秦総参謀長をその宿舎（元満洲国総理官邸）に招き、ワシレフスキー元帥の命令であるとして、関東軍総司令部の武装解除を行い、かつ主要将官や参謀をほかに移動せしめる旨を伝えた。そしてその日の夕方には、ソ連軍が追いたてるようにして、山田、秦以外の主な将官、そして草地、瀬島などの参謀をトラックにのせ新京飛行場へと送りこんだ。軍装と一部荷物の携行を認められたが、かれらもまた捕虜としてシベリア送りが決定づけられたのである。

瀬島元参謀は『幾山河』のなかに感傷的な文字を書きつらねている。

「飛行場を離陸し、眼下に見える新京の街並み、満鉄本線に別れを告げた。間もなく、輸送機は第二松花江を過ぎた。左の窓を見ると、北満の大平原の彼方に真っ赤に焼けた夕陽が今まさに地平線に沈もうとする情景だった。万感胸に迫り、詩を手帳にしたためた。

国敗る大満洲の夕陽かな
嗚呼　国破れ関東軍潰え　我が事終れり」

（40）スターリンの演説は長いものゆえにかなり簡略化した。しかし、重要視しなければならぬ箇所もあるので、清水威久氏の著書にあるこの部分の清水氏訳の全文を、勝手ながら、参考までに長く引用することをお許しいただきたい。

「一九〇四年の露日戦争の時のロシア軍の敗北は、国民の意識のなかに重苦しい思い出を残した。それは、わが国の上に黒い汚点をとどめた。わが国民は、いつの日にか日本が撃砕され、汚点が払拭される時が来らんことを信じ、待っていた。われわれは、年長世代の者たちは、四十年の間、その日を待ち佗《わ》びていた。そして今や、その日が到来したのである。本日、日本はみずからを敗者と認め、無条件降伏の文書に署名した。これは南部サハリンとクリル諸島がソ連に移り、それらが今日よりはソ連を大洋から切り離す手段としての、また、わが極東にたいする日本の攻撃の基地としての役目をするのではなく、ソ連と大洋との直接的連絡の手段としての、また、日本の侵略にたいするわが国の防衛の基地としての役目をするようになることを意味するものである。

わがソヴィエト国民は勝利のために力と骨折りを惜しまなかった。われわれは苦難の幾歳月を過ごした。が、今やわれわれのうちの誰もが、われらは勝てり、と言うことができる。今日よりは、われわれは、われわれの祖国を西におけるドイツの侵攻と東における日本の侵攻の脅威から解放されたものと認めることができる。全世界の諸民族にとって待ちに待った平和が訪れたのである」

注目したいのは「南部サハリン（南樺太）とクリル諸島（千島列島）がソ連に移り」の箇所である。清水氏の注によると、言語は「アタイドゥト・ク」で、「（ソ連の）方に去る」の意とのことである。どう解釈すればよいのか。日本にあった主権が、日本からソ連の方へ去っていった、ということか。それとも、日本が戦勝で奪取した領土権が、ソ連に戻っていった、と解すべきなのか。

（41）念のために書くが、ソ連軍の暴虐にたいして、日本政府は空しく座視していたわけではない。九月九日付の新聞は報じている。

「米軍の本土進駐が全体としてほぼ平穏裡に行はれつつあるのに対し、ソ連軍の進駐地域たる樺太、満洲、北鮮方面においてはソ連軍による暴行、掠奪その他不当行為が行はれつつあり、特に非武装民衆に対する措置については遺憾な点少なからず、すでに米英および中立国筋の新聞通信においても同問題をとりあげている状態である。わが政府においてはこれに対し連合国最高司令部および利益代表国たるスウエーデン国政府を通じソ連政府に対し善処方を要望申入れた」

いまになってみれば、この程度の要望で何ができたか、と評するほかはないが、当時にあっては他にどうしようもなかったのであろう。力に刃向かうに言葉はあまりにも無力であった。

●「侵略に備えた安全保障」

それにしてもスターリン大元帥が戦勝でえたものは巨大なものである。ヤルタ会談で、対日参戦を切り札にして、ロシア帝国が失った領土と権益の奪還を強調したが、結果的には一方的な攻撃による「日ソ一週間戦争」でそれ以上のものを獲得したことになる。

満鉄（南満洲鉄道）の財産は記帳価格にして約五十億円であったという。日本政府が満洲帝国にもっていた資産が約二十二億円、満洲国政府のそれが約十億円である。満洲重工業開発をはじめ在満法人のものが総計約二百六十億にのぼる。そのほか個人の財産の推計が五十八億。合計すると四百億円と算定されるという。いまに換算したら、いったい何兆円、いや何十兆円になるのであろうか。

現金紙幣もあった。満洲の紙幣だけではなく、日本銀行券、朝鮮銀行券、それと社債、株券などの有価証券など、すべて合して額面にして八十億円を超えた。金塊、ダイヤモンドは一般人が供出したものすべてが銀行に預けられていた。それらも没収された。金塊は二千百キログラム、ダイヤモンドが三千七百五カラットあったというが、この価格計算はわたくしの手にあまる。

金額に換算できない工業施設の獲得も大きかった。たとえば松花江の豊満ダムには七万キロ発電機四台が働き、予備が二台、そのうちの四台をシベリアに運び去った。満洲重工業が四億円を投資した鞍山製鉄所の設備は、完成後わずか三カ月にしてソ連にもち去られてしまった。この鞍山製鉄所にふれて『満ソ殉難記』に書かれている事実は、まことにすさまじい。

「住友金属、満州電々、兵器廠、満州飛行機、満州軽機、満州日立をはじめ五十を超える工場から、めぼしい工場機械、精密機械、発電機、ボイラー、化学、工業機械、変圧器その他が根こそぎ撤収された。撫順では採炭及製油施設は残されたが、そのほか一切を挙げて持ち去った。軽金属工場などは、壁と電気だけが残ったと云われた。鞍山では二十五の工場施設が撤去され、諸設備約六五、〇〇〇トンを日満人延べ六〇万人を使って運び出し、送った使用貨車は二千九百輛に近かった。又大連では大部の工場施設が撤去、又は破壊された」

このとき鞍山で撤去搬出に働かされた日本人は、完了と同時にシベリアへ送られている。ソ連軍のやり方は万事に抜け目なかった。要は、満洲国の産業施設の四割がもち去られ、四割が破壊されてしまったのである。この現実を知って中華民国政府が厳重に抗議する、満洲国の遺産は中国に帰属するものであると。さきに一度ふれたが、ソ連の回答はそっけないものである。

「全部、戦利品である」

満洲の工場などは日本の対ソ戦争準備のための重要な要素であったから、大砲などと同様に扱っているにすぎない。それがソ連の言い分であった。

それでもなお、ソ連軍将校がいった。

「満洲はベルリンと違って、案外に物が少ないね」

それがまた、下級兵士や性《たち》の悪いソ連将校の、日本人居留民への略奪、暴行へとつながっていったという。四人部隊を先頭に立てたという説もあるが、一番乗りで突進してきたソ連兵はドイツ戦線で鍛えられた猛者が多く、戦場で鍛えられはしたが、教育や訓練で鍛えられる余裕のなかったものが多かった。

時計はもとより、会社の机、椅子、書類函、鉛筆、消しゴム……何から何まで奪われた。奪《と》られなかったのは日本の書物ぐらいである。そこで、大事なものは、本のなかをくりぬいて隠した。それがたった一つの隠し場所であったという。

さらに、かれらが武器ひとつもたない開拓団の逃避行を平気で攻撃してきたのは、戦場の常とはいえ許されることではない。兵士の熱狂は、その武力に酔って全能であろうとするとき、理性はもはや無きにひとしくなっている。すでに書いたが（三二二ページ）、無抵抗のままに死に追いこまれた犠牲者は数万人に及ぶのである。

犠牲はそれにとどまらない。いまにあとをひく残留孤児の問題もある。昭和五十六年（一九八一）三月にはじまり、定期的につづけられている訪日調査は、平成十年（一九九八）十一月で、二十九回を数えている。この間に日本を訪れた孤児は二千九十六人（身許判明は六百六十三人）である。なお訪日調査にまだ参加できないでいる孤児は、たしかな数はつかめないが、二百人に近いといわれている。国家がおかした不幸な犯罪の結果であるに違いないが、それを告発するよりもさきに、書くペンもとどまりがちになるほどに、つらい数字である。

対日戦争の最終結果が、ソ連情報局の特別声明で発表されたのは九月十二日になってからであった。

八月九日から九月九日まで戦った戦果、日本軍の死者八万人とソ連側は推定した。捕獲した武器などは大量である。飛行機九百二十五機、戦車三百六十九輌、自走砲をふくむ野砲一千二百二十六門、迫撃砲一千三百四十門、機関銃四千八百三十六挺、小銃約三十万。たいしてソ連軍の戦死八千二百十九名、負傷二万二千二百四名。これが「日露戦争敗北の復讐」戦の結果であった。ソ連軍の損失は、対ドイツ戦の規模からいえばむしろ控え目な数字であるが、多くの戦史家によってこれでも非常に誇張されていると考えられている。

いや、金銭や物量ではとうてい表しえない莫大な〝戦利品〟があった。日本人のシベリア抑留という巨大な労働力をソ連は手中にしている。まず、ソ連側が昭和二十年十一月十二日に発表したものによれば、「兵五十九万四千人以上、将官百四十八人を捕虜とした」とある。それが三年後の十一月刊のソ連国防省軍事図書部『第二次世界戦争』によれば、「捕虜六十万九千百七十六人、うち百四十八人の将官および提督がいる」となっている。

これらが全員入ソしたのかどうか不明である。一説にソ連領内に連行されたのは五十四万六千八十六人という。いずれにしても、ソ連側は、大命によって降伏した日本軍将兵の総数はもちろん、シベリアへ送った日本人の総数をも正確にはつかんでいなかったと思われる。

たいして日本の厚生省調査では、将兵五十六万二千八百人、このほか官吏・警察官・技術者など一万一千七百三十人もシベリアに送られた、とされている。総数五十七万四千五百三十人。そして無事にソ連から引き揚げてきた人びとは四十七万二千九百四十二人である。これが正確とすると、十万人以上の日本人がシベリアの土の下に眠っていることになろう。[*42]

在留邦人（居留民・開拓民）の引揚げについてもふれておく。満洲国政府調査による一九四四年九月末の満洲国在住日本人は、軍人・軍属およびその家族をのぞいて、百四十三万人であるという。これに関東州（旅順・大連など）の二十二万人を加えると、総計約百六十五万人がいたことになる。ソ連軍侵攻時にはそれより十万人ほど少なくなっていた、といわれるが、それでも百五十万人はいたことになる。その、曠野で地獄の苦しみをなめた老幼婦女たちの引揚げの第一陣の船が、葫蘆《ころ》島を故国へ向かって出航したのは、一九四六年五月十五日のことである。一番あとの中国本土の日本軍隊の帰国よりも遅かった。

以後、『満蒙終戦史』によると、四六年十月までに百一万人が帰国し、四八年八月になると、帰国者の数は百四万七千人に達している。ほかに、関東州地区の引揚者が二十二万六千人、朝鮮半島経由の帰国者が五万人という。いずれも概数である。ついに帰れなかった人がどれほどいたか。単純な引き算というわけにはいかない以上、正確な数はつかめない。この書は、在満日本人の死者を十八万六百九十四人と記している。その大半が四五年と四六年に亡くなったという。[*43]

なんども記すが、スターリンの対日参戦の目的は、敗れた日露戦争の汚名をそそぎ、南樺太と千島列島を奪回するにあった。しかし現実に獲物はそれ以上のもの、人的資源そして物的資源、字義どおりつかみどりそのものであった。

九月六日、スターリン大元帥は、ワシレフスキー、メレツコフ、マリノフスキーの各軍司令官以下をひきつれて、モスクワよりわざわざ旅順に出向いてきている。そして、日露戦争のときの旅順要塞攻防戦で戦没した帝政ロシア軍将兵の共同墓地を訪れ、墓前にぬかずいてうやうやしく花束を捧げた。復讐戦大勝利の報告であったのかもしれない。ただし、現在の『ソ連史』は、この「一九〇四年の復讐」についでは一言もふれていない。なぜソ連が対日参戦に踏みきったか。

(一) 将来の日本の侵略に備えた安全保障。

(二) 西側同盟諸国にたいするソ連の神聖なる義務。

(三) 中国、朝鮮ならびに他のアジア人民の日本帝国主義者にたいする闘争を援助するという道徳的義務。

以上、三つの高潔な動機に帰している。理由はどうにでもつけられる。「正義の戦争」があるはずはないのである。

(42) 抑留者の送還をめぐって、戦後の日本政府がどれだけのことをしたか。そのことを考えるとき、毎日新聞外信部副部長(当時)渡辺善一郎氏が『中央公論』に書いていた一文をいつも想起する。

一九五五年秋、西ドイツ(当時)はソ連と国交を回復した。このとき、モスクワに乗りこんだアデナウアー首相が、ドイツ人捕虜の帰還問題をめぐって、ソ連のブルガーニン首相とやり合った議論について、渡辺氏が紹介しているのである。それは全文が速記録に残されているというが、これはその一部。

ブルガーニン「ソ連にはドイツ人捕虜は一人もいない。捕虜は全部還した。ソ連に残っているドイツ人は捕虜ではなく、ソ連国民ならびに平和と人類に対して重要な犯罪を犯した戦犯だけである。彼らのために数百万の無辜の人々が殺された」

アデナウアー「ソ連首相は捕虜について話されたが、私が捕虜という言葉を全く使わなかったことに注意を払っていただきたい。私はわざとこの言葉を避けた。捕虜ではなく、ソ連にいる抑留者について、私はお話したいのである。……ドイツ軍がロシアを侵略したのは事実である。そして多くのよくないことが起こったのも事実である。だが、その後、ロシア軍が防衛しながらドイツに入ってきたのも事実であり、その時、ドイツで多くの恐ろしいことが起こったのも、事実である」

ブルガーニンは黙らざるをえなかった。戦後日本の政治家が、はたしてこれぐらいの正論を、ソ連首脳にぶつけたことがあったか、これを読みながらおおいに疑問を抱いたことを覚えている。

こうしてアデナウアーは、ソ連が一九四八年十二月三十一日までにドイツの捕虜全員を帰すという約束の実行を迫り、ほとんど喧嘩腰でソ連側とやり合った。結果は、平和条約は後日に残す共同宣言の形で、一万人を超す将兵を日本より一年早くとり戻すことに成功したのである。見事な外交術であった。

(43) 世界輿《よ》論の非難をも無視して日独の将兵を抑留し、多くの死者をだしながらも、スターリンがなお重労働を命じつづけたのは何故か。正確な答はみつからない。一つ言えるのは、かれは戦時中に二度の発作に見舞われていた。自身で天命の尽きかけているのを自覚していた、ということである。一九四五年暮れ、モスクワ郊外の別邸にソビエト作家の一団を招いて歓談したときに、スターリンはこう述懐したという。

「私はすっかり歳老いてしまったが、ソビエト連邦で共産主義が実現したのを、一目見てから死にたいものだ」

スターリンは「社会主義から共産主義への移行」の問題を本気で考えていたのである。つまり「各人は能力に応じて働き、労働に応じて与えられる」という社会主義国家から、「各人は能力に応じて働き、必要に応じて与えられる」という共産主義国家へ、ソビエト連邦が発展・実現することを夢みていた。そこで、荒野を森林に変え、不毛の砂漠を緑したたる庭園とすべく、いくつもの巨大な計画に着手した。そのために労働力がいくらあっても足りなかった。スターリンは急いでいた。「一目見てから死にたい」個人の勝手な妄想のために、実に多くの日本人がその生涯を無にされた。そう考えると、何とも言葉を失ってしまう。

独裁者スターリンは一九五三年三月五日に死んだ、ということになっている。脳溢血で倒れたのか、側近の誰かによって暗殺されたのか、判然としていない。そして死後二週間もたたぬうちに「忘れられた人」になりはじめたという。その名は新聞やラジオから消え失せ、あちこちに飾られていた肖像はどんどん小さくなり、数も少なくなっていった。

一将の功も、歴史は許さなかったのか。

〈完〉

あとがき

今年もまた、日本の〝夏〟を迎える。いつの年でもそうであるように、平和を願う多くの行事とともに過ぎていくことであろう。わたくしのように〝古い〟日本人には、八月六日から十五日までの十日間は、回顧さるべき実感が継続している。広島・長崎への原爆投下、ソ連軍の満洲侵攻と、数えきれない死者のあとの、あの暑い晴れた日の敗北感、虚脱感、信念の喪失、価値の激変、それらがなんとも堪らない空腹感とともに蘇ってくる。

昭和四十年（一九六五）に『日本のいちばん長い日』を、四十七年には『原爆の落ちた日』を、そして六十年に『聖断　天皇と鈴木貫太郎』をわたくしは書いた。ずうっと「あの夏」に拘《こだ》わりつづけてきたあとに残されていたのは、ソ連軍の満洲侵攻というテーマである。満洲事変へ、二・二六へ、ノモンハンへと、寄り道しながらも決して忘れたわけではなかった。こんど意を決して取組み、『別冊文藝春秋』に連載ということで、本書をまとめることができた。正直にいって、最後の一行に達するまで、哀れなまでに無能無策の日本の指導層、非情な米ソの国際政戦略、その間にあって虫けらのように殺戮される日本人と、つらい事実の連続に、滞りがちの筆を無理に推し進めての毎日となった。書き終えて、誰に頼まれたわけでもない、みずからがみずからに課した義務を、ようやくに果たすことができたと心底からホッとした。いまは少しく落ち着いた気持になっている。

長々しいノンフィクションとなったが、本書で書きたかったのは、結局、正義の戦争はない、という終章の一行につきるようである。敗戦後、自信を喪失した日本人は、太平洋戦争を犯罪的な侵略戦争として断罪した東京裁判の主張を素直に受けいれて、「正義」は連合国側にあると思いこんだ。しかし、国と国との戦いにおいてそれぞれの国のかかげる「正義」の旗印は、つまるところ国益の思想的粉飾にすぎないのである。ルーズベルト、トルーマン、そしてスターリンの政戦略のよってきたるところは、それを明らかにする。何をいまさら、との言もあろう。二十世紀後半の世界史は、米ソを中心に各国の「正義」のベールが、朝鮮戦争、スターリン批判、ハンガリー事件、中ソ論争、ベトナム戦争、文化大革命、プラハの春、湾岸戦争などなどの事件をとおして、一枚一枚はぎ落とされていく歴史であったから。この単純な事実を国民的規模で体験したのが、あの悲惨な戦争の唯一の教訓であるように思われる。

原稿執筆中には橋本英子さんに、本にするにさいしては照井康夫君に、大そう面倒をかけた。橋本さんは松下理香さんともども、老体に馬力をつけるべくさまざまな努力をしてくれた。また、参考にした文献の著者と出版社にも、お礼を申し上げる。勝手ながら、とくに断わったもののほか、引用の手記、日記など漢字は新字、新かな遣いとし、読みやすいように句読点をほどこした。

一九九九年六月

半藤一利

〈主要参考文献〉

戦史叢書『関東軍〈2〉』（朝雲新聞社）
軍事史学会編『機密戦争日誌』（錦正社）
満洲開拓史刊行会『満洲開拓史』（非売品）
満ソ殉難者慰霊顕彰会編ならび発行『満ソ殉難記』
全国虎頭会『虎頭要塞の戦記』（全国虎頭会事務局）
満蒙同胞援護会『満蒙終戦史』（河出書房新社）
石頭会編『楨幹』（石頭会事務局）
信濃毎日新聞社会部『平和のかけはし』（信濃毎日新聞社）
読売新聞社編『天皇の終戦』（読売新聞社）
海野十三『海野十三敗戦日記』（講談社）
大佛次郎『敗戦日記』（草思社）
大佐古一郎『広島　昭和二十年』（中央公論社）
木戸幸一『木戸幸一日記』（東大出版会）
高見　順『高見順日記』（勁草書房）
峠　三吉「日記」（『八月十五日、その時私は……』青銅社）

徳川夢聲『夢聲戦争日記』（中央公論社）
長與善郎『遅過ぎた日記』（朝日新聞社）
葉山修平『終らざる時の証に』（冬樹社）
原田熊雄『西園寺公と政局』（岩波書店）
福原麟太郎『かの年月』（吾妻書房）
細川護貞『細川日記』（中央公論社）
山田風太郎『戦中派不戦日記』（番町書房）

朝枝繁春『追憶（53年前）』（非売品）
河辺虎四郎『市ケ谷台から市ヶ谷台へ』（時事通信社）
佐藤尚武『回顧八十年』（時事通信社）
清水威久『ソ連と日露戦争』（原書房）
宍倉壽郎『関東軍参謀部』（ＰＨＰ研究所）
高碕達之助『満州の終焉』（実業之日本社）
東郷茂徳『時代の一面』（改造社）
矢部貞治編『近衛文麿』（近衛文麿伝記刊行会）
高杉一郎『シベリアに眠る日本人』（岩波書店）
岡崎哲夫『北満永久要塞』（秋田書店）

工藤美知尋『日ソ中立条約の研究』（南窓社）
草地貞吾『その日、関東軍は』（宮川書房）
倉田保雄『ヤルタ会談』（筑摩書房）
志田行男『シベリア抑留を問う』（勁草書房）
志水速雄『日本人はなぜソ連が嫌いか』（山手書房）
瀬島龍三『幾山河』（産経新聞社）
　同　『北方戦備』（非売品）
田原和夫『ソ満国境15歳の夏』（築地書館）
秦　彦三郎『苦難に堪えて』（日刊労働通信社）
林　三郎『関東軍と極東ソ連軍』（芙蓉書房）
松谷　誠『大東亜戦争収拾の真相』（芙蓉書房）
松村知勝『関東軍参謀副長の手記』（芙蓉書房）
油橋重遠『戦時日ソ交渉小史』（霞ヶ関出版）
ソ連共産党中央委員会附属マルクス・レーニン主義研究所編『第二次世界大戦史』10巻（弘文堂）
毎日新聞社訳・編『太平洋戦争秘史』（毎日新聞社）
C・ハル『回想録』（朝日新聞社）

L・マリノフスキー『関東軍壊滅す』(徳間書店)
K・ワシレフスキー『回想録』(非売品)
ソ同盟外務省編『第二次世界大戦中の米英ソ秘密外交書簡』(大月書店)
A・ワース『戦うソヴェト・ロシア』(みすず書房)
N・レイテス『ソ連共産党政治局の作戦教典』(国際文化研究所)
A・ギヨーム『赤軍』(黄土社書店)
B・スワニーゼ『叔父スターリン』(ダヴィッド社)
A・ジョンジュ『スターリン』(心交社)
I・ドイッチャー『スターリン』(みすず書房)
N・トルストイ『スターリン・その謀略の内幕』(読売新聞社)
B・スラヴィンスキー『考証日ソ中立条約』(岩波書店)
C・ミー『ポツダム会談』(徳間書店)
E・ステチニアス『ヤルタ会談の秘密』(六興出版社)
A・コント『ヤルタ会談=世界の分割』(サイマル出版会)
G・レッシング『ヤルタからポツダムへ』(南窓社)
R・シャーウッド『ルーズヴェルトとホプキンス』(みすず書房)
H・S・トルーマン『トルーマン回顧録』(恒文社)
J・バコン『戦争症候群』(竹内書店新社)

Ｊ・Ｆ・バーンズ『率直に語る』（中部日本新聞社）
Ｅ・クタコフ『日ソ外交関係史』（刀江書院）
Ｌ・グローブス『私が原爆計画を指揮した』（恒文社）
ソ連軍中央政治局『捕虜となった日本将軍の証言』（非売品）

吉岡幾三「救いなき敦化」（『秘録大東亜戦史・満洲篇』富士書苑）
第十五国境守備隊「虎頭附近戦闘状況報告書」（『歴史と人物』昭61年冬号）
門脇朝秀「惨！　佐渡開拓団跡事件」（『歴史と人物』昭61年冬号）
井上　要「こうしてソ連は対日参戦した」（『歴史と人物』昭61年冬号）
山西　栄「東満洲虎頭要塞の戦闘」（『歴史と人物』昭53年8月号）
松浦正孝「宗像久敬ともう一つの終戦工作」（『ＵＰ』平9年2月号）

解説

辺見じゅん

半藤一利氏は『日本のいちばん長い日』、『聖断』、山本七平賞受賞作の『ノモンハンの夏』と、日本の敗戦の夏に焦点をあてた優れたノンフィクションを書き継いできた。本書『ソ連が満洲に侵攻した夏』も、その系列に連なる作品である。

十五歳で敗戦を迎えた半藤氏にとって、一九四五年の夏は単なる歴史上の一点ではない。自らが内的に参与した歴史の衝撃的な瞬間であることが、本書を読み進んでいくとふつふつと伝わってきて感銘が深かった。

今、世界史的な視座に立ち、そして当時の日本が陥っていた状況という観点から一九四五年の夏の満洲を見据えれば、その崩壊は必然のものとしてうつるであろう。だが、歴史を鳥瞰《ちょうかん》することにはほとんど意味がない。それがいかに辛くとも、今一度その地平に立ち戻り、生きてみることが必要なのだ。半藤氏の一連の労作は、その実践の記録に他ならない。

日露戦争によって日本は満洲に大きな権益を獲得した。その後の歴史を、半藤氏は次のように簡潔に要約する。

「満洲は日本人の〝見果てぬ夢〟の大地となり、ここを基盤に明治から大正、そして昭和にかけて日本は、産業を興し、強国への道をかけ上っていった。あえていえば、満洲という植民地をもったゆえに、日本は巨大な陸海軍を建設し、国家予算の半分近くを使って整備育成、強大化し、四囲にたえず牙をむいたような軍事国家となった」

莫大な資金と夥《おびただ》しい人員が注ぎ込まれ、満洲が国防の生命線と称されるまでに巨大化していった背景には、南下政策をとるソ連の脅威があった。日露戦争後もソ連は日本の第一の仮想敵国と策定されていたにもかかわらず、一九四五年の夏ともなると、すでに満洲は国家からうち捨てられ、孤立無援の状態におかれていた。関東軍の精鋭師団、そしてそれに伴う兵器や軍需品を南方に転用してしまっていて、もはや日本の生命線としての内実を有していなかったのである。

折も折、アメリカは世界初の原爆実験を成功させ、やがてこれを広島に投下した。それによって日本降伏の近いことを知ったソ連のスターリンは、アメリカに極東の果実をひとり占めさせないためにも、一刻も早くシベリアに兵士と戦車を集め、日本に宣戦布告をする必要に迫られていた。

この時点で日本は全世界を敵とする国家滅亡の瀬戸際に追い込まれていたことになる。だが日本の指導者たちはその現実すら正しく認識していなかった。ソ連と連合軍が一斉攻撃をかける前夜の日本の状況は、国際政治という乱気流の中で、方向舵を失って乱高下する飛行機にたとえられよう。ヤルタ及びポツダムの会談においてのルーズベルト対スターリン、トルーマン対スターリンの日本侵攻をめぐる虚々実々の駆け引き、対するに、まるで現実離れしたソ連の動向に関する日本側の観測のくだりは、本書の読ませどころの一つで、蓄積された取材の厚みをうかがわせると共に筆致も鮮やかである。

要するに、ナチス・ドイツを撃滅した連合軍とソ連は戦後世界を自らに有利に導くべく冷徹な政治戦略を展開していたが、日本は外の世界にはまるで無頓着に、ひたすら空想力を働らかしていたに等しい。

日本政府と軍部は敗戦の淵に立たされながら、現実を直視することができないばかりか、国際戦略の動向にも無知であった。対日参戦の機を虎視眈々とうかがっているソ連に、日本政府と軍部は和平工作の仲介を依頼するのである。対日参戦の可能性を否定し、和平工作を依頼するよすがは、昭和十六年に締結した日ソ中立条約というたった一本のか細いクモの糸だった。

余談であるが、この頃、より現実性を帯びた和平工作がないわけではなかった。半藤氏が『戦士の遺書』の中で「東京に無視された最善の和平工作」としてあげている、スイス公使館附武官の陸軍中将岡本清福《きよとみ》が、国際決済銀行理事のスウェーデン人ジャコブソンを仲介にして画策したアレン・ダレスとの和平工作がその一つである。

アレン・ダレスの兄は、ルーズベルト大統領の政治外交顧問である。そしてアレン・ダレスは、秘密諜報機関「ＯＳＳ」のヨーロッパ総局長だった。岡本中将の必死の和平工作に、アメリカ側も乗り気であったという。アレン・ダレスは岡本中将宛に、連合国首脳によるポツダム会談（七月十七日より八月二日）までの間に日本の和平承諾があれば戦闘の停止があること、ただしソ連参戦前との条件つき回答をしている。

今一つ、同じくアレン・ダレスを仲介にした和平工作が、スイスのベルンで行われていた。岡本中将の場合より早く四月初めの時点で、海軍中佐藤村義朗、朝日新聞社の笠信太郎、それにドイツ人のフリードリッヒ・ハックによるものである。

ハックは、ダレスの腹心として北イタリアのドイツ軍の単独降伏に尽力したＯＳＳのアメリカ系ユダヤ人ポール・ブルームに有力な手づるを持っていた。ポール・ブルームは日本で生れていたし、戦後はＣＩＡの東京支局長をも務めた。ダレスが中立国スイスを舞台に日本の和平工作を展開した背景には、アメリカ側が日本の本土上陸作戦に兵力の消耗を避けたかったことなどが考えられる。いわば日本の降伏は目睫《もくしょう》の間にあったから、戦後の米ソ対立を見据えた戦術でもある。

藤村中佐たちの和平工作は豊田副武軍令部総長、米内光政海軍大臣宛に暗号電報で二十数回打電されたが、これもまたことごとく無視された。世界の動向をうかがう取材力も想像力も全く持ちあわせない当時の日本の実状がそこにも垣間見える。

ソ連が宣戦布告をした次の日、満洲に全面攻撃をしかけて来たとき、関東軍も統合参謀本部も、なす術を知らなかった。ソ連軍が侵攻を開始したのが八月九日午前一時前、関東軍総司令部がソ連軍の全面攻撃を確認したのはその夜が明けてからで、午前六時に作戦命令が初めて全軍に下達された。

「このことは初動において約六時間も第一線野戦軍司令部が存在しなかったにひとしい。とりも直さず全陸軍が見通しをまったく誤り、それゆえに優柔不断であったことをそのままに物語っている。いや対ソ有事を考えたくなかった、考えようともしなかった全陸軍の肚《はら》の決まりのなさが、ここに見事に反映している」

この朝、関東軍総司令部の指示によって流されたラジオの第一声、〈今朝、ソ連は卑怯にも突如として満洲国を攻撃してまいりました〉という言葉は、やがて、ソ連を卑怯とする断罪の感情となって大人から、私たちの世代にも刷り込まれていった。世界の動きやスターリンという人物を的確に把握していたならば、ソ連の侵攻をあり得べきこととして予感できたはずである。その手掛りがあったにもかかわらず、「起って困ることは起らない」という閉鎖的な思考に基づき、あろうことかソ連に和平工作を依頼するという愚かな過ちまで犯した。その結果、スターリンに適当にあやされ、事ここに至った状況を〈卑怯〉と〈突如〉という言葉で要約するのは、巧妙な責任回避以外のなにものでもあるまい。

　しかも、事態が確認されてからの、満洲の上層部、つまり、将校、役人、満鉄関係者の動きは機敏だった。どう機敏であったのか。家族を引きつれて、汽車で前線を退却したのである。後には要塞の兵士たちと、百万を超える開拓民や居留民が丸裸のまま敵地と化した曠野に放り出され、ソ連軍によって殺戮、暴行、強姦、略奪のかぎりをつくされる。あげくの果てに待っているのは、長年に及ぶシベリア抑留という過酷な運命であった。この無告の民の凄惨な受難を記録するとき、著者の半藤氏の筆先から最も激しい憤りが噴出する。

　崩壊の過程で、満洲運営の責を負う日本政府と軍部がいかなる対応を示したか、その検証こそが本書の眼目である。だが、こうして本書の骨子を辿るだけでは、半藤氏が敗戦という現実に踏み込むにつれて募《つの》らせてゆく生々しい悲憤と切実さを伝えることはできない。

　かつて私は、満洲から引き揚げて来た人々の話を聞いたことがある。半藤氏のこの本が上梓されたとき、彼らは、「ようやく、満洲での悲劇の実態がわかった」「この本は、私たちが切実に感じていること、言いたかったことを代弁してくれた」と、口々に主張していたことを思い出す。例えば、次のような一節を読めば、半藤氏の胸中に、日本帝国がどのような姿で存在しているか、実感的に伝わってくるはずである。

「敗戦を覚悟した国家が、軍が、全力をあげて最初にすべきことは、攻撃戦域にある、また被占領地域にある非戦闘民の安全を図ることにある。その実行である。ヨーロッパの戦史をみると、いかにそのことが必死に守られていたかがわかる。日本の場合は、国も軍も、そうしたきびしい敗戦の国際常識にすら無知であった。

だが、考えてみれば、日本の軍隊はそのように形成されてはいなかったのである。国民の軍隊ではなく、天皇の軍隊であった。国体護持軍であり、そのための作戦命令は至上であった。本土決戦となり、上陸してきた米軍を迎撃するさい、避難してくる非戦闘員の処置をどうするか。この切実な質問にたいし陸軍中央の参謀はいったという。

『やむをえん、轢き殺して前進せよ』

日本が敗戦の悲劇を指導者の判断力と責任感の欠如によって増大させたことはまぎれもない事実である。だが、戦争遂行者たちは、戦後になってもその事実を認める気にはならなかったようだ。満洲居留民放置の悲劇について記した公刊戦史の次の一節を、半藤氏は問題にしている。

「いまだかつて接壌交戦を経験せず、きわめて多数におよぶ在外居留民が、直接、戦乱の渦中に投げこまれた体験をもたなかったことが、大きな原因であったといえよう」

悲劇の責任は市民にもある、と言わんばかりのこの一節の内意に対し、半藤氏は激しく断罪している。

「それは誤りである。すべての責任は軍にある。参謀たちの判断の誤りにあって、ほかには決してない」

判断力の欠如とは、責任感の欠如である。パブリックな場における判断には責任が伴い、判断を誤った場合は死罪に値するという、近代政治の暗黙のルールは遂に日本帝国に根づくことはなかった。その覚悟もないままに、参謀たちは非戦闘員を轢き殺しても、戦争を遂行しようとしたのである。

無謀な戦争によって市民を悲惨のどん底におとしいれた無責任体制が、戦後五十年以上経った今も、充分反省されたのかどうか甚だ疑問に思う。今の政治のありようを見るにつけ、そう思う。厖大な税金や年金、ありあまる銀行預金がどのように運用されたかは、四十年かけて完成した未使用のダム、ほとんど車の走らない高速道路、活用されない老人施設やショッピング・モールなどをみれば歴然としてくる。結果は財政赤字と打ちつづく不況をもたらした。これら一連の公共事業に誤った判断を下した責任はどこにあるのか。それすら曖昧である。

国家運営の失敗の反省は蔑《ないがし》ろにされたまま、政府は有事立法の成立に躍起になっている。

私たちは過去から遂に何も学ぶことはできないのであろうか。

いかに悲惨と失敗に満ちた過去であろうと、それはまぎれもなく日本人が足跡をきざんだ歴史の現実である。目をつむって無視することはできない。というより、幾度でもそこに立ち返り、悲惨と失敗の過去を克服する努力こそが、日本人として歴史に参与する道であると、本書を読んで改めて思った。

（作家・歌人）

初出＊別册文藝春秋　二二五号（一九九八年十月）、二二六号（一九九九年一月）
単行本＊一九九九年七月　文藝春秋刊

文春文庫

ソ連《れん》が満洲《まんしゆう》に侵攻《しんこう》した夏《なつ》

定価はカバーに
表示してあります

2002年8月10日　第1刷
2025年10月10日　第9刷

著　者　半《はん》藤《どう》一《かず》利《とし》

発行者　大沼貴之
発行所　株式会社　文藝春秋

東京都千代田区紀尾井町3-23　〒102-8008
TEL　03・3265・1211㈹
文藝春秋ホームページ　https://www.bunshun.co.jp

落丁、乱丁本は、お手数ですが小社製作部宛お送り下さい。送料小社負担でお取替致します。

印刷製本・TOPPANクロレ
Printed in Japan
ISBN978-4-16-748311-1

（　）内は解説者。品切の節はご容赦下さい。

半藤一利
指揮官と参謀
コンビの研究

陸海軍の統率者と補佐役の組み合わせ十三例の功罪を分析し、個人に重きを置く英雄史観から離れて、現代の組織における真のリーダーシップ像を探り、新しい経営者の条件を洗い出す。

は-8-2

半藤一利
漱石先生ぞな、もし

『坊っちゃん』『三四郎』『吾輩は猫である』……誰しも読んだことのある名作から、数多の知られざるエピソードを発掘。斬新かつユーモラスな発想で、文豪の素顔に迫ったエッセイ集。

は-8-4

半藤一利
ノモンハンの夏

参謀本部作戦課、関東軍作戦課。このエリート集団が己を見失ったとき、悲劇は始まった。司馬遼太郎氏が果たせなかったテーマに、共に取材した歴史探偵が渾身の筆を揮う。（土門周平）

は-8-10

半藤一利
ソ連が満洲に侵攻した夏

日露戦争の復讐に燃えるスターリン、早くも戦後政略を画策する米英、中立条約にすがってソ満国境の危機に無策の日本軍首脳——百万邦人が見棄てられた悲劇の真相とは。（辺見じゅん）

は-8-11

半藤一利
［真珠湾］の日

昭和十六年十一月二十六日、米国は日本に「ハル・ノート」を通告、外交交渉は熾烈を極めたが、遂に十二月八日に至る。その時時刻々の変化を追いながら、日米開戦の真実に迫る。（今野　勉）

は-8-12

半藤一利
日本のいちばん長い日　決定版

昭和二十年八月十五日。あの日何が起き、何が起こらなかったのか？　十五日正午の終戦放送までの一日、日本政府のポツダム宣言受諾の動きと、反対する陸軍を活写するノンフィクション。

は-8-15

半藤一利　編著
日本史はこんなに面白い

聖徳太子から昭和天皇まで、その道の碩学16名がとっておきの話を披露。蝦夷は出雲出身？　ハル・ノートの解釈に誤解？　大胆仮説から面白エピソードまで縦横無尽に語り合う対談集。

は-8-18

半藤一利
あの戦争と日本人
日露戦争が変えてしまったものとは何か。戦艦大和、特攻隊などを通して見据える日本人の本質。「昭和史」「幕末史」に続き、日本の大転換期を語りおろした〈戦争史〉決定版。
は-8-21

半藤一利・加藤陽子
昭和史裁判
太平洋戦争開戦から七十余年。広田弘毅、近衛文麿ら当時のリーダーたちはなにをどう判断し、どこで間違ったのか。半藤〝検事〟と加藤〝弁護人〟が失敗の本質を徹底討論！
は-8-22

半藤一利
聯合艦隊司令長官　山本五十六
昭和史の語り部半藤さんが郷里・長岡の先人であり、あの戦争の最大の英雄にして悲劇の人の真実について熱をこめて語り下ろした一冊。役所広司さんが五十六役となり、映画化された。
は-8-23

半藤一利
歴史のくずかご
とっておき百話
山本五十六、石原莞爾、本居宣長、葛飾北斎、光源氏……睦月の章から師走の章までちびちび読みたい歴史のよもやま話が100話！　おまけコラムも充実。文庫オリジナルの贅沢な一冊。
は-8-25

半藤一利・保阪正康
そして、メディアは日本を戦争に導いた
近年の日本社会と、戦前社会が破局へと向った歩みには共通点があった？　これぞ昭和史最強タッグによる決定版対談！　石橋湛山、桐生悠々ら反骨の記者たちの話題も豊富な、警世の書。
は-8-28

半藤一利　監修・秋永芳郎・棟田　博
学びなおし太平洋戦争 1
徹底検証「真珠湾作戦」
半藤一利氏曰く「おそらく唯一の、通史による太平洋戦史」。第1巻では真珠湾攻撃から南方作戦まで、日本軍の快進撃をつぶさに描き出す。本文総ルビ付き。親子でイチから学べます。
は-8-29

半藤一利　監修・秋永芳郎・棟田　博
学びなおし太平洋戦争 2
「ミッドウェー」の真相に迫る
第2巻では、ビルマ侵攻作戦からガダルカナルを経て、中国大陸の重慶攻略作戦まで。ミッドウェーでの山本五十六苦渋の決断も描く。米有利に戦況を転換させたものは何だったのか。
は-8-30

（　）内は解説者。品切の節はご容赦下さい。

江藤　淳
閉された言語空間
占領軍の検閲と戦後日本
アメリカは日本の検閲をいかに準備し実行したか。眼に見える戦争は終ったが、アメリカの眼に見えない戦争、日本の思想と文化の殲滅戦が始った。一次史料による秘匿された検閲の全貌。
え-2-8

加藤陽子
とめられなかった戦争
なぜ戦争の拡大をとめることができなかったのか、なぜ一年早く戦争をやめることができなかったのか――繰り返された問いを、当代随一の歴史学者がわかりやすく読み解く。
か-74-1

小泉信三
海軍主計大尉小泉信吉
一九四二年南方洋上で戦死した長男を偲んで、戦時下とは思えぬ精神の自由さと強い愛国心とによって執筆された感動的な記録。ここに温かい家庭の父としての小泉信三の姿が見える。
こ-10-1

高木俊朗
インパール
太平洋戦争で最も無謀だったインパール作戦の実相とは。徒に死んでいった人間の無念。本書が、敗戦後、部下に責任転嫁、事実を歪曲した軍司令官・牟田口廉也批判の口火を切った。
た-2-11

高木俊朗
抗命
インパール2
コヒマ攻略を命じられた烈第三十一師団長・佐藤幸徳中将は、将兵の生命こそ至上であるとして、軍上層部の無謀な命令に従わず、師団長を解任される。「インパール」第二弾。
た-2-12

『特攻　最後の証言』制作委員会
特攻　最後の証言
太平洋戦争末期、特攻に志願した8人の生き残りにロング・インタビューを敢行。人間爆弾や人間魚雷と呼ばれた究極の兵器に身を預けた若者たちの真意とは。詳細な注、写真・図版付。
と-27-1

「特攻　最後のインタビュー」制作委員会
特攻　最後のインタビュー
多くの〝神話〟と〝誤解〟を生んだ特攻。特攻に生き残った者たちが証言するその真実とは。航空特攻から人間機雷、海上挺進特攻まで網羅する貴重な証言集。写真・図版多数。
と-27-2

（　）内は解説者。品切の節はご容赦下さい。

保阪正康
瀬島龍三　参謀の昭和史
太平洋戦争中は大本営作戦参謀、戦後は総合商社のビジネス参謀、中曾根行革では総理の政治参謀。激動の昭和時代を常に背後からリードしてきた実力者の六十数年の軌跡を検証する。
ほ-4-3

堀　栄三
大本営参謀の情報戦記　情報なき国家の悲劇
太平洋戦争中は大本営情報参謀として米軍の作戦を次々と予測的中させて名を馳せ、戦後は自衛隊情報室長を務めた著者が稀有な体験を回顧し、情報に疎い組織の欠陥を衝く。（保阪正康）
ほ-7-1

松本清張
日本の黒い霧（上下）
占領下の日本で次々に起きた怪事件。権力による圧迫で真相は封印されたが、その裏には米国・GHQによる恐るべき謀略があった。一大論議を呼んだ衝撃のノンフィクション。（半藤一利）
ま-1-97

松本清張
昭和史発掘　全九巻
厖大な未発表資料と綿密な取材で、昭和の日本を揺るがした諸事件の真相を明らかにした記念碑的作品。「芥川龍之介の死」「五・一五事件」「天皇機関説」から、「二・二六事件」の全貌まで。
ま-1-99

柳田邦男
零式戦闘機
太平洋戦争における日本海軍の主力戦闘機であった零戦。外国機を凌駕するこの新鋭機開発に没頭した堀越二郎を中心とする若き技術者の足跡を描いたドキュメント。（佐貫亦男）
や-1-1

山本七平
私の中の日本軍（上下）
自己の軍隊体験をもとに日本軍についての誤解や偏見をただし、さまざまな〝戦争伝説〟〝軍隊伝説〟をくつがえした名著。鋭い観察眼と抜群の推理力による冷静な分析が光る。
や-9-1

山本七平
一下級将校の見た帝国陸軍
「帝国陸軍」とは何だったのか。すべてが規則ずくめで大官僚機構ともいえる日本軍隊を、北部ルソンで野砲連隊本部の少尉として惨烈な体験をした著者が、徹底的に分析追究した力作。
や-9-5

（　）内は解説者。品切の節はご容赦下さい。

湯浅　博
吉田茂の軍事顧問　辰巳栄一
歴史に消えた参謀

戦前は、英米派として対米開戦派と戦い、戦後は吉田茂とともに陸上自衛隊の礎を築いた男。彼の武器は情報（インテリジェンス）だった！　名参謀の姿が鮮やかに蘇る！　（中西輝政）

ゆ-11-1

吉村　昭
戦史の証言者たち

すさまじい人的物的損失を強いられた太平洋戦争においては、さまざまな極限のドラマが生まれた。その中から山本五十六の戦死にからむ秘話などを証言者を得て追究した戦争の真実。

よ-1-28

吉村　昭
海軍乙事件

昭和十九年、フィリピン海域で連合艦隊司令長官、参謀長らの乗った飛行艇が遭難した。敵ゲリラの捕虜となった参謀長が所持していた機密書類の行方は？　戦史の謎に挑む。（森　史朗）

よ-1-45

吉村　昭
殉国
陸軍二等兵比嘉真一

中学三年生の小柄な少年は、ダブダブの軍服に身を包んで戦場へ出た……。凄惨な戦いとなった太平洋戦争末期の沖縄戦の実相を、少年の体験を通して描く長篇。（森　史朗）

よ-1-56

アンネ・フランク（深町眞理子　訳）
アンネの日記
増補新訂版

オリジナル、発表用の二つの日記に父親が削った部分を再現した〝完全版〟に、一九九八年に新たに発見された親への思いを綴った五ページを追加。アンネをより身近に感じる〝決定版〟。

フ-1-4

アンネ・フランク（中川李枝子　訳）
酒井駒子　絵
アンネの童話

アンネは童話とエッセイを隠れ家で書き遺していた。「パウラの飛行機旅行」など、どの話にも胸の奥から噴出したキラリと光るものがある。新装版では酒井駒子の絵を追加。（小川洋子）

フ-1-5